1997
Kristina Hofmann
Bruchstr. 8.
60594 Frankfurt.

Donald W. Winnicott

Die menschliche Natur

Aus dem Englischen übersetzt
von Elisabeth Vorspohl

Klett-Cotta

Klett-Cotta
Die Originalausgabe erschien unter dem Titel »Human Nature«
im Verlag Free Association Books, London

Printed in Germany
Schutzumschlag: Klett-Cotta-Design
Gesetzt aus der Sabon von Peter & Partner
Auf säure- und holzfreiem Werkdruckpapier gedruckt
und in Fadenheftung gebunden von Spiegel, Ulm
Einbandstoff: Garant-Leinen

Die Deutsche Bibliothek – CIP-Einheitsaufnahme
Winnicott, Donald W.:
Die menschliche Natur / Donald W. Winnicott.
Aus dem Engl. übers. von Elisabeth Vorspohl. –
Stuttgart : Klett-Cotta, 1994
Einheitssacht.: Human Nature <dt.>
ISBN 3-608-95795-2

Die deutsche Ausgabe entstand unter fachlicher Beratung von
Thomas Auchter

Inhalt

III
Die Entwicklung zur Einheit der Persönlichkeit

IV
Von der Triebtheorie zur Ich-Theorie

Vorwort für die deutsche Ausgabe

Winnicott – oder: Psychoanalyse mit menschlichem Gesicht

»Deine Kinder sind nicht Deine Kinder.
Sie sind die Söhne und Töchter der
Sehnsucht des Lebens nach sich selbst«
(Kahlil Gibran)

Der britische Psychoanalytiker Donald Woods Winnicott (1896–1971) gehört zu jenen großen Geistern, die ihrer Zeit so weit voraus sind, daß wir ihre Bedeutung erst nach Jahren oder Jahrzehnten richtig zu ermessen beginnen. In diesem Sinne ist das hier vorliegende Werk, dessen Anfänge fünfzig Jahre und weiter zurückreichen, mehr als zeitgemäß.

Winnicotts Überlegungen sind besonders aktuell in einer Situation, in der die Menschlichkeit nicht nur gegenüber Fremden, sondern auch gegenüber Kindern, Frauen, Behinderten und Minderheiten immer weiter verlorenzugehen droht. Auch der in der Psychiatrie seit einigen Jahren zu beobachtende Trend zur Restauration des Biologismus – was auch eine Rückkehr zur medikamentösen Ruhigstellung der Patienten, zur Verhaltensmanipulation und zu technisch operativen Eingriffen wie Elektrokrampftherapie und Leukotomie bedeutet*[1] – läßt Winnicotts Reflexionen zur *psychischen Behandlung* seelisch Erkrankter zu diesem Zeitpunkt erst recht bedeutsam erscheinen. Eine Besinnung auf die Grundlagen menschlicher Existenz und Entwicklung ist *notwendiger* denn je.

Das Thema *Menschwerden*[2], das für Winnicott dasselbe ist wie *Lebendigwerden*, hat ihn zeitlebens nicht zur Ruhe kommen lassen. Das jetzt in deutscher Übersetzung erscheinende Buch ist durchdrungen

* Die Anmerkungen und Literaturangaben zum Vorwort der deutschen Ausgabe finden sich am Ende des Buches, S. 235–241.

von tiefem Respekt vor dem in ständiger Entwicklung befindlichen Menschen in seiner vielfältigen Bedingtheit und Unvollkommenheit. Hierzu zählt Winnicott auch das *Recht zu leiden* und sogar die *Freiheit, sich das Leben zu nehmen*[3]. Das Verteidigen des Anspruchs auf Selbstbestimmung und das Bewahren der Intimsphäre (privacy of the self) sind wesentlicher Antrieb für Winnicott. Entsprechend unprätentiös charakterisiert er auch die psychoanalytische Situation: »Letztlich, wenn alles einigermaßen gut geht, steht am Ende eine Person vor uns, die menschlich und unvollkommen ist, in einer Beziehung zu einem Psychotherapeuten, der ebenfalls nicht vollkommen ist, weil er es ablehnt, sich über ein gewisses Maß und einen gewissen Zeitraum hinaus perfekt zu verhalten.«[4]

1. Der Mensch Winnicott

»Daß das Leben uns nicht tot
und der Tod uns lebendig finde«
(Georg Büchner)

Auch Winnicotts Werk ist wie das anderer Wissenschaftler nur vor dem Hintergrund seiner Persönlichkeit und seiner Geschichte verständlich. Sein Leben ist von einem unbändigen Streben nach Freiheit und dem Bedürfnis nach Unabhängigkeit geprägt. Er war nach eigenem Bekunden geradezu allergisch gegen Dogmatismus, Rigidität, Indoktrination und Parteigängertum. Allerdings hat er dabei nie aus dem Auge verloren, wie *relativ* die zu erreichende Freiheit ist und wie sehr der einzelne auf eine hinreichend haltende und fördernde Mitwelt angewiesen ist. Lebenslang läßt ihn die Frage nicht zur Ruhe kommen: Wie kann man als einzelner ausreichend abgegrenzt von anderen sein, ohne zu einer einsamen Insel werden zu müssen?[5]

Der Unterschied zwischen dem Nervenarzt und Psychoanalytiker Sigmund Freud und dem Kinderarzt und Psychoanalytiker Donald W. Winnicott tritt am klarsten vielleicht in ihrer Einstellung zum Leben zutage. Freud hält es für die erste *Pflicht* aller Lebenden, das *Leben zu ertragen*[6]. *Glücklichsein* ist für ihn im Plan der Schöpfung *nicht* enthalten[7]. Winnicott dagegen läßt seine unvollendete Autobiographie mit dem »Gebet« beginnen: »Oh, Gott, laß mich *ganz lebendig* sein, wenn die Stunde meines Sterbens gekommen ist.«[8] Auf eine musikalische Ebene übertragen, könnte man Freud vielleicht mit Ludwig van Beethoven oder Guiseppe Verdi vergleichen, während Winnicott eher an Wolfgang Amadeus Mozart oder Antonio Vivaldi erinnert. Sein Lieblingskomponist ist Johann Sebastian Bach; er spielte seine Werke auf dem Klavier, hörte sich aber auch die Platten der Beatles an.

Winnicott ist aber keineswegs ein weltfremder »Sonnenscheinanalytiker« – wie manche ihm vorwerfen –, sondern bodenständiger Realist. »So begegnen uns Schmerz, Leiden und Konflikte ebenso wie auch großes Glücklichsein, wenn wir die Kindheit auf diese oder eine andere Weise betrachten.«[9] Winnicott kann nicht anders als dialektisch denken, und seine Vorliebe gilt dem Paradox[10].

Rudnytsky[11] setzt Freuds eher pessimistische Grundhaltung und den Winnicottschen Optimismus in einen Kontext mit ihrer sehr unterschiedlichen lebensgeschichtlichen und kulturellen Entwicklung[12] (assimiliertes osteuropäisches Judentum beziehungsweise liberaler britischer Protestantismus). Darüber hinaus betrachtet er beide als Protagonisten des uralten, für das abendländische Denken charakteristischen Zwiespalts zwischen der Vorstellung, daß der Mensch *von Natur aus* böse sei (*Todestrieb*[13]) und der Vorstellung, daß seine destruktive Aggressivität weitgehend *reaktiv* sei, also im Laufe seiner Lebensgeschichte erworben wird.

Winnicott wächst als jüngstes Kind nach zwei älteren Schwestern relativ behütet in einer wohlhabenden Kaufmannsfamilie in Plymouth auf. Nüchterner britischer Realitätssinn und vor allem ein *undoktrinärer, nonkonformistischer protestantischer* Glaube prägen die Familie. Schon als Kind wird Winnicott von seinem Vater angeregt, sich die richtigen Antworten auf seine Fragen durch *Selber*lesen in der Bibel zu suchen. Als er aufgrund eines Schlüsselbeinbruchs in seiner Pubertät erlebt, wie groß seine Abhängigkeit von den Ärzten ist, beschließt er, *selbst* Arzt zu werden.

Obwohl nach Ansicht von Masud Khan[14], einem engen Freund und Mitarbeiter Winnicotts, die prägenden Gestalten der zeitgenössischen Britischen Psychoanalytischen Gesellschaft *liberal* und *humanistisch* eingestellt waren, empfindet Winnicott die 1926 nach England eingewanderte Psychoanalytikerin Melanie Klein im Vergleich zu ihnen zunächst als weniger ridige und *großzügige Lehrerin*[15]. Während der unseligen Kontroverse um die Kinderanalyse zwischen Melanie Klein und Anna Freud in den vierziger Jahren allerdings, die die Britische Psychoanalytische Gesellschaft zu spalten droht, werden die Kleinianer in seinen Augen immer starrer und dogmatischer. Weil er das mit seinem tiefverwurzelten Widerwillen gegen Ideologie und Parteigängertum nicht vereinbaren kann, schließt er sich der *Independent Group* oder *Mittelgruppe* an (der u.a. Michael Balint, Ronald Fairbairn, Sylvia Payne, Ella Sharpe und Marjorie Brierley zuzurechnen sind) und versucht sich als Vermittler und Friedensstifter. Etwas bitter beklagt er sich später bei Adam Limentani, daß daraufhin beide Seiten ihren Ausbildungskandidaten verboten hätten, bei ihm Supervisions- oder Lehrveranstaltungen zu besuchen[16].

Als die Freuds 1938 durch die Nationalsozialisten von Wien nach London vertrieben werden, gehört Winnicott zu den wenigen Mitgliedern der Britischen Psychoanalytischen Gesellschaft, die sofort Kontakt zu ihnen aufnehmen und sich für ihr Wohlergehen interessieren[17].

Während einer wissenschaftlichen Sitzung der Britischen Psychoanalytischen Gesellschaft im Zweiten Weltkrieg kommt es zu einer Bombardierung Londons durch die Deutschen. Mitten in der hitzigen wissenschaftlichen Diskussion steht Winnicott auf und sagt: »Ich möchte Sie nur darauf hinweisen, daß gerade ein Luftangriff stattfindet.« Spricht's und setzt sich wieder. Und Margaret Little fährt in der Beschreibung dieser Szene fort: »Keiner nimmt Notiz von Winnicotts Bemerkung, und das Gespräch geht weiter, als ob nichts wäre.«[18]

Winnicott bleibt stets auf dem Boden der Tatsachen. Im übertragenen wie im wörtlichen Sinne: Er spielt mit seiner kleinen Patientin auf dem Fußboden, am liebsten sitzen er und seine Frau auf dem Erdboden, und so stirbt er auch, friedlich im Schlaf[19].

Winnicotts nüchterner Realitätssinn beeinträchtigt jedoch weder seine Fähigkeit zum *Phantasieren* und seine *Kreativität* noch seine Fähigkeit zur *Utopie*. Ja, *Spielen*[20] ist für ihn eine Grundform des Lebendigseins und ein Ausdruck von Gesundheit.

Noch im Jahr vor seinem Tod steigt der vierundsiebzigjährige Winnicott auf einen hohen Baum, um einen Ast abzusägen, der ihm den *freien Blick* aus seinem Fenster versperrt.

2. Der Wissenschaftler Winnicott

> »Für ihn waren die Tatsachen die Realität; Theorien waren das Stolpern des Menschen beim Versuch, die Tatsachen zu erfassen. Er wehrte sich mit Händen und Füßen gegen die Annahme unumstößlicher Lehrsätze.«[21]

Winnicotts vorrangiges Ziel einer jeden Begegnung – sei es mit Patientinnen und Patienten, Kindern, Jugendlichen, Erwachsenen oder mit Kolleginnen und Kollegen, sei es im Rahmen seiner vielen öffentlichen Vorträge – ist es, *Verständigung* mit seinem Gegenüber zu erreichen. Aus diesem Grunde sucht er das psychoanalytische Fachchinesisch weitgehend zu vermeiden. Die Sprache der psychoanalytischen Metapsychologie erleichtert – wie jede Fachsprache – zwar die Kommunikation unter Eingeweihten, grenzt aber andere vom Verstehen aus und verwehrt ihnen eine Mitsprache. Winnicott versucht daher in der Regel, sich einer verständlichen Alltagssprache zu bedienen. In seinem Bemühen, psychoanalytisches Gedankengut weiterzugeben, ist ihm sein breites klinisches Erfahrungsspektrum von Nutzen. Es umfaßt Kinderbeobachtungen und -therapien, Erwachsenenanalysen, im Zweiten Weltkrieg Supervisionstätigkeit in Heimen für delinquent gewordene evakuierte Jugendliche, Beratungstätigkeit und vieles andere mehr.

»Ich bin nie fähig gewesen, irgend jemandem nachzufolgen. Nicht einmal Freud.«[22] Obwohl Winnicott nach Aussagen seiner zweiten

Frau Clare ständig gelesen hat, zitiert er in seinen Arbeiten vergleichsweise dürftig. Zu den wenigen Autoren, die er erwähnt, gehört der ungarische Psychoanalytiker Sandor Ferenczi. Dessen Werk dürfte Winnicott besonders auch durch seine Kontakte mit Melanie Klein und vielleicht Michael Balint[23], deren Lehranalytiker Ferenczi war, nahegebracht worden sein.

Zwischen Ferenczi und Winnicott, die den psychotherapeutischen Blick mutig auch über die Couch und die klassische Neurosenbehandlung hinausschweifen ließen, gibt es sowohl hinsichtlich ihrer theoretischen Vorstellungen als auch ihrer Behandlungstechnik eine ganze Reihe von Berührungspunkten. Ferenczis »Entwicklungsstufen des Wirklichkeitssinnes«[24] und »Das Problem der Unlustbejahung«[25] liegen sehr ähnliche entwicklungspsychologische Überlegungen zugrunde wie Winnicotts Konzepten zur frühen imaginären Omnipotenzerfahrung, zur Subjekt- und Objektkonstituierung sowie zur Illusionsbildung und nachfolgenden Desillusionierung. Auch finden sich in den »Entwicklungsstufen«[26] und in »Die Anpassung der Familie an das Kind«[27] Vorläufer der Winnicottschen *Übergangsphänomene*. Ferenczis Hypothesen zum »gelehrten Säugling«[28] ähneln sehr den Winnicottschen Vorstellungen über die altersunangemessene Hypertrophie intellektueller Funktionen als Abwehr gegen frühe Traumatisierungen und deren desintegrierende Folgen.

In Ferenczis »Notizen und Fragmenten«[29] finden sich Ansätze für das, was Winnicott später als das *falsche Selbst*[30] beschrieben hat. Beide heben im Gegensatz zum jeweiligen zeitgenössischen psychoanalytischen Mainstream die Bedeutung *realer Traumatisierungen* insbesondere für *frühgestörte* Patienten hervor. Beide eröffnen den Zugang auch zu psychosenahen oder psychotischen Patienten[31], bei denen an die Stelle des *sprachlichen Erinnerns* häufig das *agierende Wiederholen* unbewältigter traumatischer Szenen tritt. Darauf muß sich die psychoanalytische Behandlungstechnik aktiv einstellen, und dies erfordert unter anderem die besondere Berücksichtigung des *Körpers* und *Körpererlebens*[32]. Winnicott ist kein Lehnstuhlpsychoanalytiker[33], keine »sprechende Attrappe«, wie Tilmann Moser es einmal formuliert hat. Winnicott begibt sich auf eine Ebene mit seinen

Patientinnen und Patienten, läßt sich von ihnen im übertragenen und bisweilen im wörtlichen Sinn *berühren*. Er scheut sich auch nicht, diese *selbst zu berühren* und zu *halten*[34], wenn es bei tief regredierten Patienten unumgänglich ist[35]. In diesem Zusammenhang ist seine Unterscheidung zwischen *(Ich-)Bedürfnissen* und *(Es- oder Trieb-) Wünschen* bedeutsam. Erst wenn die grundlegenden Entwicklungsbedürfnisse – hierzu zählen Sättigung, ausreichende Wärme, Körperkontakt, Reizschutz und Reizstimulation, Sicherheitsgefühl und Vertrauen – gestillt sind, also eine gewisse Beruhigung in dem erregten psychischen Geschehen eingetreten ist, dann ist eine differenziertere Auseinandersetzung mit Triebwünschen möglich. Das *Kontaktbedürfnis* ist immer das Primäre und geht dem Wunsch nach *Triebbefriedigung* voraus[36]. Das gilt für den allgemeinen Entwicklungsprozeß genauso wie für psychotherapeutische Verläufe[37].

Nach Auffassung von Ferenczi und Winnicott gehört zur erhöhten Bedeutung der *Person* und Persönlichkeit des Psychotherapeuten und seiner *Beziehung* zum Patienten vor allem in der Arbeit mit *frühgestörten* Patienten eine *unbedingte Authentizität* des Behandlers. Das schließt zum Beispiel die *ausdrückliche Anerkennung eigener Fehler* mit ein[38]. Bislang findet die Verbindung zwischen Winnicotts Werk und der ungarischen psychoanalytischen Schule, namentlich Ferenczi[39], viel zu wenig Beachtung – was vielleicht etwas mit der Ignoranz der Mainstream-Psychoanalyse zu tun hat, die beide Autoren lange Zeit totgeschwiegen hat.

Der von Marion Milner überlieferte Ausspruch Winnicotts: »Was Sie von mir haben wollen, müssen Sie sich *aus dem Chaos selber* zusammensuchen«[40], enthält den vollständigen Spannungsbogen seiner Vorstellung von *Selbstentwicklung*: Wie kann es gelingen, aus dem anfänglichen *Stadium der psychischen Nicht-Integriertheit* immer mehr in den nie abzuschließenden *Prozeß der Vereinheitlichung des Selbst* hineinzukommen? Und wie vollzieht sich diese Entwicklung in dem Spannungsfeld zwischen Körper, Seele, Intellekt und Mitwelt? Essentiell für Winnicott ist eine radikale und konsequente *entwicklungspsychologische* sowie eine klare *(objekt-)beziehungspsychologische* Orientierung.

Mit seiner berühmten Formulierung: »So etwas wie ein Baby (an sich) gibt es gar nicht ... man findet (immer nur) ein Mutter-Kind-Paar«[41] setzt Winnicott Freuds Vorstellung von der »Ergänzungsreihe«[42] zwischen angeborenem Potential und reifungsfördernden bzw. entwicklungsstörenden Mitweltbedingungen fort. Die Wechselwirkung zwischen dem subjektiven Faktor und gesellschaftlichen Faktoren beschäftigt ihn ständig von neuem. Der *›politische Winnicott‹* nimmt darüber hinaus auch immer wieder zu allgemeinpolitischen und sozialpolitischen Themen Stellung. So setzt er sich mit feministischen Problemen auseinander, mit Fragen über Krieg und Kriegsziele, mit dem Nationalsozialismus, Staatsformen wie Monarchie und Demokratie, er befaßt sich mit dem Komplex der Freiheit und macht sich Gedanken über die Berliner Mauer[43]. Mit seinen Ideen zur Verschränkung von Individuum und Mitwelt nimmt er neuere Vorstellungen der Systemtheorie und modernen Säuglingsforschung vorweg.

Für Winnicott ist der Säugling schon immer *kompetent*[44], und zwar nicht erst nach der Geburt. Das Sammeln (Registrieren[45] und Katalogisieren[46]) unverlierbarer (Körper-)Erfahrungen beginnt schon im Mutterleib. Die Geburt *zum richtigen Zeitpunkt* stellt für das Kind nicht prinzipiell ein Trauma[47] dar, sondern ein wertvolles Erleben – eine seiner ersten Erfahrungen illusionärer Wirkmächtigkeit. An der Geburtserfahrung macht Winnicott deutlich, wie das Kind durch adäquate Hilfe der am Geburtsvorgang Beteiligten das Gefühl entwickeln kann, daß die Geburt *sein eigenes Werk* ist und Ausdruck eigener lebendiger Bewegungsimpulse[48] – übrigens eine sehr einfache und unmittelbar einleuchtende Begründung für den Vorteil einer *natürlichen Geburt*! Ähnlich beschreibt Winnicott den Stillvorgang als Ineinandergreifen der *primären Kreativität* des Säuglings und des adäquaten Angebots der Mutter. Das Kind »phantasiert«[49] das Erscheinen der Brust, und wenn die Mutter dann zum richtigen Zeitpunkt die Brust anbietet, erlaubt dies dem Kind das Gefühl *illusionärer Omnipotenz*. Es kann das Empfinden haben: *Ich* habe in meiner Allmächtigkeit die Brust erschaffen. Dies ist eine Modellszene für die Fähigkeit des Kindes zur Schöpfung seiner inneren Welt. Die entwicklungsnotwendigen frühkindlichen Illusionsbildungen bedürfen natürlich zum angemessenen Zeitpunkt einer realitätsgerechten, taktvollen *Desillusionierung*.

Es ist wohl kein Zufall, daß Winnicotts in diesem Buch vorliegender Versuch, etwas mehr Ordnung in das Chaos seiner weitreichenden und vielschichtigen Gedanken zu bringen, ein *Fragment* geblieben ist. Bis zu seinem Tode hat er daran gearbeitet. Das Ergebnis bleibt *unvollkommen* und *unvollendet* entsprechend seinem Untersuchungsgegenstand, der menschlichen Entwicklung, denn »Perfektion gehört zu Maschinen«[50].

Wenn Winnicott – T.S. Eliot zitierend – seiner nie vollendeten Autobiographie den Titel »Nicht weniger als das Ganze«[51] gibt, dann steckt keine omnipotente Hybris dahinter, sondern sein volles Bewußtsein der großen Herausforderung, die der Lebensprozeß für jeden Menschen darstellt. Seine Unruhe besteht in dem unaufhörlichen Bemühen, *ganz zu werden, »sich wirklich zu fühlen«*[52].

Im vorliegenden, seinem einzigen nicht aus Einzelarbeiten zusammengestellten Werk bemüht sich Winnicott, einen Teil seiner metapsychologischen Vorstellungen und Konzepte in einen systematischeren Zusammenhang zu bringen, ohne dabei den klinischen Bezug aus dem Auge zu verlieren.

Ansonsten hat er Themen wie *Ödipalität, Neurosenentstehung, depressive Position, innere Welt, Integration, Beheimatung der Seele im Körper, Übergriff und Chaos* kaum je in solcher Ausführlichkeit behandelt. Andere Bereiche werden hier nur gestreift und an anderer Stelle oder später detailliert präsentiert, wie *Spielen, Kreativität, Übergangsphänomene, Möglichkeitsraum, wahres Selbst* und *falsches Selbst*.

Leider blieb die weiterführende Darstellung des Reifungsprozesses bis ins Erwachsenenalter im Planungsstadium (siehe Synopse I). So finden auch die in seinem Gesamtwerk verstreuten wichtigen und weitreichenden Überlegungen zur *Adoleszenz* in diesem Buch nicht den gebührenden Raum. Im Kontext mit seinen Vorstellungen über die menschliche Aggression liegen dort wichtige geistige Hilfestellungen für das Verständnis der Jugendgewalt[53] vor.

Ähnlich wie Edith Jacobson[54] oder später Otto F. Kernberg[55] geht

Winnicott von einer anfänglich *undifferenzierten Trieb-/Affektdisposition* aus, bei der zum Beispiel liebevolle Impulse und aggressive – sogar destruktive[56] – Tendenzen nicht unterschieden werden (können). Bildlich zum Ausdruck gebracht in der Wendung: »Ich hab dich zum Fressen gern«.

Die angeborene ursprüngliche Aggression setzt Winnicott mit *Aktivität* oder *Motilität* gleich. Erst zum Teil unvermeidliche *Störungen* der natürlichen Bewegungsimpulse, der *spontanen Gesten* des Kindes durch nicht ausreichend gutes Halten oder andere Übergriffe formen die *reaktive Aggressivität*. Sie ist es, die dann später in den Dienst von Haß und Wut gestellt werden kann. Ein Teil der *destruktiven Aggression* ist für die Selbst-Objekt-Abgrenzung und -konstituierung unbedingt notwendig; sie steht *im Dienste von Ablösung und Selbst-Konstruktion*!

Eine *Integration* auch der *destruktiven Aggressivität* in das Selbst ist nur dann möglich, wenn der einzelne in ausreichendem Maße Erfahrungen *seiner eigenen reparativen und restitutiven Kompetenz* machen kann. Die *Wiedergutmachungserfahrungen* stellen auch die Voraussetzung für den Erwerb der *Fähigkeit zum Erbarmen* dar, eine Formulierung, die bei Winnicott an die Stelle von Melanie Kleins Konzept der *depressiven Position* getreten ist. Ein Kind, das erleben kann, daß seine Mutter und andere *in der Realität* seine Wutausbrüche und mörderischen *Phantasien überleben*, ohne sich an ihm zu rächen oder das Kind ihrerseits mit Vernichtung zu bedrohen (indem sie zum Beispiel längere Zeit nicht mit ihm sprechen), wird dazu kommen, seine Aggressivität als einen *begrenzten* und daher *nicht überwältigenden* Selbstanteil zu akzeptieren und angemessene Schuldempfindungen zu entwickeln. Nur durch die Integration in das Selbst kann Aggression *sozialisiert* und damit *Gewaltprophylaxe* betrieben werden.

Bei gewaltbereiten oder gewalttätigen Kindern und Jugendlichen sind die sozialisierenden Dialoge – oft schon sehr früh in ihrer Entwicklung – entgleist, so daß ihre unintegrierte Aggressivität sie verzweifelt nach angstvermindernden Begrenzungen suchen läßt. Ihr vordergründig anti-soziales Agieren ist unbewußt ein Hilferuf, eine

Provokation der Halte- und Containerfunktion ihrer Mitwelt. Die Gewalttätigkeit ist ein Symptom *unbewußter Hoffnung*[57]. Sie kann konstruktiv nur mit einer *Eingrenzung* der Gewalt und nicht mit einer *Ausgrenzung* der Jugendlichen beantwortet werden.

In seinen metapsychologischen Ausführungen verliert Winnicott nie den Bezug zur klinischen Praxis – den Ernstfall jeder Theorie – aus den Augen. Er ist kein wirklichkeitsferner und lebensfremd argumentierender psychoanalytischer Theoretiker. Sein geistiges Werk hat auch nicht jene *teutonische Schwere*, die Rodman mit dem psychoanalytischen Theoretisieren und Kategorienbilden[58] verbindet, sondern ist meist von bestechender Einfachheit und von nüchternem britischen Humor erfüllt, ohne deshalb an Tiefe und Komplexität zu verlieren. Zum Beispiel wenn er am Ende seiner Arbeit »Schuld, Aggression und Wiedergutmachung« die »faszinierende philosophische Frage« aufwirft: »Kann man einen Kuchen gleichzeitig essen und unversehrt aufbewahren?«[59]

Die Klarheit und scheinbar einfache Zugänglichkeit seiner Gedanken ist sicher mitgeprägt durch den lebenslangen ständigen Umgang mit Kindern. In den vielen Jahren seiner pädiatrischen Tätigkeit am Paddington Green Children's Hospital hat er zwischen 1923 und 1950 persönlich etwa 20000 Kinder untersucht und ihre Fallgeschichten aufgenommen[60]. Khan rechnet mit etwa 60000 Säuglingen, Kindern, Müttern, Vätern und Großeltern, denen Winnicott in den vierzig Jahren seiner pädiatrischen Arbeit begegnet ist[61]. Die bisweilen poetische Sprache seiner Bilder und die schöpferische Weite seiner Konzeptualisierungen erschließt sich jedoch nur demjenigen, der sich auch gefühlsmäßig auf sie einläßt und sie kreativ gebraucht. Nicht zuletzt daraus resultieren aber auch die schillernden Bilder, die sich andere von ihm machen: zum Beispiel Kobold, Zauberer[62] oder Clown[63].

Eines der schwierigsten Konzepte Winnicotts möchte ich nicht unerwähnt lassen: das des *unantastbaren Kerns des Selbst*[64]. »Im Kern jedes Individuums gibt es einen Bereich des ›incommunicado‹, er ist heilig und im Höchstmaß bewahrenswert.«[65] Dieses »Allerheiligste«[66] im Selbst, das nie berührt werden darf, ist zugleich Garant der

Einzigartigkeit jedes menschlichen Wesens *und* Stachel seiner essentiellen und unaufhebbaren Einsamkeit. Rainer Maria Rilke hat in seiner Beschreibung der Liebe von den »zwei Einsamkeiten, die einander schützen, grenzen und grüßen« gesprochen. Das Problem, das Winnicott lebenslang beschäftigt, kleidet er in die Frage: Wie kann man *in Gegenwart eines Anderen allein* sein?

3. Der Psychotherapeut Winnicott

Deine Patienten sind nicht
Deine Patienten ...

So wenig Winnicott sich selbst als Schüler oder Nachfolger eines anderen Psychotherapeuten vorstellen kann[67], so sehr verweigert er sich jeder Art von Epigonentum. Er will verstanden werden, nicht aber kopiert[68] oder imitiert. »Man vergilt es einem Lehrer schlecht, wenn man immer nur der Schüler bleibt«, schreibt Friedrich Nietzsche. Ein angelesener und nicht integrierter Winnicott bei einem Psychotherapeuten wäre nicht mehr als eine Variante des *falschen Selbst*[69]. Insofern ist ein »Winnicottianer« ein Widerspruch in sich selbst. Winnicott betrachtet geistige *Selbständigkeit* immer als einen Teil umfassender *Unabhängigkeit*[70].

Winnicott geht von einer *angeborenen natürlichen Tendenz zur Gesundheit und Reifung*[71] aus, die in jedem psychotherapeutischen Prozeß nutzbar gemacht werden kann. Von daher sind seine pädagogischen und psychotherapeutischen Konzepte eine eindeutige Absage an den *psychotherapeutischen Macho*, den Therapeuten als homo faber, der vom *furor sanandi*[72] besessen ist. Manche Behandlungstheoretiker innerhalb und außerhalb der Psychoanalyse sehen ja die Zukunft der Psychotherapie in aktiv-progressionsorientierten Techniken. Winnicott dagegen schreibt in einem Brief, daß wir unseren Kindern nicht einmal das Laufen *beibringen* könnten, jedoch benötige ihr angeborener Drang, selber zu laufen, uns zu einer ganz bestimmten Zeit als *Entwicklungshelfer*[73]. Er plädiert damit gegen den allwissend und allmächtig scheinenden Psychotherapeuten, der die ganz eigene Kreativität seiner Patienten behindert und zerstört, anstatt ihre Entfaltung zu fördern. Er vergleicht den Psychoanalytiker mit einem Gärtner, der eine Narzisse wachsen läßt[74]. Es gehe *nicht* um die Vorstellung: *Ich* bringe die Zwiebel dazu, zu einer blühenden Narzisse zu werden. Das therapeutische Bemühen sei vielmehr darauf gerichtet, durch hinreichend gute Pflege *der Zwiebel* die Möglichkeit zu verschaffen, *sich* zu einer Narzisse zu entfalten[75]. Ähnlich wie in der schrumpligen Narzissenknolle alle Potentiale der farbenprächtigen Blume vorhanden sind, sieht Winnicott auch in dem runzligen Neugeborenen alle Möglichkeiten zur Entfaltung lebendigen Menschseins verborgen. Und auch hinter der grauen, zerklüfteten Oberfläche des seelisch Kranken entdeckt er den farbigen inneren Reichtum seiner Persönlichkeit.

Winnicott richtet sein Augenmerk immer zuerst auf die Potentiale, Kompetenzen und Bewältigungskapazitäten (coping) des Individuums, des Kindes und des Patienten. Er legt im Gegensatz zu anderen psychoanalytischen Autoren den Akzent *nicht* auf die *Pathologie,* sondern betrachtet seelische Erkrankungen immer in Relation zu den gesunden Entwicklungsverläufen und Anteilen der Persönlichkeit[76]. Der Begriff »ill-health«, für den nur schwer eine adäquate deutsche Formulierung[77] zu finden ist, ist hierfür bezeichnend. In unvergleichbarer Weise arbeitet Winnicott stets zunächst das *Gesunde in jeder Störung*[78] heraus, die kreative *Lösung*, die die Symptombildung für den Kranken bedeutet[79].

Seine Frage ist nicht: Was kann ich durch behandlungstechnische Tricks und noch cleverere Deutungen alles erreichen? Er interessiert sich dafür, mit welchen sozusagen homöopathischen Dosen der Droge Psychotherapeut kann ich möglichst wirksam den Wachstumsprozeß meiner Patienten fördern? Wie kann ich den Patienten dabei hilfreich sein, ihre eingefrorenen[80] Lebensprozesse wieder aufzutauen und den Selbstentwicklungsprozeß wieder in Gang zu setzen? Der grundsätzliche Glaube des Psychotherapeuten an die Gesundungstendenz und die Entwicklungsmöglichkeiten des Kranken, seine *Zuversicht*, daß prinzipiell *Veränderungen möglich* sind – und seien sie noch so rudimentär –, ist auch die Voraussetzung dafür, daß Patient und Therapeut all die unvermeidlichen Durststrecken, die Stagnationen des Prozesses, die Rückfälle, die Zweifel und Vergeblichkeiten und schließlich die Begrenzungen aller therapeutischen Bemühungen – und bisweilen auch ihr Scheitern – aushalten lernen.

Natürlich ist für Winnicott[81] Psychoanalyse auch eine *Deutungskunst*[82]. Allerdings steht die Interpretation bei ihm immer im Dienste der Kommunikation und des Entwicklungsprozesses, ist also verwoben in die *Beziehungskunst.* Verbale Magie ist nicht seine Sache. Das begründet vielleicht auch sein Mißtrauen gegen allzu forsches Interpretieren. Es geht ihm darum, für den Patienten einen *therapeutischen Raum* zu schaffen, in dem dieser seine Geschichte in seiner *eigenen Weise*, seiner *eigenen Geschwindigkeit* und seinen *eigenen Worten* wiederzuentdecken vermag.

Grundsätzlich hält Winnicott die Charakterisierung der Psychoanalyse als Kunst jedoch für wenig glücklich. Wer, fragt er sich, möchte denn gerne das Gedicht oder Gemälde eines anderen sein?[83] Ist nicht vielmehr zu überlegen, wie ein Patient dazu kommen kann, sein eigenes Gedicht oder Gemälde zu werden? Es geht ihm darum, den Freiraum der Phantasie zu erweitern und einen spielerischen Zugang zur Wirklichkeit zu ermöglichen.

Die therapeutische *Regression* im Dienste des Ichs und der Entwicklung ist ein Eckstein der Winnicottschen Behandlungslehre. Nicht nur das Ausmaß der *Konfliktfähigkeit*[84] des Psychotherapeuten, sondern vor allem seine *empathische konkordante* und seine *sympathische komplementäre Regressionsfähigkeit* bestimmen die Enge oder Weite des therapeutischen Spielraums für den Patienten. Mit Hilfe und wohlwollender *Begleitung* des Therapeuten kann der Patient den Weg zurück zu seinen Traumatisierungen bzw. in die Zeit davor finden, um von dort aus seine unvollendete Reifungsgeschichte wiederaufzunehmen. So gesehen wird verständlich, daß Winnicott den therapeutischen Prozeß als analog zum normalen Reifungsprozeß betrachtet.

Winnicott transzendiert die ödipalen Begrenzungen der klassischen Psychoanalyse und begibt sich tief in den Bereich der sogenannten *präödipalen* Störungen (Frühstörungen, Psychosen, Borderline- und narzißtische Störungen) hinein.

Ganz zentral ist für ihn, daß die Mutter – trotz ihrer Fähigkeit zur *primären Mütterlichkeit* und damit zu fast absoluter Anpassung an das Kind in den ersten Lebenswochen – *nicht alles weiß und nicht alles kann.* Die Unantastbarkeit des innersten Persönlichkeitskerns[85] wird dadurch gewährleistet. Das Bedürfnis, *nicht vollkommen verstanden zu werden,* »nicht gläsern, vollkommen durchsichtig zu werden«, wie es eine meiner Patientinnen ausdrückte, beruht auf dem *Individuationswunsch* – auch jedes Patienten[86]. Dieser ist jedoch in paradoxer Weise nur lebendigmachend in Dialektik mit der Erfüllung des Bedürfnisses nach tiefstem *Verbundensein.*

Trotz der beiden kompakten Sammelbände von Fromm und Smith[87] sowie von Giovacchini[88] zu Aspekten der Winnicottschen Behandlungstechnik ist der Reichtum seiner Behandlungskonzepte insbesondere für die Arbeit mit frühgestörten Patienten noch lange nicht ausgeschöpft – ganz zu schweigen von ihrer Verbreitung in der klinischen Praxis.

4. Das Buch

Im Teil I begibt sich Winnicott auf das Feld der *psycho-somatischen* Entwicklung und Dynamik. Er führt im Detail aus, was Freud einst in seiner Formulierung »Das Ich ist vor allem ein körperliches«[89] verdichtet hat. Besonders in diesem Teil wird der *Arzt* Winnicott sichtbar, der sich jedoch ständig um die Vermittlung zwischen dem Psychischen und dem Somatischen bemüht. Und mit dem letzten Kapitel des Buches über *psycho-somatische Störungen* am Beispiel von Asthma und Magengeschwür schließt er den Bogen zum Anfang.

Eines der seiner unvollendeten Autobiographie vorangestellten Zitate von T.S. Eliot lautet: »Was wir einen Anfang nennen, ist nicht selten ein Ende. Und einen Schlußpunkt zu setzen bedeutet häufig zugleich einen Neubeginn. So ist das Ende unser Ausgangspunkt.«[90] Einer derartigen Vorstellung folgt auch der Aufbau des Buches ab

Teil II. Denn von der ödipalen Situation (etwa 3. bis 4. Lebensjahr) geht Winnicott immer weiter in die Frühgeschichte des Menschen zurück bis in die Zeit vor der Geburt. Die Geburtserfahrung und ihre Bedeutung für den lebendigen Entwicklungsprozeß und seine Störungen ist für ihn ein zentrales Thema. Sein didaktisches Vorgehen entspricht Fenichels behandlungstechnischer Anregung, eine Deutungslinie von der Oberfläche her in die Tiefe zu ziehen.

Menschliches Leben erstreckt sich für Winnicott in der Spanne zwischen dem Unlebendigsein vor der Zeugung und dem Unlebendigsein nach dem Sterben. Seine Frage ist: Wie kann dieser Raum lebendige Fülle gewinnen, anstatt in depressiver Leere zu enden?

Winnicott postuliert einen allerersten spezifischen *(Erlebens-)Zustand des Seins*, der schon vor der Geburt beginnt und eine Zeit danach vorherrscht. Dieser Zustand ist charakterisiert durch ein völlig undifferenziertes Subjekt-Objekt-System, in dem für das Kind keine klare Unterscheidung zwischen Selbst und Nicht-Selbst möglich (noch nötig) ist. Deshalb kann Winnicott diesen Zustand als maximale, »absolute« Abhängigkeit von der Mutter und *gleichzeitig* als vollkommenes Alleinsein, absolute Isolation definieren. Selbst und Mitwelt befinden sich im Stadium der *Nicht-Integration*, das durch einen Mangel an Ganzheitlichkeit charakterisiert ist. Als *Chaos* läßt sich das aber nicht bezeichnen, da dieser Begriff als solcher eine *Ordnung* voraussetzt, die für das Kind in dieser Phase noch nicht wahrnehmbar ist. Neben hinreichend haltenden und kontinuierlichen Erfahrungen begründet dann im weiteren Reifungsprozeß ein (entwicklungsnotwendiges) abgestuftes Anpassungs*versagen* der Mitwelt die seelische Strukturbildung. Seelische *Spannungen* und *Konflikte* zwischen dem Individuum und seiner Mitwelt sind unumgänglich als *reifungsfördernde* Faktoren, bergen aber unvermeidlich auch die Gefahr *entwicklungsstörender* Einflüsse.

Schon vorgeburtlich bilden körperliche Sensationen unterschiedlicher Art, die aufbewahrt werden (»Nichts geht verloren«!), die ersten Selbstkerne. Nachgeburtlich werden die Selbstwahrnehmungen durch Körperimpulse (Bewegung, Hautsensationen, Muskelspannungen und -relaxationen) aus dem Innern und Widerstände, auf die sie in der Außenwelt treffen, oder durch äußere Einwirkungen der Mitwelt (Zärtlichkeit, Körperkontakt, Stillen, Körperpflege u. a. m.) weiter differenziert. Sie begründen schließlich die Verankerung der Seele im Körper und die Unterscheidung zwischen dem Innern und dem Außen, wobei die Haut als selbstbegrenzende Membran dient.

Emotionale und andere Mangelerfahrungen oder Übergriffe der Mitwelt unterbrechen das ungestörte *Seinserleben* und führen zur Notwendigkeit von *(Abwehr-)Reaktionen*. Dazu zählt Winnicott die *Spaltung*, die *manische Abwehr*, die *intellektuelle Hypertrophie*, die Entwicklung eines *falschen Selbst* mit der Spezialform des *Selbsthaltens* (»caretaker self«). Das falsche Selbst übernimmt hierbei völlig verfrüht die fürsorgerische Aufgabe, vor der die mütterliche und andere Bezugspersonen versagt haben.

Dagegen ermöglichen hinreichend gute Mitweltbedingungen neben der Selbstkonstituierung, wozu auch der Aufbau der *inneren Realität* gehört, mit der Zeit die Beziehungsaufnahme zur *äußeren Realität*. Sie vollzieht sich in den Überschneidungsbereichen (»midway phenomenon«) zwischen innerer und äußerer Welt. Die *Übergangsphänomene* und *Übergangsobjekte* (zum Beispiel Taschentuchzipfel, Teddybär u. a. m.) stellen die seelische Brücke (»no-man's-land«) zur äußeren Realität dar, zu der es keinen direkten Kontakt geben kann. Diese Vorstellungen Winnicotts entsprechen im übrigen auch den Konzeptualisierungen der modernen Systemtheorie.

Erst die seelische Konstituierung der Objektwelt, d. h. auch die Unterscheidung zwischen Selbst und Nicht-Selbst, erlaubt eine Weiterentwicklung der Affekte. Der vorher *erbarmungslose* – weil objektlose, d. h. beziehungslose – Affektzustand kann nun Gefühlen der *Besorgnis* um den anderen und des Schulderlebens weichen, das schon erwähnte Stadium des *Erbarmens* wird erreicht.

Auf diesem Wege wird schließlich das Feld der *ödipalen Triangulierung* mit all ihren Schwierigkeiten, aber auch Bereicherungsmöglichkeiten betreten. Die *Ganzheit* der Person mit einem klar unterschiedenen *Innen* und *Außen*, symbolisiert durch die *Haut*, die *Integration* der liebevollen und der zerstörerischen Impulse, das Erreichen der Fähigkeit zur *Ambivalenz* und zum *Kompromiß*, der Erwerb einer sicheren Verankerung der Seele im Körper ermöglicht nun die *wirkliche* Begegnung und den *wechselseitigen* Austausch zwischen ganzen Menschen.

Winnicotts behutsames und immer suchendes Arbeiten spiegelt sich in seinen tentativen Formulierungen wider: »Wenn alles glücklich verläuft ...«, »diejenigen, die *anfangen, Wissen* über die psychologische Seite zu *erwerben* ...«. Seine Betrachtung des Lebens und lebendiger menschlicher Beziehungen ist geprägt von nüchternem Realismus: »Das Leben ist eben schwierig!«, »Es gibt kein menschliches Wachstum ohne Verbiegungen infolge graduellen Anpassungsversagens der Mitwelt«. Ohne Realitäten zu verleugnen, hatte Winnicott jedoch eine beeindruckende Fähigkeit, das Konstruktive im Destruktiven zu entdecken, zum Beispiel mit seiner bedeutsamen Formulierung von der »Delinquenz als Zeichen der Hoffnung«[91]. Oder wenn er meint, »Kinder sind eine Last, und wenn sie Freude machen, so ist es, weil sie erwünscht waren und zwei Menschen sich entschlossen haben, diese Art Last zu tragen und sie nicht Last zu nennen, sondern Kind«[92]. Ob dieses Buch dabei mitwirken kann, das Packeis in den Beziehungen vieler Menschen, inbesondere auch zwischen Eltern und Kindern, ein wenig zum Schmelzen zu bringen? Ich wünsche mir, daß es viele Leser in ihrem Wagemut bestärkt, immer mehr sie selbst zu werden.

Aachen, im Dezember 1993
Thomas Auchter

Vorwort

Im Jahre 1936 wurde Donald Winnicott von Susan Isaacs eingeladen, an der Universität London ein Fortgeschrittenen-Seminar für erfahrene Grundschullehrer durchzuführen, und zwar mit dem Thema »Wachstum und Entwicklung des Menschen«. Als er 1954 die Arbeit an diesem Buch aufnahm, hatte er zudem seit 1947 regelmäßig Vorlesungen für Studenten der Sozialarbeit gehalten. Winnicott maß dieser Möglichkeit zu regelmäßigen Vorträgen, die er bis zu seinem Tod im Jahre 1971 wahrnahm, eine große Bedeutung bei, weil sie ihm einen ständigen Anreiz bot, sein eigenes Verständnis zu präzisieren und seine Überlegungen in der gemeinsamen Arbeit mit den Studenten und vor dem Hintergrund seiner persönlichen Erfahrung zu modifizieren. Man könnte mit Recht sagen, daß diese Vortragstätigkeit sich von seiner eigenen Entwicklung nicht trennen ließ, und er war Susan Isaacs zutiefst dankbar, weil ihr Vertrauen ihm diese Arbeitsmöglichkeit eröffnet hatte.

Winnicott entwickelte seine ganz persönliche Methode, den Inhalt seiner Vorlesungen zu vermitteln, und Jahr um Jahr gaben seine Studenten den Versuch, sich Notizen zu machen, schließlich auf, um den Wachstums- und Entwicklungsprozeß gemeinsam mit ihm zu erforschen. Anders formuliert: Sie lernten, ohne belehrt zu werden. Seine Vorlesungen konnten frei und unstrukturiert sein, aber nur, weil sie auf einem soliden, von Winnicotts Persönlichkeit nicht zu trennenden Wissensfundament und einem sorgfältig ausgearbeiteten Stufenmodell der menschlichen Entwicklung beruhten, das für die Studenten verständlich war. Seine rasch skizzierten Diagramme an der Tafel werden jedem, der seine Vorlesungen besucht hat, als charakteristisches Merkmal seiner Art zu unterrichten im Gedächtnis bleiben.

Ursprünglich hatte Winnicott die Absicht, mit diesem Buch die Aufzeichnungen nachzuliefern, die seine Studenten nicht hatten anfertigen können, und sie auf diese Weise allen zugänglich zu machen, die sich für die menschliche Natur interessieren. Die erste Fassung des Buches wurde in vergleichsweise kurzer Zeit im Sommer 1954 in Angriff genommen und fertiggestellt, in den folgenden Jahren aber hat Winnicott sie bis zu seinem Tod fortwährend überarbeitet und umgeschrieben.

Clare Winnicott

Vorbemerkung der Herausgeber

Die Konzeption des Buches

Winnicott hat für sein Buch über die »menschliche Natur« zwei Synopsen erstellt. Die erste entstand im August 1954, als der größte Teil des Manuskripts, wie wir von Clare Winnicott wissen, bereits vorlag, die zweite ungefähr 1967. Beide Entwürfe finden sich im »Anhang« am Schluß des vorliegenden Bandes.

Der Inhalt des Buchs orientiert sich, wie leicht zu ersehen, mit nur geringfügigen Veränderungen recht eng an den ersten drei Teilen der Synopse 1: So tauchen beispielsweise die geplanten Kapitel »Untersuchung der Abfolge der Entwicklungsstufen« einschließlich Phantasie, innere Realität und Träume sowie »Übergangsobjekte und -phänomene« im Buch nicht in der beabsichtigten Form auf, was vermutlich darauf zurückzuführen ist, daß Winnicott diese Themen bereits in vorangegangenen Kapiteln erläutert hatte. Die erste Synopse zeigt auch, daß Winnicotts ursprünglicher Entwurf zwei weitere Teile mit Beiträgen über die antisoziale Tendenz und die Entwicklungsstufen von der Latenzperiode zur Reife vorsah, die allerdings nie verwirklicht wurden; gewisse Anzeichen lassen jedoch vermuten, daß er beabsichtigte, den nächstfolgenden Teil mit einem Beitrag einzuleiten, der unter dem Titel »Delinquency Research« im Jahre 1943 in der Zeitschrift *New Era in Home and School* veröffentlicht worden war.

Die zweite Synopse sollte möglicherweise als Orientierung zur Überarbeitung des Manuskripts dienen. Es fällt auf, daß die Teile I und III des vorliegenden Buches in dieser Synopse weitgehend in der Form zusammengefaßt sind, wie sie nun tatsächlich erscheinen, aber Winnicott plante offenbar, den vorliegenden zweiten Teil (über »Interpersonale Beziehungen« und »Triebtheorie«) zu kürzen; von den letzten acht Kapiteln schließlich, die der vierte Teil des vorliegenden Buchs enthält, führt die zweite Synopse nur den Beitrag über die »Umwelt« auf.

Die Überschriften
Die Überschriften der einzelnen Teile, Kapitel und Abschnitte entsprechend weitestgehend dem Typoskript. An den wenigen Stellen, an denen wir der Einheitlichkeit wegen eine Zwischenüberschrift ergänzt haben, sind wir den Synopsen gefolgt.

Der Text
Am Text wurden keine Veränderungen vorgenommen. Korrekturen, die Winnicott selbst oder Joyce Coles, seine Sekretärin, ins Typoskript eingezeichnet hatten, wurden berücksichtigt; die wenigen Stellen jedoch, an denen wir ein Wort oder einen Buchstaben in den Text eingefügt haben, sind durch eckige Klammern gekennzeichnet, ebenso wie sämtliche Fußnoten oder Fußnoten-Ergänzungen der Herausgeber.

Notizen zur Überarbeitung
Neben dem Typoskript fand sich in Winnicotts Schriften eine Reihe von Notizen, die Hinweise auf Veränderungen bestimmter Abschnitte des Buches enthielten. Es handelt sich zumeist um einzelne, kleinere Blätter, die jeweils mit der Seitenzahl versehen sind, auf die sie Bezug nehmen; in sehr seltenen Fällen fanden sich solche Hinweise am Rand des Typoskripts. All diese Notizen erscheinen im Buch als Fußnoten unmittelbar an der Stelle, die zur Überarbeitung vorgesehen war.

Christopher Bollas
Madeleine Davis
Ray Shepherd

Dank

Wir danken Judith Issroff, die uns ihr Arbeitsmaterial zu bibliographischen Einzelfragen und für die Erstellung des Registers zur Verfügung stellte.

Einleitung

Die Aufgabe, die ich mir gestellt habe, ist die Untersuchung der menschlichen Natur.

Die Ungeheuerlichkeit meines Unterfangens ist mir in dem Augenblick, in dem ich dieses Buch in Angriff nehme, überaus bewußt. Die menschliche Natur umfaßt nahezu alles, was wir haben.

Obwohl mir dies klar ist, will ich an dem Titel festhalten. Ich plane eine Darstellung der menschlichen Natur, die auf meinen eigenen Erfahrungen beruht, all dem, was ich von meinen Lehrern gelernt und in meiner klinischen Arbeit erlebt habe. Unter dieser Voraussetzung wird es mir vielleicht gelingen, ein Thema, für das man eigentlich keine Grenzen finden kann, in persönlicher und deshalb verständlicherweise begrenzter Form darzustellen.

Für einen Arzt ist es entschieden einfacher, über Krankheiten zu schreiben, so daß die medizinische Literatur sich denn auch gewöhnlich mit der Gesundheit nicht auseinandersetzt. Die Erforschung von Krankheiten regt aber gleichwohl dazu an, zahlreiche Aspekte, die im Hinblick auf die Gesundheit von Bedeutung sind, zu untersuchen. Die Annahme des Arztes aber, daß Gesundheit mit einer relativen Abwesenheit von Krankheit gleichzusetzen sei, ist unbefriedigend. Das Wort Gesundheit hat seine eigene, positive Bedeutung, so daß die Abwesenheit von Krankheit nur die Grundlage für ein gesundes Leben darstellt.

Die Leser, die ich mit meinem Buch erreichen möchte, sind Studenten der höheren Semester, bei denen ich eine gewisse Kenntnis der psychoanalytischen Literatur voraussetzen kann und die in ihrer Arbeit sowie im Leben und mit dem Leben bereits persönliche Erfahrungen gesammelt haben.

Der Leser hat ein Recht zu erfahren, weshalb ich mich in der Lage sehe, ein Buch über Psychologie zu schreiben. Ich habe mein Berufsleben in der Pädiatrie verbracht. Während meine kinderärztlichen Kollegen sich zumeist auf die reine Körpermedizin spezialisierten, habe ich mich im Laufe der Zeit verstärkt auf den psychologischen

Bereich konzentriert. Ich habe die allgemeine Pädiatrie nie verlassen, da ich die Kinderpsychiatrie als untrennbaren Bestandteil der Pädiatrie betrachte. Die Erwachsenenpsychiatrie ist leider gezwungen, ohne Verbindung zur allgemeinmedizinischen und chirurgischen Praxis zu arbeiten; wenn es jedoch um Säuglinge und Kinder geht, ist eine solche Abtrennung nie erforderlich.

Aufgrund persönlicher Schwierigkeiten fand ich zu einem frühen Zeitpunkt meiner Tätigkeit als Kinderarzt zur Psychoanalyse. Bald wurde mir klar, daß die Psychoanalyse als Behandlungs- wie auch als Forschungsmethode nicht nur für Erwachsene, sondern auch für Kinder geeignet war. Im Jahre 1927 lernte ich Melanie Kleins Anwendung von Freuds Methoden auf die Kindertherapie kennen, und später entdeckte ich, daß Aichhorn, Anna Freud, Alice Balint und andere in unterschiedlicher Weise damit begonnen hatten, kindheitsspezifische Probleme mit Hilfe der Psychoanalyse zu behandeln. Als Anna Freud sich schließlich in London niederließ, hatte ich Gelegenheit, bei ihr zu lernen.

Ich kam als Ausbildungskandidat ans Institute of Psycho-Analysis, und nachdem ich meine Ausbildung abgeschlossen hatte – zunächst für die Erwachsenen- und anschließend für die Kinderanalyse –, war ich dazu befähigt worden, nahezu alle Krankheitstypen bei Kindern und Erwachsenen fast jeden Alters analytisch zu behandeln. Die Erfahrung eines Analytikers bleibt jedoch zwangsläufig die Erfahrung dieser einzelnen Person. Es ist für einen Analytiker nicht möglich, im Laufe seines Berufslebens mehr als ca. siebzig Analysen durchzuführen, so daß seine praktische Erfahrung begrenzt bleibt – ein Nachteil, den ich ausgleichen konnte, indem ich in meiner ambulanten Arbeit eine große Zahl von Patienten betreute, unzählige Kurztherapien durchführte und mich gegebenenfalls auch mit Problemen auseinandersetzte, die den äußeren Rahmen und die Lebensumstände von Patienten betrafen.

In den frühen Phasen meiner beruflichen Laufbahn habe ich die Behandlung antisozialer Fälle, die extrem hohe Ansprüche an den Therapeuten stellt, vermieden; als ich jedoch während des Krieges die Gelegenheit wahrnehmen durfte, in Oxfordshire mit evakuierten

Kindern zu arbeiten, mußte ich mich auch mit dieser Art Störung auseinandersetzen.

Ungefähr zur selben Zeit ergab es sich, daß ich in zunehmender Zahl Behandlungen erwachsener Patienten durchführte, die eher dem psychotischen Typ zuzurechnen waren, und dabei stellte ich fest, daß ich von Erwachsenen, die im Laufe der psychoanalytischen Behandlung eine tiefe Regression durchmachten, weit mehr über die Psychologie der frühen Kindheit lernen konnte, als dies durch die direkte Säuglingsbeobachtung oder selbst in der Analyse eines zweieinhalbjährigen Kindes möglich war. Diese psychoanalytische Arbeit mit psychotischen Erwachsenen erwies sich als ungemein anstrengend und zeitraubend und führte keineswegs immer zu deutlichen Erfolgen. In einem Fall, der tragisch endete, opferte ich 2500 Stunden meines Berufslebens, ohne Hoffnung auf Entschädigung. Gleichwohl habe ich aus dieser Art der Arbeit mehr als aus jeder anderen gelernt.

Begleitet wurde all dies von der fortwährenden Notwendigkeit, beratend mit Eltern zusammenzuarbeiten, und diese Beratungstätigkeit fand ich persönlich am allerschwierigsten.

Zu guter Letzt möchte ich noch die Anregungen erwähnen, die ich durch das Unterrichten und im Zusammenhang mit meinen Rundfunkvorträgen erhalten habe.

I

Eine Untersuchung des Kindes: Soma, Psyche, Geist

Einführung

Ich habe mich dafür entschieden, meinen Betrachtungen über die menschliche Natur eine Untersuchung des Kindes zugrunde zu legen. Wenngleich der gesunde Erwachsene bis zum Augenblick seines Todes weiterhin wächst, sich entwickelt und verändert, ist doch beim Kind bereits ein Muster erkennbar, das überdauern wird, so wie auch das Gesicht eines Menschen im Verlauf seines gesamten Lebens wiedererkennbar bleibt.
Wo aber finden wir das Kind?

Für den Körper des Kindes ist der Kinderarzt zuständig.
Für die Seele ist der Priester zuständig.
Für die Psyche ist der auf die Psychodynamik spezialisierte Psychologe zuständig.
Für den Intellekt ist der akademische Psychologe zuständig.
Für den Geist ist der Philosoph zuständig.
Die Psychiatrie reklamiert die Zuständigkeit für psychische Störungen.
Für die Erbanlagen ist der Genetiker zuständig.
Die Ökologie macht ihr Interesse am sozialen Milieu geltend.
Die Sozialwissenschaft untersucht die Familienverhältnisse und ihre Beziehung zur Gesellschaft und zum Kind.
Die Wirtschaftswissenschaft untersucht die Anforderungen und Belastungen, die auf konkurrierende Bedürfnisse zurückzuführen sind.
Das Gesetz schreitet ein, um die Vergeltungsmaßnahmen, mit denen die Öffentlichkeit antisoziales Verhalten rächt, zu reglementieren und zu humanisieren.

Im Gegensatz zu der Vielfalt unterschiedlicher Zuständigkeiten, die hier geltend gemacht werden, begegnet uns das individuelle menschliche Lebewesen als Einheit mit einem zentralen Lebensthema, und deshalb ist es notwendig, daß wir all die Aussagen, die sich unter dieser Vielzahl von Blickwinkeln formulieren ließen, in einer einzigen, komplexen Darstellung zusammenzufassen versuchen.

Um Menschen zu beschreiben, müssen wir uns nicht auf eine einzige wissenschaftliche Zugangsweise festlegen. Es ist sogar von Vorteil, sich mit einer jeden bislang bekannten Annäherungsweise vertraut zu machen.

Indem ich mich dafür entscheide, die Natur des Menschen unter der Perspektive seiner Entwicklung zu untersuchen, weil sie die unterschiedlichen Blickwinkel zusammenzufassen vermag, hoffe ich zeigen zu können, [auf welche Weise] das Individuum aus einer primären Verschmelzung mit der Umwelt auftaucht, sich seinen eigenen Bereich absteckt und fähig wird, in einer Welt, deren von ihm unabhängige Existenz es nicht anerkennt, zu *sein*; im Anschluß daran beschreibe ich die Stärkung des Selbst, seine Entwicklung zu einer lebendigen Wirklichkeit, einem fortwährenden Sein, einem Ort, an dem und von dem aus das Selbst als Einheit, körpergebunden und auf körperliche Fürsorge angewiesen, [auftaucht]; dann das dämmernde Gewahrwerden (und Gewahrsein setzt die Existenz des Geistes voraus) der Abhängigkeit, das Gewahrwerden der Zuverlässigkeit der Mutter und ihrer Liebe, die sich dem Säugling in Form körperlicher Fürsorge und bestmöglicher Anpassung an seine Bedürftigkeit vermitteln; sodann die Akzeptanz der eigenen Körperfunktionen und Triebe mitsamt ihrem Höhepunkt, die Akzeptanz der allmählichen Erkenntnis, daß die Mutter ein anderer, von ihm unterschiedener Mensch ist, und damit einhergehend eine Veränderung von Rücksichtslosigkeit zu Anteilnahme und Besorgnis; schließlich die Wahrnehmung eines Dritten und die Erkenntnis, daß der Liebe Schwierigkeiten aus dem Haß erwachsen, die Wahrnehmung des Gefühlskonflikts; zusätzliche Bedeutung gewinnt all dies durch die imaginative Bearbeitung und Ausgestaltung sämtlicher Körperfunktionen und das mit dem körperlichen Wachstum einhergehende Reifen der Psyche; auch durch die Spezialisierung des intellektuellen Potentials, die von der jeweiligen Ausstattung des Gehirns abhängig ist; und dies alles wiederum geht mit der allmählichen Entwicklung der Unabhängigkeit von Umwelteinflüssen einher, die das Individuum schließlich zu einem eigenständigen Mitglied der Gesellschaft werden läßt.

Es wäre durchaus möglich, bei den Anfängen zu beginnen und sich Schritt für Schritt vorzuarbeiten, aber dies würde bedeuten, daß wir unseren Ausgang im Schattenhaften und Unbekannten nehmen müssen, um bei den allgemein bekannten Tatsachen erst später anzugelangen. Die vorliegende Untersuchung wird beim vierjährigen Kind einsetzen, seine Entwicklung zurückverfolgen und sich dann schließlich auch den Ursprüngen des Individuums zuwenden.

Zunächst jedoch erscheint mir ein Wort zur körperlichen Gesundheit angebracht. Wenn wir von einem gesunden Körper sprechen, meinen wir, daß der Körper seine Funktionen auf eine dem Alter des Kindes angemessene Weise erfüllt und frei von Krankheit ist. Der Kinderarzt behält sich die Aufgabe vor, körperliche Gesundheit zu beurteilen und durch Messungen zu erfassen, d. h. körperliche Gesundheit insoweit, als die Körperfunktionen nicht durch Gefühle, durch emotionale Konflikte und durch die Vermeidung schmerzvoller Empfindungen beeinträchtigt werden.

Von der Empfängnis bis zur Pubertät sind die Körperfunktionen in kontinuierlichem Wachstum und stetiger Entwicklung begriffen, und niemand kommt auf den Gedanken, die körperliche Entwicklung des Kindes nach anderen Kriterien zu beurteilen als denen, die durch sein Alter vorgegeben sind.

Es gibt bestimmte Entwicklungsnormen, die allerdings eine zufriedenstellende Versorgung und Betreuung des Kindes voraussetzen. Zur genauen Erfassung werden fortwährend Meßtabellen und -kurven ausgearbeitet. Wir können mit den gesammelten und ausgewählten Daten arbeiten, müssen allerdings bereit sein, innerhalb unseres Gesundheitskonzepts breitgefächerte, individuelle Abweichungen einzuräumen.

Die Kinderheilkunde entwickelte sich in erster Linie durch die Erforschung körperlicher, kindheitsspezifischer Krankheiten, wobei man unter Gesundheit das Nicht-Vorhandensein von Krankheit verstand. Vor nicht allzu langer Zeit war die Rachitis weitverbreitet, ebenso wie zahlreiche andere Störungen, die durch unzulängliche Ernährung hervorgerufen wurden; ein ständiges Problem war die Lungenentzündung, die häufig zu Empyemen führte, denen man in einem Londoner Krankenhaus heutzutage kaum noch begegnet; angeborene Syphilis wurde in Kinderkliniken häufig diagnostiziert und war nicht einfach zu behandeln; akute Knocheninfektionen erforderten drastische chirurgische Eingriffe und eine schmerzhafte Nachbehandlung. Im Laufe von dreißig Jahren aber hat sich das gesamte Bild gewandelt.

Vor hundert Jahren sah die Situation noch schlimmer aus: Es herrschte ein nahezu völliges Durcheinander, was Diagnose und Krankheitsursachen betraf, so daß die ältere Generation der Kinderärzte zunächst einmal vor der Aufgabe stand, eindeutige Krankheitsbilder zu umreißen. In jenen Jahren hatte man nicht viel Zeit oder Gelegenheit, sich über die Gesundheit als solche Gedanken zu machen oder die Schwierigkeiten zu erforschen, die dem körperlich gesunden Kind drohen, weil es nun einmal in einer Gesellschaft aufwächst, die aus Menschen besteht.

Aufgrund der Fortschritte, die in der Diagnostik und Behandlung körperlicher Störungen erzielt wurden, gibt es heutzutage Ärzte, die für den Umgang mit körperlichen Leiden hervorragend qualifiziert sind und sich darüber hinaus auch mit der Frage auseinandersetzen, auf welche Weise die körperliche Funktionsfähigkeit zum Beispiel durch Angst und unzureichende oder inadäquate Betreuung des Kindes in seiner Familie beeinträchtigt wird. [1]

Eine neue Generation von Medizinstudenten fordert psychologische Lehrveranstaltungen. An wen soll sie sich wenden? Die kin-

[1] Hier möchte ich Guthrie erwähnen, Verfasser des Buches *Functional Nervous Disorders in Childhood* (1907), nicht weil er spektakuläre Höchstleistungen vollbracht hätte, sondern weil er ein Pionier war, dem ich das spezielle Klima am Paddington Green Children's Hospital verdanke, das meine Berufung im Jahre 1923 dort ermöglichte. Nach Guthries tragischem Tod sollte ich die Arbeit seiner Abteilung weiterführen, und es war mir damals nicht bewußt, daß ich aufgrund meiner eigenen Vorliebe für die psychologischen Aspekte der Kinderheilkunde in den Beraterstab der Klinik berufen wurde.

derärztlichen Professoren selbst verstehen möglicherweise nichts von Psychologie. Meiner Ansicht nach droht die Gefahr, daß die eher oberflächlichen Aspekte der Kinderpsychologie überbetont werden. Alles wird dann entweder auf Umwelteinflüsse oder aber auf die Erbanlagen zurückgeführt. Man sammelt und beschreibt klar voneinander abgegrenzte psychiatrische Krankheitsbilder, und das ist falsch; die Aussagekraft von Leistungs- oder Persönlichkeitstests wird überstrapaziert; das fröhliche äußere Erscheinungsbild eines Kindes wird allzu bereitwillig als Zeichen einer gesunden emotionalen Entwicklung gewertet.

Was hat der Psychoanalytiker anzubieten? Er hat keine einfachen Lösungen parat, sondern konfrontiert den jungen Kinderarzt, der bereits um die Dreißig ist, eine Frau und Familie hat, mit einem neuen Fachgebiet, das mindestens so umfangreich ist wie die Physiologie. Obendrein sagt er, daß der Kinderarzt sich einer eigenen Analyse und einer speziellen Ausbildung unterziehen müsse, um in der Kinderpsychiatrie ein ähnlich hohes Niveau zu erreichen, wie er es in der Pädiatrie bereits für sich in Anspruch nehmen darf.

Das ist hart, aber es führt kein Weg dran vorbei, und dies wird sich auch nie ändern. Der Kinderarzt schreckt vor einem solchen Wagnis zurück und zieht es vor, bei der Pädiatrie zu bleiben, selbst wenn er sich in die tiefe Provinz begeben muß, um genügend rein körperliche Erkrankungen zu finden, die er heilen und zu deren Prävention er beitragen kann. Aber es wird die Zeit kommen, in der dieses Land über genügend Kinderärzte verfügt, und dann werden sich immer mehr junge Pädiater gezwungen sehen, in die Kinderpsychiatrie zu gehen. Diesen Tag sehne ich herbei, und zwar seit drei Jahrzehnten! Es besteht jedoch die Gefahr, daß man sich um die unangenehme Seite der neuen Entwicklung drückt, indem man nach Ausweichmöglichkeiten sucht; man wird vorhandene Theorien neu formulieren, um nachzuweisen, daß psychiatrische Störungen nicht das Resultat emotionaler Konflikte darstellen, sondern auf Erbanlagen, Konstitution, endokrine Dysfunktionen und grobe Fahrlässigkeiten in der Kinderbetreuung zurückzuführen sind. Tatsache aber ist, daß das Leben selbst schwierig ist, und die Psychologie beschäftigt sich mit den Problemen, die einen unauflöslichen Bestandteil der individuellen Entwicklung und des Sozialisationsprozesses bilden; darüber hinaus konfrontiert uns die Psychologie der Kindheit mit denselben Schwierigkeiten, die wir selbst einmal durchgemacht haben, auch wenn wir sie zum größten Teil vergessen haben oder uns ihrer nie bewußt gewesen sind.

1 Psyche-Soma und Geist

Im Entwicklungsverlauf jedes einzelnen Menschen verdichtet sich die gesamte menschliche Natur. Je nach Blickwinkel kann man den Menschen als körperliches oder aber als psychisches Wesen betrachten. Es gibt den Körper, und es gibt die Psyche. Überdies besteht zwischen beiden eine wechselseitige Beziehung, deren Komplexität stetig wächst, und diese Beziehung wiederum wird von dem, was wir den »Geist« nennen, organisiert. Der intellektuellen Funktionsfähigkeit liegen, ebenso wie der Psyche, bestimmte Regionen des Gehirns als somatische Basis zugrunde.

Als Beobachter der menschlichen Natur können wir zwischen körperlichen, psychischen und geistigen Funktionen unterscheiden.

Wir werden nicht in die Falle tappen, die der übliche Gebrauch der Begriffe »geistig« und »körperlich« für uns bereithält. Diese Begriffe kennzeichnen keine gegensätzlichen Phänomene. Gegensätzlich sind der Körper und die Psyche. Der Geist bildet eine eigene Kategorie und ist als eine spezielle Funktion des Psyche-Soma zu betrachten.[1]

Wir müssen uns die Tatsache vergegenwärtigen, daß man die menschliche Natur unter den drei erwähnten, unterschiedlichen Blickwinkeln betrachten und auch die Ursachen untersuchen kann, die für eine solche Aufteilung des Interesses verantwortlich sind. Besonders interessant wird es sein, die Wechselwirkung zwischen Psyche und Soma in den sehr frühen Stadien des Säuglings und die Anfänge geistiger Aktivität zu erforschen.

Körperliche Gesundheit

Körperliche Gesundheit setzt hinreichend gute Erbanlagen und eine hinreichend gute, versorgende Umwelt voraus. Der gesunde Körper

[1] Vgl. D.W. Winnicott (1949). »Mind and its relation to the psyche-soma« (dt.: »Die Beziehung zwischen dem Geist und dem Leibseelischen«).

erfüllt seine Funktionen auf altersangemessenem Niveau. Das Kind bewältigt kleinere Traumatisierungen und Umweltversagen, so daß ihre pathologischen Auswirkungen beizeiten nivelliert sein werden. Die Entwicklung schreitet voran, und allmählich, nicht zu früh und nicht zu spät, wird aus dem Säugling ein Mann oder eine Frau. Zur gegebenen Zeit ist die Lebensmitte erreicht, die neue, der Entwicklung gemäße Veränderungen mit sich bringt, und schließlich drosselt das Alter die verschiedenen Funktionen, bis sich der natürliche Tod als endgültige Besiegelung der Gesundheit einstellt.

Psychische Gesundheit

In vergleichbarer Weise ist die Gesundheit der Psyche unter dem Aspekt des emotionalen Wachstums und der Reife zu beurteilen. Der gesunde Mensch verfügt über eine emotionale Reife, die seinem Alter entspricht. Reife bindet das Individuum nach und nach in die Verantwortlichkeit für seine Mitwelt ein.

Ebenso wie die körperliche Reife, wenn man die gesamte Physiologie (z.B. die Biochemie des Muskeltonus) berücksichtigt, eine außerordentlich komplexe Angelegenheit darstellt, umfaßt auch die emotionale Reife mannigfaltige Aspekte. Das Hauptziel dieses Buches besteht darin, die emotionale Entwicklung in ihrer ganzen Komplexität Schritt für Schritt nachzuzeichnen und zu zeigen, wie man sie allen Schwierigkeiten zum Trotz mit Hilfe wissenschaftlicher Methoden erforschen kann.

Intellekt und Gesundheit

Die intellektuelle Entwicklung läßt sich mit dem psychischen und somatischen Wachstum nicht vergleichen. Der Begriff »intellektuelle Gesundheit« ergibt keinen Sinn.

Ebenso wie die Psyche ist auch der Intellekt von der Funktionsfähigkeit eines spezifischen Körperorgans, nämlich des Gehirns (oder bestimmter Gehirnregionen), abhängig. Die Grundlage des Intellekts bildet daher die Beschaffenheit des Gehirngewebes, aber man kann den Intellekt nur in bezug auf ein Mehr oder Weniger beschreiben, es sei denn, das Gehirn ist durch körperliche Krankheit mißgebildet oder beeinträchtigt. Auf die Entwicklung bezogen, kann der Intellekt selbst nicht krank sein, allerdings kann eine kranke Psyche eine hypertrophe Entwicklung des Intellekts nach sich ziehen. Die Psyche selbst hingegen kann krank sein, d. h., sie kann durch Entgleisungen oder Störungen der emotionalen Entwicklung beeinträchtigt werden, auch wenn das Gehirn, auf dem ihre Aktivität beruht, gesund ist. Der Teil des Gehirns, auf dem die intellektuelle Leistungsfähigkeit beruht, ist wesentlich anpassungsfähiger als derjenige, von dem die Psyche abhängig ist; er tauchte in der Evolutionsgeschichte auch erst später auf. Erbanlagen und Zufall bringen ein Gehirn hervor, dessen Funktionsreichtum unter- oder überdurchschnittlich ist; Zufall oder Krankheit oder Traumatisierung (z.B. während des Geburtsvorgangs) lassen ein Gehirn entstehen, das nur unzureichend ausgebildet oder geschädigt ist; eine Infektion in der Kindheit (Meningitis, Enzephalitis) oder ein Tumor haben fokale, bleibende Störungen der Gehirnfunktionen zur Folge; oder der Neurochirurg zerschneidet zur (sogenannten) Behandlung geistiger Störungen vorsätzlich das Gehirn, um massiv in eine stabile, vor dem Wahnsinn schützende Abwehrorganisation einzugreifen – eine Abwehrorganisation, die selbst wiederum einen schmerzvollen klinischen Zustand darstellt. All diese Vorgänge beeinträchtigen den Intellekt oder, wie man auch sagen könnte: Die geistigen Prozesse werden modifiziert, wenngleich der Körper (vom Gehirn abgesehen) gesund bleibt. In jedem Fall aber müssen Gesundheit oder gesundheitliche Beeinträchtigung der Psyche eingeschätzt werden. Im einen Extrem kann ein Kind mit einem Intelligenzquotienten von 80 körperlich gesund sein und zudem eine gesunde emotionale Entwicklung aufweisen – ja, es kann zu einer wertvollen und interessanten Persönlichkeit heranwachsen, einen guten und verläßlichen Charakter entwickeln, sogar ein guter Ehepartner und eine gute Mutter oder ein guter Vater werden. Im anderen Extrem kann ein Kind mit außergewöhnlichem intellektuellen Potential (IQ von 140 und darüber), auch wenn es möglicherweise begabt und und ein wertvoller Mensch ist, schwer krank sein, falls seine emotionale Entwicklung beeinträchtigt ist; es kann zu psychotischen Zusammenbrüchen neigen, und es besteht die Gefahr, daß es einen unzuverlässigen Charakter entwickelt und vermutlich nie zu einem selbständigen Bürger heranwächst.

Mittlerweile wissen wir, daß der Intelligenzquotient, der unter exakter Berücksichtigung des Lebensalters ermittelt wird, bei relativ gesunden Kindern mehr oder weniger konstant bleibt. Dies ist nur eine alternative Formulierung der Tatsache, daß der Intellekt grundlegend von der Beschaffenheit des vorhandenen Gehirngewebes abhängig ist. Eine Beschreibung möglicher Faktoren, die eine Veränderung des IQ zur Folge haben, läuft auf nichts anderes hinaus als auf eine Auflistung möglicher Beeinträchtigungen der intellektuellen Funktionen, die einerseits durch Störungen der emotionalen Entwicklung und andererseits durch eine plötzliche Erkrankung des Gehirngewebes hervorgerufen werden können.

In jeder Gruppe behinderter Kinder wird es einige geben, deren Gehirn eine durchschnittliche oder sogar überdurchschnittliche Leistungsfähigkeit zuließe, Kinder nämlich, deren korrekte Diagnose auf Kindheitspsychose lauten würde. In diesen Fällen ist die geistige Behinderung das Symptom einer frühen Beeinträchtigung des emotionalen Wachstums. Eine solche Form der Behinderung ist nicht ungewöhnlich.

Der Kliniker begegnet aber auch dem entgegengesetzten Fall, nämlich dem Kind, dessen Intellekt, und zwar wiederum infolge emotionaler Störungen (drohende Verwirrtheit), angstgetrieben und überentwickelt ist; sein IQ, der im Test noch hoch war, nimmt ab, sobald die Furcht vor dem Chaos durch eine Psychotherapie oder dank positiver Beeinflussung seitens der Umwelt ihre Bedrohlichkeit verliert.

Mit dem Intellekt verhält es sich also anders als mit dem Körper und der Psyche. Er ist aus anderem »Stoff« gemacht, und deshalb kann man, wenn es um den Intellekt geht, nicht sagen, daß Gesundheit gleich Reife und Reife gleich Gesundheit ist. Zwischen Gesundheit und Intellekt gibt es also, genaugenommen, keine direkte Korrelation. Die geistigen Leistungen eines gesunden Menschen werden jedoch dem Niveau der Funktionsfähigkeit seines Gehirns entsprechen, wenn seine emotionale Entwicklung zufriedenstellend verläuft. All dies bedarf einer ausführlicheren Betrachtung.

2 Die entgleiste Gesundheit

Beim gegenwärtigen Stand der Untersuchung ist es von Nutzen, die entgleiste Gesundheit unter möglichst weitem Blickwinkel zu betrachten. Krankheiten und Störungen des Körpers wie auch der Psyche lassen sich auf recht einfache Weise darstellen; ihre Wechselwirkung ist kompliziert, dennoch aber kann man sie zu beschreiben versuchen, wenn man ihr Spannungsverhältnis grundsätzlich anerkennt.

Entgleisungen der körperlichen Gesundheit

Erblich	Befund nach der Geburt oder später Befund vor oder bei der Geburt			
Angeboren	Während der Geburt (Anomalität verursacht Geburtsschwierigkeiten) Bei der Geburt Traumatisierungen während des Geburtsvorgangs			
Mangelhafte Aufnahme (Ausscheidungsstörungen)	Kalorien Spurenelemente Vitamine	Verfolgung (mangelnde Versorgung)	Sämtliche Zwischenstufen	Selbstinduziert
Unfall	Reiner Zufall Krieg	„ „	„ „	„ „
Seuche Infektion	Reiner Zufall	„	„	„
(Bislang ungeklärt)		Neoplasmen Bestimmte Krankheiten, wahrscheinlich Infektionen (Rheumatismus, Veitstanz etc.)		

Abgesehen von einer ungemein umfangreichen Kategorie, nämlich den durch verschiedenartige psychische Zustände bedingten Funktionsstörungen des Körpergewebes, erfaßt diese Übersicht sämtliche Formen entgleister Gesundheit.

Es mag überraschen, daß sich der gesamte Aufgabenbereich des Kinderarztes auf eine so einfache Weise darstellen läßt, zumal die Arbeit in der Praxis hohe Belastungen mit sich bringt und ein umfangreiches Wissen voraussetzt.

Entgleisungen der psychischen Gesundheit

Entgleisungen der psychischen Gesundheit lassen sich nicht in einer einfachen Übersicht zusammenfassen; sie sind jedoch immer, auch wenn sie ganz offenkundig durch widrige Umweltfaktoren verursacht wurden, Störungen der emotionalen Entwicklung.[1]

Unter der Voraussetzung, daß der Körper gesund (und das Gehirngewebe funktionsfähig) ist, kann man Entgleisungen der psychischen Gesundheit in die Kategorien Neurose und Psychose unterteilen. Im Fall der Neurose treten die Schwierigkeiten erstmals im Rahmen der interpersonalen Beziehungen des Familienlebens zutage, wenn das Kind zwei bis fünf Jahre alt ist. Ein Kind in diesem Alter kann als ganze Person unter anderen ganzen Personen leben und ist intensiven Trieberfahrungen ausgesetzt, die auf der Liebe zwischen Menschen beruhen. Die emotionale Entwicklung des neurotischen Kindes (oder Erwachsenen) verlief in den Frühphasen im normalen Bereich.

Als Psychose bezeichnen wir Krankheitszustände, deren Entwicklung zu einem früheren Zeitpunkt einsetzte, d. h. bevor das Kind zu einer ganzen Person wurde, die in Beziehungen zu ganzen Personen steht.

Diese grobe Klassifizierung ist nur von begrenztem Nutzen. Sobald man psychotische klinische Zustände näher untersuchen will, ist man

[1] *Notiz zur Überarbeitung:* Darstellung der Gesundheit unter dem Aspekt des Freiseins von rigiden Abwehrmechanismen.

auf eine differenziertere Sichtweise angewiesen. Im augenblicklichen Zusammenhang ist nichts weiter erforderlich, als daß wir uns den Entstehungszeitpunkt emotionaler Entwicklungsstörungen als wichtigen Faktor vor Augen halten, wenn wir Neurose und Psychose mit Hilfe der allgemein gebräuchlichen psychiatrischen Begriffe zu klassifizieren versuchen.
Also:

Typ	klinischer Zustand	Ursprung
NEUROSEN	Abwehrorganisationen gegen Angst; Phobien, Konversionshysterie, Zwangsneurosen usw.	Angst, hervorgerufen durch das Triebgeschehen in interpersonalen Beziehungen
PSYCHOSEN Manisch-depressive Depression Abwehr der Depression		Besorgnis wegen rücksichtsloser Liebe Reaktion auf Objektverlust
Verfolgung: von innen Hypochondrie von außen Abwehr durch Paranoia Rückzug in die innere Welt		Besorgnis bezüglich der Folgen der Aggression
SCHIZOPHRENIE	Abwehr durch Spaltung durch Desintegration durch Verlust des Realitätssinns durch Kontaktverlust	Scheitern der aktiven Anpassung seitens der Mutter in einem frühen Stadium

Eine solche grobe Übersicht kann dem Beobachter als Ausgangsbasis zur Untersuchung psychischer Erkrankungen unter dem Blickwinkel der Erwachsenenpsychiatrie dienen. Logischer aber ist es, sich der Erwachsenenpsychiatrie auf der Grundlage eingehender Untersuchungen der Kinderpsychiatrie zu nähern.

Ungeachtet unserer besten Absichten werden wir feststellen, daß wir eine neue Klassifizierung entwickeln müssen, aber auch damit werden wir letztendlich nicht zufrieden sein.[2]

Klinisch betrachtet, sind selbst kranke Kinder weder ständig ängstlich noch ständig wahnsinnig. Für gewöhnlich werden wir mit einer erfolgreich organisierten Angstabwehr konfrontiert, so daß uns bei der Erstellung einer Diagnose die Abwehrform interessiert, der Erfolg oder das Scheitern der Abwehr. Wichtig ist es auch zu wissen, welche Art von Angst das Kind bedroht; die Abwehrorganisation kann zum Beispiel gegen die Angst vor dem Penisverlust oder dem Verlust irgendeiner wichtigen Funktion, die mit einem Trieb zusammenhängt, gerichtet sein; ebenso kann sie sich gegen die Depression richten, d. h. gegen eine Hoffnungslosigkeit aufgrund von Schuldgefühlen, die entweder selbst unbewußt sind oder mit unbewußten Konflikten zusammenhängen; möglich ist aber auch, daß sich die Abwehr gegen die Furcht vor mangelndem Kontakt mit der äußeren Realität oder die Furcht vor chaotischer Desintegration richtet.

Wir werden all dies noch eingehender untersuchen müssen; vorläufig aber geht es darum, festzuhalten, daß die geringfügigen emotionalen Störungen im Kindesalter mit einer gewissen Berechtigung entsprechend dem Krankheitstyp, den ein Kind wahrscheinlich entwickeln wird, wenn es unter Streß zusammenbrechen und offenkundig krank werden sollte, klassifiziert werden können. Diese grobe Klassifizierung ermöglicht mir eine vorläufige Untersuchung der zwischen körperlichen und psychiatrischen Störungen bestehenden Wechselwirkung; daran anschließend werde ich die detaillierte Untersuchung des emotionalen Wachstums wiederaufnehmen. Das Umweltversagen, dem das Kind in den verschiedenen Phasen seiner Entwicklung möglicherweise ausgesetzt ist – ein Thema, das im weiteren Verlauf ebenfalls eingehend zu betrachten sein wird –, muß ich vorerst ignorieren. Auch das Symptom der antisozialen Tendenz kann in diesem Stadium noch nicht berücksichtigt werden.

[2] *Notiz zur Überarbeitung:* Klassifizierung in neuer Form skizzieren: d. h. Abhängigkeit + Familie und soziales Netz; Aufgaben meistern/Aufgaben nicht meistern.

3 Die Beziehung zwischen körperlicher Krankheit und psychischer Störung. Die Auswirkungen des Körpers und seiner Gesundheit auf die Psyche

Erbanlagen

Das Erbgut läßt wenig Raum für verwirrende Spekulationen. Vermutlich sind sämtliche Erbanlagen physischer Natur, selbst wenn sie sich in psychischen Phänomenen niederschlagen (zum Beispiel die Neigung zu einem depressiven oder hysterischen Temperament, die von einem Elternteil an das Kind weitergegeben wird). Grundlage der Psyche ist das Soma, das auch evolutionsgeschichtlich älter ist. Die Psyche nimmt ihren Anfang in Form der imaginativen Bearbeitung von Körperfunktionen, und ihre wichtigste Aufgabe besteht darin, frühere Erfahrungen und mögliche Entwicklungen mit einem Bewußtsein für die Gegenwart und den Erwartungen, die in die Zukunft zielen, zu verbinden. So entsteht das Selbst. Natürlich kann die Psyche unabhängig vom Gehirn und seinen Funktionen nicht existieren.

Die Erblichkeit von Persönlichkeitsmerkmalen und die Disposition zu bestimmten psychiatrischen Typen und Störungen sind physische Gegebenheiten; der Psychotherapie sind durch die Vererbung Grenzen gesetzt. Diese Grenzen spielen in der Behandlung neurotischer Störungen eine relativ unwichtige Rolle, wichtiger sind sie in der Behandlung psychotischer Störungen und von allerhöchster Wichtigkeit in der Psychoanalyse gesunder Individuen, d. h. jener Menschen, die das Entwicklungspotential, das sie mit auf die Welt gebracht haben, (per definitionem) nahezu erschöpfend realisiert haben.

Festzuhalten ist, daß bestimmte ererbte Krankheitsdispositionen sich klinisch erst zu einem späten Zeitpunkt manifestieren, so daß sie, wenngleich vererbt, dennoch nicht angeboren sind.

Angeborene Störung

Unter dem Erbgut verstehen wir Faktoren, die bereits vor der Empfängnis vorhanden waren. Angeborene Störungen sind jene, die nach Abschluß des Geburtsvorgang zutage treten.

Der Begriff »angeboren« bezieht sich auf zwei Gruppen von Störungen: Erstens auf jene Krankheiten und Behinderungen, die bereits vor dem Geburtstermin, in der intra-uterinen Phase, vorhanden sind, und zweitens auf jene, die infolge des Geburtsvorgangs selbst eintreten.

Der *Kinderarzt* wird dabei an Wachstumsdefizite denken (Beispiel: geistige Behinderung aufgrund einer Rötelnerkrankung der Mutter im zweiten Schwangerschaftsmonat), an orthopädische Mißbildungen (Beispiel: Hüftgelenksluxation, Klumpfuß), Infektionen, die von der Mutter auf das Kind übertragen wurden (Beispiel: Syphilis vor der Geburt und Gonorrhoe während der Geburt), Blutunverträglichkeit zwischen Mutter und Baby, Verletzung der Hirnhäute oder des Gehirns selbst aufgrund von Geburtsverzögerungen (Beispiel: schmales Becken der Mutter, übermäßiger Sauerstoffmangel bei verzögertem Geburtsverlauf) usw. Der hochspezialisierten Tätigkeit des Kinderarztes eröffnet sich hier ein weites Feld, und man kann von ihm nicht erwarten, daß er sich mit den (psychischen) Geburtserfahrungen nicht-mißgebildeter, gesunder Säuglinge beschäftigt, die weder unter Sauerstoffmangel gelitten haben noch unter einem physischen Schock stehen.

In den vergangenen Jahren begann sich der *Gynäkologe* für die Psychologie der Geburt zu interessieren, nachdem das vorrangige Ziel, die Entbindung zu einer gefahrlosen physischen Erfahrung zu machen, nahezu erreicht war. Gegenstand dieser Untersuchungen ist aber zumeist die Psychologie der Mutter, und der Lehrstoff, der gegenwärtig vermittelt wird, läßt sich unter dem Stichwort »Freisein von Angst« zusammenfassen. Wahrheitsgemäße Informationen sollen der Mutter die Angst nehmen und ihr einen entspannten Zustand ermöglichen. Das persönliche Vertrauen in einen bestimmten Arzt und eine Hebamme, die sie kennt, ist und bleibt ihr bester Halt, auch wenn dies nicht immer erwähnt wird. Weder vom Gynäkologen noch von der Hebamme kann man erwarten, daß sie sich für die Psychologie des Säuglings zur Zeit seiner Geburt interessieren. Die Mutter selbst hat keine günstigen Voraussetzungen, um ausgerechnet während oder unmittelbar nach der Geburt ihres Babys psychologische Pionierarbeit zu leisten. Dennoch weiß sie, daß die Psychologie ihres Babys berücksichtigt werden muß. Wann soll sie es verstehen lernen? Der Psychologe muß einspringen, bis der Kinderarzt und der Gynäkologe dazu kommen, die Säuglingspsychologie zu erforschen.

Mit der Entwicklung des Gehirns als funktionsfähiges Organ beginnt ein Speichern von Erfahrungen; Körpererinnerungen, die für das individuelle Baby spezifisch sind, verbinden sich nach und nach miteinander, um ein neues Menschenwesen zu bilden. Recht verläßliche Hinweise lassen darauf schließen, daß die intra-uterinen Körperbewegungen – und vermutlich, auf stille Weise, auch die Ruhephasen des Lebens im Mutterleib – eine Bedeutung haben.

Irgendwann zur Zeit des Geburtstermins findet ein großes Erwachen statt, so daß wir zwischen einem Baby, das zu früh geboren wurde, und einem übertragenen Baby einen Unterschied feststellen können. Das eine ist für das Leben noch nicht gerüstet, während das andere vermutlich in einem Zustand der Frustration zur Welt kommt, da es bereit war und warten mußte.

Im großen und ganzen jedoch übt die Psyche des Säuglings auf die Störungen, die wir unter dem Begriff »angeboren« zusammenfassen, keinen Einfluß aus. Andererseits wird die psychische Verfassung des Kindes durch die Geburtsvorgänge gravierend beeinflußt. Dies ist später zu untersuchen, nachdem der Leser den Menschen, der gerade am Beginn seines Lebens steht, kennengelernt hat.

Störungen der Nahrungsaufnahme

Die Aufnahme des Stillens ist keineswegs ausschließlich eine Frage der Reflexe. Es ist allgemein bekannt, daß die emotionale Verfassung der Mutter die Fähigkeit des Babys, an der Brust zu trinken, beeinflußt, und es trifft auch zu, daß schon ganz zu Anfang Unterschiede deutlich werden: Manche Babys nehmen die Brust ohne Probleme, während das Stillen bei anderen Schwierigkeiten bereitet. Über die Psychologie des ersten Stillens und der weiteren Stillzeit werden wir einiges zu sagen haben. Damit schweifen wir keineswegs von der physischen Seite des Stillens ab, die innerhalb der Pädiatrie nach wie vor sehr detailliert erforscht wird. Die Untersuchung dieses Themas erfordert in allererster Linie die Zusammenarbeit und das gegenseitige Verständnis jener Spezialisten, die mit der physischen Seite (einschließlich Physiologie, Anatomie, Neurologie, Biochemie) vertraut sind, und jener Fachleute, die allmählich beginnen, eine gewisse Kenntnis der psychischen Seite zu erwerben. Als aufschlußreiches Beispiel für den nicht-ärztlichen Psychologen möchte ich das recht seltene Phänomen erwähnen, das als »Verkürzung der Speiseröhre« bezeichnet wird. Diese körperliche Mißbildung führt zu Schwierigkeiten bei der Ernährung; das Baby neigt vor allem zum Spucken. Die Symptomatik wird durch die Lagerung des Kindes beim Stillen beeinflußt. Im Laufe der Zeit korrigiert sich diese Fehlbildung zumeist von selbst, so daß sich alle Maßnahmen, die während der kritischen Phase ergriffen werden, zu bewähren scheinen. Diese Maßnahmen können sich auf Ratschläge zur Ernährung und Lagerung des Babys beschränken, aber es kommt auch vor, daß der Mutter eine Psychotherapie empfohlen wird. Erforscher der Säuglingspsychologie können es sich nicht leisten, körperliche Beeinträchtigungen und ihre natürliche Entwicklung zu ignorieren, auch wenn sie gottlob nicht qualifiziert sein müssen, um die volle Verantwortung für die körperliche Seite zu übernehmen. Diese sollte zwischen den Spezialisten beider Seiten geteilt werden.

Je älter das Kind ist, desto deutlicher tritt der psychische Einfluß in den Ernährungsschwierigkeiten zutage. Normale Kleinkinder können durchaus »heikle Esser« sein, andererseits aber kann ein Kind auch durch eine Krankheit dazu veranlaßt werden, alles zu essen, was man ihm ansprechend serviert. Die Gründe dafür werden wir untersuchen. Im Extremfall können Säuglinge jeder Altersphase ebenso wie ältere Kinder eine so gravierende Eßhemmung entwickeln, daß sie schließlich sterben. Zwischen der gesunden Mäkeligkeit und der pathologischen Hemmung gibt es viele Zwischenstufen.

Physische und psychische Anteile gehen in allen erdenklichen Formen ineinander über. Ein vertrautes Beispiel ist das Kind mit einer angeborenen Gaumenspalte: Es kann auf normale Weise nicht ernährt werden und muß mehrfache Operationen und damit verbundene Trennungen von der Mutter über sich ergehen lassen. All dies beeinträchtigt die emotionale Entwicklung des Säuglings, muß sie aber nicht völlig lähmen, denn Arzt und Krankenschwester können seinen Kummer mühelos verstehen, so daß sie Maßnahmen ergreifen werden, die den umweltbedingten Beeinträchtigungen entgegenwirken. Wenn sie sich den Kummer des Säuglings erklären können, sind Ärzte und Krankenschwestern, auch ohne den Erwerb psychologischer Spezialkenntnisse, in der Lage, vieles zu tun, um jenen psychischen Erkrankungen, die ihren Anfang bereits im Säuglingsalter nehmen, vorzubeugen.

Ausscheidungsstörungen

Hier bereitet es keine großen Schwierigkeiten, den physischen Faktor vom psychischen zu unterscheiden. Von dem seltenen Fall einer Mißbildung oder Erkrankung des Ausscheidungsapparats abgesehen, liegt einer Funktionsstörung der Ausscheidungsorgane immer ein emotionaler Konflikt zugrunde, der als körperliches Symptom zum Ausdruck kommt.

Unfälle

Während wir es an einem Ende der Skala mit dem reinen Zufall zu tun haben, begegnet uns am anderen Ende die Unfallanfälligkeit, die eine psychiatrische Störung des depressiven Typs darstellt. In vergleichbarer Weise finden sich unter den Opfern von Mißhandlungen immer einige, die ein Bedürfnis haben, verfolgt zu werden, und dieses Verfolgungsbedürfnis, das die Grundlage der als Paranoia bezeichneten psychiatrischen Erkrankung bildet, kann sich im Säuglingsalter bereits überraschend früh, ja schon sehr bald nach der Geburt entwickeln.

Was die Infektionskrankheiten betrifft, so sind einige ausschließlich von körperlichen Bedingungen abhängig, wie zum Beispiel die Masern; ein Kind, das noch keine Masern gehabt hat, fängt sie sich, sobald sie bei irgend jemandem ausbrechen. Manche Infektionskrankheiten hingegen werden durch die emotionale Verfassung beeinflußt. So läßt sich zwischen dem Verlauf der Lungentuberkulose und dem Verlauf depressiver Phasen ein enger Zusammenhang beobachten, der im Fall der Knochentuberkulose nicht besteht. Eine Lungenentzündung stellte, vor allem als es noch keine Antibiotika gab, u.a. auch den Lebenswillen auf eine harte Probe, und deshalb war die Genesung in hohem Maß von der Krankenpflege abhängig. Damals schöpften Krankenschwestern aus den Erfolgen, die sie bei Pneumonie-Patienten erzielten, eine immense Befriedigung, denn sie wußten, daß sie durch ihren persönlichen Einsatz häufig Leben retteten. Der Schwesternschülerin von heute bleibt vieles vorenthalten, denn die Behandlung der Lungenentzündung ist im Grunde zur Routine geworden.

Eine Kategorie des bislang Unbekannten

Nahezu alle körperlichen Krankheiten lassen sich diesen wenigen Kategorien zuordnen. Der nicht-ärztliche Leser muß jedoch daran erinnert werden, daß es körperliche Erkrankungen gibt, die zwar unzweifelhaft physischer Natur sind, deren Ursache wir aber nicht kennen. Ein Beispiel sind die »Neoplasmen«.[1] Auch die Ursachen des rheumatischen Fiebers und des Veitstanzes, beides häufige Erkrankungen, sind unbekannt.

[1] Allgemeine Bezeichnung für den Krebs, d.h. für Karzinome, Sarkome und vermutlich auch Lymphadenome und Leukämie.

Das bedeutet nicht, daß man eine Krankheit mit hoher Wahrscheinlichkeit als psychische Störung betrachten wird, nur weil ihre körperliche Ursache nicht geklärt ist, und dies gilt trotz der Tatsache, daß rheumatisches Fieber und vor allem der Veitstanz zuweilen im Anschluß an einen emotionalen Schock oder schweren Kummer aufzutreten scheinen.

Allergie

Schwieriger einzuordnen ist die Vielzahl von Störungen, die man unter dem Gesamtbegriff »Allergie« zusammenfaßt. Es gibt Enthusiasten, die sich eingehend mit Allergien oder Überempfindlichkeiten des Gewebes gegenüber bestimmten Erregern (wie den Pollen beim Heuschnupfen) beschäftigen und behaupten, eine ungeheuer große Gruppe von Symptomen erklären zu können, die von den meisten anderen Beobachtern als primär psychisch betrachtet würden. Ein Beispiel ist das Asthma. Asthma ist eine Störung der Körperfunktionen, die vermutlich durch eine rein physische Sensibilität des Bronchialmuskels gegenüber inhalierten Stoffen hervorgerufen werden kann. Ein Asthmaanfall kann aber auch rein psychischen Charakter haben – jeder, der ein unter Asthma leidendes Kind so genau beobachten kann, wie es in einer regelmäßigen, täglichen Psychotherapie (z. B. einer Psychoanalyse) möglich ist, wird dies bestätigen. Das Asthma ist ein gutes Beispiel für die Borderline-Störung, und ebenso wie der psychologische Untersucher nicht vergessen darf, daß eine körperliche Disposition vorhanden ist und daß es eine Beziehung zwischen Asthma und Säuglingsekzemen gibt, muß sich der somatische Arzt daran erinnern, daß die Krankheit auch eine psychische Seite hat.

Somit stellt die Allergie eine enorme Abweichung von allen Grundprinzipien dar, und die Nützlichkeit des Begriffs beschränkt sich in erster Linie auf die Beschreibung klinischer Zustände. Die Allergie-Forschung, die zunächst bahnbrechende Erkenntnisse über psychosomatische Störungen zu versprechen schien, sieht sich eher auf die Psychologie als auf Physiologie und Biochemie verwiesen. Ich habe nicht vergessen, daß man das Asthma, abgesehen von der Frage seiner eigenen Verursachung im jeweiligen Einzelfall, zu Recht als Verursacher psychiatrischer Störungen bezeichnen kann, weil es für ein Kind oder einen Erwachsenen unmöglich ist, unter Asthma (welcher Ursache auch immer) zu leiden, ohne eine spezifische psychische Einstellung gegenüber der Erkrankung zu entwickeln.

Der Einfluß der Psyche auf den Körper und seine Funktionen

Eine gesunde emotionale Entwicklung ermöglicht dem Kind, die Bedeutung körperlicher Gesundheit zu verstehen, ebenso wie körperliche Gesundheit ihm ein beruhigendes Gefühl vermittelt, das von großem Wert für die emotionale Entwicklung ist.

Die Anforderungen und Belastungen, die das normale emotionale Wachstum mit sich bringt, üben ebenso wie bestimmte anomale psychische Zustände einen ungünstigen Einfluß auf den Körper aus.

Freiheit im Trieberleben fördert die körperliche Gesundheit, und das bedeutet, daß der Körper angesichts der zunehmenden Triebkontrolle in der normalen Entwicklung vielerlei Einbußen hinnehmen muß; der Sozialisationsprozeß schränkt das Kind in seiner Triebfreiheit ein. Hier ist an das Prinzip zu erinnern, daß Triebe sich durch Selbstkontrolle beherrschen lassen, wenn ein psychischer Konflikt verhältnismäßig bewußt ist; so können mit geringstmöglichem Schaden Kompromisse zwischen den Triebanforderungen und jenen der äußeren Realität, der Gesellschaft oder des Gewissens geschlossen werden. Wenn sich der Konflikt zwischen Triebstrebung und Ichidealen jedoch im verdrängten Teil des Unbewußten abspielt, dann sind die aus ihm resultierenden Hemmungen, Ängste und Zwänge weniger faßlich und weniger leicht mit den äußeren Umständen in Einklang zu bringen, so daß sie den Körper sowie die körperlichen Vorgänge und Funktionen stärker beeinträchtigen werden.

Der Körper des Kindes vermag große Belastungen zu überstehen, aber wenn eine solche Belastung sich bis ins Erwachsenenalter hinein erstreckt, können irreversible körperliche Schäden wie Bluthochdruck, Geschwüre im Magen-Darmtrakt, Überfunktion der Schilddrüse usw. die Folge sein.

Die späteren Stadien dieser irreversiblen, durch einen psychischen Konflikt bewirkten körperlichen Veränderungen müssen vom Arzt oder Chirurgen oder Endokrinologen behandelt werden, und zwar *selbst dann*, wenn sich der Patient zu diesem späten Zeitpunkt einer erfolgreichen psychotherapeutischen Behandlung unterzieht. Bei einer erfolgreichen Psychotherapie zu früherem Zeitpunkt hätte sich die Notwendigkeit ärztlicher oder chirurgischer Hilfe gar nicht erst ergeben.

4 Der psycho-somatische Bereich

Um psycho-somatische Probleme zu erhellen, sollten wir uns nicht in der Erwachsenenmedizin, sondern in der Kinderheilkunde umsehen. Kinder bieten uns die besten Möglichkeiten, Veränderungen der Körpergewebe und Körperfunktionen, die mit psychischen Phänomenen einhergehen oder durch sie hervorgerufen werden, zu untersuchen.

Die psycho-somatische Medizin hat sich zu einem eigenständigen Gebiet der medizinischen Forschung und Praxis entwickelt; bedauerlicherweise aber arbeitet sie völlig isoliert von jenen drei Bereichen, mit denen sie eigentlich eng zusammenhängt: Psychiatrie, Allgemeinmedizin und Psychoanalyse. Diese Entwicklung und die Tatsache, daß die Begriffe geistig und körperlich heute so verwendet werden, als ob sie entgegengesetzte Phänomene kennzeichneten, haben ähnliche Gründe. Die Natur des Menschen besteht nicht aus Geist und Körper – sie besteht aus einer wechselseitigen Beziehung zwischen Psyche und Soma, während der Geist sich in den Übergangsbereichen des psycho-somatischen Geschehens entfaltet.

Störungen des Psyche-Soma sind Veränderungen des Körpers oder bestimmter Körperfunktionen, die in einer Verbindung mit psychischen Zuständen stehen. Diese Veränderungen lassen sich am besten im pädiatrisch-klinischen Bereich untersuchen, und zwar nicht nur deshalb, weil die Befunde bei Kindern einfacher einzuordnen sind; ein weiterer Grund ist die Tatsache, daß man die Zustände der erwachsenen Psyche ohne Bezugnahme auf die Kindheit der zu untersuchenden Personen nicht verstehen kann.

Grundlage der Psycho-Somatik ist der lebende Körper, den der Physiologe erforscht. Die Gewebe sind lebendig, sind Teil eines ganzen Lebewesens und werden von den wechselnden psychischen Zuständen dieses Lebewesens beeinflußt.

Die ersten Komplikationen, die wir untersuchen müssen, betreffen die physiologischen Veränderungen, die mit Aktivität und Ruhe verbunden sind; danach kommen jene Veränderungen an die Reihe, die mit lokalen und allgemeinen – durch Vorbereitungsphase, Höhepunkt und Erholung charakterisierte – Erregungszuständen zusammenhängen. Wenn man allgemeine Erregungszustände erforscht, kann man die Gewebe nicht ungeachtet ihrer Beziehung zur Gesamtpsyche untersuchen. Wenn die Physiologie die Psyche in ihrer Gesamtheit anerkennt, kann sie die für Begehren und Wut spezifischen Veränderungen erforschen und natürlich auch jene Veränderungen, die mit zärtlicher Liebe, Furcht, Angst, Kummer und anderen Affekten verbunden sind – den für das jeweilige Individuum charakteristischen Spielarten einer differenzierten Phantasie.

Bei all dieser Arbeit hat es der Erforscher des Psyche-Soma mit bewußten und unbewußten Phantasien zu tun, d. h. gewissermaßen mit der Histologie der Psyche, mit der imaginativen Bearbeitung und Ausgestaltung sämtlicher Körperfunktionen, die für das Individuum spezifisch sind. Wenn zwei Personen einen ihrer Finger hin- und herbewegen, haben beide Vorgänge für den Anatomen und den Physiologen eine grundlegende Ähnlichkeit. Der Erforscher des Psyche-Soma aber muß die Anatomie und die Physiologie der Handlung um die Bedeutung ergänzen, die sie für das Individuum besitzt, und deshalb ist das Winken mit dem Finger jeweils eine für das winkende Individuum spezifische Handlung.

Somit geht die Physiologie an einer bestimmten Stelle fließend in die Psycho-Somatik über, und zwar auch die Physiologie jener somatischen Veränderungen, die mit Spannungen und Belastungen der Psyche verbunden sind. Hierbei handelt es sich zunächst um die dem Sozialisationsprozeß immanenten Beschränkungen, darüber hinaus aber auch um jene Einschränkungen und Hemmungen, die pathologisch sind und mit Verdrängungsprozessen und unbewußten Konflikten der Psyche zusammenhängen.

Und schließlich kann man in der Psycho-Somatik nicht von einer grundsätzlichen, stabilen Verbindung zwischen Psyche und Soma ausgehen; die Psycho-Somatik muß den ebenso häufigen wie auch bedeutsamen Zuständen Rechnung tragen, in denen Psyche und Soma sich voneinander lösen oder ihre Beziehung gänzlich verlorengegangen ist.

Eine eingehende Untersuchung der psycho-somatischen Kinderheilkunde kann erst nach umfassender Darstellung der emotionalen Entwicklung des menschlichen Individuums erfolgen.

Dabei wird deutlich werden, daß ein Verständnis dieser Störungen, die in der Tat eine reale, aber sehr breitgefächerte klinische Gruppe bilden, gewisse Kenntnisse über jede Form und jeden Grad psychischer Störungen voraussetzt und auch jene inneren Konflikte berücksichtigt werden müssen, die Bestandteil des Lebens sind, Teil der Triebbeherrschung und des Arrangements mit den eigenen Trieben, zu dem jedes menschliche Individuum im Verlauf seines Sozialisationsprozesses finden muß.

Was die Untersuchung der Gesundheit anbelangt, so gibt es in der psycho-somatischen Pädiatrie zwei Hauptrichtungen: körperliche Gesundheit – ihre Auswirkungen auf das psychische Leben und seine Entwicklung; psychische Gesundheit – ihre Auswirkungen auf Entwicklung und Funktionen des Körpers.

Auch die Untersuchung der entgleisten Gesundheit verfolgt zwei Richtungen: Entgleisen der körperlichen Gesundheit – ihre Auswirkungen auf die psychische Entwicklung; Entgleisen der psychischen Gesundheit – ihre Auswirkungen auf die körperliche Entwicklung.

Verstehen können wir all dies nur, wenn wir die Entwicklung des körperlich gesunden Menschen untersuchen, denn eine derart komplexe Untersuchung kann überhaupt nur unter der Voraussetzung der *Abwesenheit körperlicher Krankheit* erfolgen. Wenn man das Nicht-Vorhandensein einer primären körperlichen Erkrankung zugrunde legt, kann man die zunehmende Verflechtung zwischen dem Körper und der Psyche eines Menschen erforschen und bestimmte Grundprinzipien formulieren.

Dabei stellen wir fest, daß die normale emotionale Entwicklung Schmerzen einschließt und von Konflikten durchsetzt ist: Deshalb muß der Körper leiden, selbst wenn keine Krankheiten, die primär physischen Ursprungs sind, vorliegen.[1] Unter diesem Blickwinkel be-

[1] *Notiz zur Überarbeitung:* Diesen Aspekt klar herausarbeiten: psycho-somatische Störung mit ihrem positiven Sinn,

der Flucht < in den Intellekt / in depersonalisierte Zustände entgegenzuwirken.

trachtet, müssen wir psycho-somatische Störungen mit Hilfe der Psychologie erforschen und die Auswirkungen psychischer Probleme auf den körperlichen Bereich des Menschen untersuchen. Dies ist die gebotene Reihenfolge, die rein somatisch orientierten Ärzten allerdings nicht behagt. Ihnen wäre es lieb, wenn sie ihr Wissen über körperliche Krankheiten unmittelbar auf psycho-somatische Störungen anwenden könnten. Aber das läßt sich nicht machen. Der natürliche Weg führt über die Erforschung psycho-somatischer Störungen beim Kind (oder Erwachsenen), das frei von jeder körperlichen Krankheit oder physischen Einschränkung ist. Erst wenn man das Prinzip verstanden hat, kann man auch körperliche Krankheiten und ihre Auswirkung auf die Psyche verstehen. Dabei erweist sich die Körpermedizin als ein Bereich, dessen Grenzen künstlich aufrechterhalten werden, um den Arzt von weiterreichenden Verpflichtungen zu entlasten. Die Körpermedizin geht auf natürliche Weise in die Psycho-Somatik über.

Der psychische Bereich im Menschen übernimmt die Funktion, Beziehungen zu entwickeln und aufrechtzuerhalten – innere Beziehungen, Beziehungen zum Körper und Beziehungen zur Außenwelt. Die Psyche entwickelt sich aus einer inneren Aktivität, die man als imaginative Bearbeitung und Ausgestaltung von Körperfunktionen aller Art bezeichnen könnte, sowie aus der Akkumulation von Erinnerungen; in besonderem Maß abhängig von einem funktionsfähigen Gehirn, verbindet sie erlebte Vergangenheit, Gegenwart und erwartete Zukunft miteinander, verleiht dem Selbstgefühl des Menschen Bedeutung und rechtfertigt unsere Wahrnehmung, daß jener Körper, den wir vor uns sehen, ein Individuum beherbergt.

Auf diese Weise entwickelt sich eine Psyche, die über einen Standort verfügt, von dem aus sie Beziehung zur äußeren Realität aufnehmen kann, eine innere Qualität, welche die Fähigkeit besitzt, äußere Realität zu erschaffen und wahrzunehmen, ein Wesen von zunehmend komplexer Beschaffenheit, das Entwicklungsschritte vollziehen kann, die mit Umwelteinflüssen allein nicht zu erklären sind, und in der Lage ist, sich nicht nur anzupassen, sondern sich der Anpassung auch zu widersetzen, und schließlich zu einem Geschöpf wird, das über eine Art Entscheidungsfähigkeit verfügt.

Nichts von alldem tritt automatisch, quasi als Wachstumsphänomen, zutage. Freilich gibt es eine angeborene Entwicklungstendenz, aber die frühe Abhängigkeit von einer anpassungsfähigen Umwelt ist so groß, daß sie diesen Wachstumsfaktor überlagert. In der körperlichen Entwicklung zeigt sich der Wachstumsfaktor deutlicher; in der Entwicklung der Psyche hingegen ist an jedem Punkt die Möglichkeit des Scheiterns gegeben, und in der Tat ist so etwas wie störungsfreies Wachstum gar nicht denkbar, denn die Anpassung der Umwelt wird immer zu einem gewissen Grad versagen.

Die psycho-somatische Entwicklung ist ein allmählicher Prozeß, der seinem eigenen Tempo folgt, und wenn man dem Begriff »Reife« in eine Beziehung zum Alter stellt, dann ist Reife Gesundheit und Gesundheit Reife. Der gesamte Entwicklungsprozeß muß durchlaufen werden, er wird durch jede Unterbrechung, jeden Sprung verzerrt, und jedes Voraneilen in diesem wie auch jede Verzögerung in jenem Bereich wird eine Narbe hinterlassen.

Darüber hinaus ist mit einem Streit über den Zeitpunkt, an dem die psycho-somatische Pädiatrie zur Anwendung kommen kann oder die menschliche Natur selbst ihren Anfang nimmt, nichts gewonnen. Das einzige Datum, das außer Frage steht, ist der Zeitpunkt der Empfängnis. Selbstverständlich spielt der Zeitpunkt der Geburt eine wichtige Rolle, vieles jedoch ist bereits vorher geschehen, vor allem dann, wenn das Baby übertragen ist, und bei der Geburt ist die Individualität bereits so deutlich ausgeprägt, daß erfahrenen Säuglingsschwestern die ungewöhnliche Ähnlichkeit eineiiger Zwillinge sofort auffällt. Ist das Baby erst einmal zwei Wochen alt, hat es bereits viele Dinge erlebt, die ganz und gar persönlicher Natur sind. In dem Alter, in dem sich eine Adoption relativ einfach in die Wege leiten läßt, ist jedes Baby durch seine realen Erfahrungen schon so geprägt, daß die Probleme, mit denen die Adoptiveltern in der Versorgung des Kindes konfrontiert sind, sich grundlegend von den Schwierigkeiten unterscheiden, die sie hätten bewältigen müssen, wenn es ihr eigener Säugling wäre und sie ihn von Anfang an in ihrer Obhut gehabt hätten.

II

Die emotionale Entwicklung des Menschen

Einführung

Die vorläufige Untersuchung des Wirkungskreises der psycho-somatischen Pädiatrie hat um so deutlicher werden lassen, daß wir auf ein Verständnis der emotionalen Entwicklung des Individuums nicht verzichten können. Was die somatische Seite betrifft, so führt der Kinderarzt sämtliche Beobachtungen auf Anatomie und Physiologie zurück, und für die psychische Seite sind wir auf eine entsprechende Disziplin angewiesen. Die akademische Psychologie gibt uns keine Antwort. Die einzige Antwort finden wir in der dynamischen Psychologie, mit anderen Worten: in der Psychoanalyse.

Es wird nun notwendig sein, die Entwicklung des Psyche-Soma zu untersuchen, aus dem sich, in Verbindung mit den geistigen Funktionen, allmählich die individuelle, ihrer selbst bewußte Person entwickelt, eine Person, die durch Beziehungen nicht nur mit der Umwelt verbunden ist, sondern schließlich auch zur Aufrechterhaltung und Neuschaffung dieser Umwelt beitragen wird. Zunächst einmal setzen wir das Nicht-Vorhandensein körperlicher Krankheit voraus; zum Abschluß unserer Betrachtung wird es dann angebracht sein, diese weitere Komplikation mitzuberücksichtigen.

Ebenfalls vorausgesetzt wird eine normale Beschaffenheit des Hirngewebes, da geistige Defekte und Schwachsinn auf körperlichen Defekten beruhen und bestimmte psychische Folgen nach sich ziehen. Mit Absicht wird der Geist zunächst einmal nicht bzw. nur insoweit, als er sich, wie ich es formuliert habe, in den Übergangsbereichen des Psyche-Soma entfaltet, berücksichtigt.

Es wäre logisch, die Beschreibung des sich entwickelnden Menschen mit der Empfängnis beginnen zu lassen, sich dann Schritt für Schritt über das intra-uterine Leben, die Geburt, die primitiven und weniger primitiven Stufen des emotionalen Wachstums vorzuarbeiten, das Kleinkind, das Kind in der Latenzphase und den Heranwachsenden Revue passieren zu lassen, um schließlich bei dem reifen Erwachsenen anzugelangen, der einen Platz in der Welt einnehmen kann und schließlich altert und stirbt.

Ich habe mich dafür entschieden, mit der Phase der ersten Reife zu beginnen, mit dem Kleinkind, das dem Krabbelalter entwachsen ist und eine Entwicklungsstufe erreicht hat, auf der es interpersonale Beziehungen bereits in ihrer vollen Bedeutung erfaßt, und ich habe diesen Weg gewählt, weil ich bei meinen Lesern eine gewisse Vertrautheit mit Freuds Werk voraussetzen kann, das den Ursprung der neurotischen Erkrankungen Erwachsener auf jene Konflikte zurückführt, die während dieser Phase im Individuum entstehen.

Ich beginne mit einer Darstellung der dynamischen Psychologie der frühen Kindheit und verfolge die Entwicklung im Anschluß daran weiter und weiter zurück bis ins Ungewisse der ersten Augenblicke, in denen man den Fötus im Mutterleib als menschliches Wesen bezeichnen kann.

Aus diesem Grund habe ich meine Darstellung der dynamischen Psychologie folgendermaßen gegliedert:

a) Interpersonale Beziehungen und damit einhergehende Komplikationen.
b) Die Erlangung einer persönlichen Einheit und die Entwicklung der Fähigkeit zu Anteilnahme und Besorgnis.
c) Die primitiven Aufgaben:
   1. Integration des Selbst.
   2. Der psycho-somatische *Modus vivendi.*
   3. Der Kontakt zur Realität über den Weg der Illusion.

Den Leser bitte ich, sich bei der Lektüre der jeweiligen Kapitel vor Augen zu halten, daß die übrigen Bereiche absichtlich ausgeklammert werden und nicht in Vergessenheit geraten sind. Die Terminologie, die für den einen Bereich richtig ist, wäre für einen anderen falsch.

Dieses Herauspräparieren einzelner Entwicklungsphasen ist ein hochartifizielles Vorgehen. In Wahrheit befindet sich das Kind immer in allen Phasen gleichzeitig, selbst wenn man sagen kann, daß diese oder jene Phase dominiert. Die primitiven Aufgaben werden niemals vollständig bewältigt; die Unvollständigkeit ihrer Lösung stellt für Eltern und Erzieher während der gesamten Kindheit eine Herausforderung dar, auch wenn sie ursprünglich zum Bereich des Umgangs mit dem Säugling gehören. Ähnlich verhält es sich mit den Belastungen, denen die Psyche durch den Übergang vom Zustand der Rücksichtslosigkeit zu einem Zustand der Anteilnahme und Besorgnis sowie durch den Erwerb der Fähigkeit, Vergangenheit, Gegenwart und Zukunft miteinander zu verbinden, ausgesetzt ist; auch sie behalten ihre Bedeutung während der gesamten Kindheit bei und spielen für die Eltern und Erzieher von Kindern aller Altersgruppen eine wichtige Rolle, wenngleich natürlich anfangs jene Menschen für sie zuständig sind, welche die Verantwortung für den Säugling tragen, der gerade die nötige Reife entwickelt hat, so daß er »abgestillt« werden kann und einen Verlust zu bewältigen vermag, ohne das Gefühl zu bekommen, daß alles verlorengeht (während es sich in Wahrheit nur um einen Teilverlust handelt).

Angesichts meiner Vorgehensweise mag es durchaus verblüffen, daß gerade diese Startschwierigkeiten in den frühen Phasen und nicht etwa die Themen, die ich im ersten Kapitel dieses Teils behandele, für den Leser eines psychologischen Buches von größtem Interesse sind. Die späteren Schwierigkeiten des reiferen Kindes, das die Komplikationen und Bereicherungen, die interpersonale Beziehungen mit sich bringen, bereits kennengelernt hat, werden (im Laufe des Reifungsprozesses) zwangsläufig immer stärker zu einer persönlichen Angelegenheit jedes einzelnen Kindes und sind immer weniger Teil seiner Abhängigkeit. Man hilft einer Mutter oder einer Erzieherin nicht, sondern macht sie nur verrückt, indem man ihr (wenn auch völlig zutreffend) erklärt, daß das Symptom eines Kindes etwas mit Verdrängung zu tun hat, daß die Ursache einer neurotischen Störung im wesentlichen unbewußt ist und daß die einzig mögliche Lösung darin besteht, das Kind in Psychotherapie zu geben (vermutlich ist ohnehin entweder kein Platz frei, oder die Behandlung ist zu teuer).

Es ist nicht nur ein »Widerstand« der Eltern und Lehrer, der sie angesichts der Wahrheiten, die die Theorie des Ödipuskomplexes formuliert, ungehalten werden läßt. Diese Fakten (mit denen sich im wesentlichen der erste Teil meiner Darstellung beschäftigt) vermitteln den Menschen in der Regel ein Gefühl der Hilflosigkeit. Was können sie tun? Im Unterschied dazu stellen die Bedürfnisse, die das Kind aus seinem Säuglingsalter beibehalten hat, Eltern und Lehrer vor Probleme, die sie selbst meistern können, indem sie den einen oder anderen Aspekt der Behandlung und Erziehung des Kindes stärker gewichten.

Dennoch wird man einräumen, daß es mitunter hilfreich ist, zu verstehen, was in dem vierjährigen Kind vor sich geht, selbst wenn der verantwortliche Erwachsene nichts tun kann, um ein vorliegendes Symptom zu heilen. Unser Verständnis des Kindes bleibt unzulänglich, wenn es sich auf die Entwicklungsaufgaben und Bedürfnisse des Säuglings beschränkt. Für ein Kind, das sich mitten in den Wirren des Ödipuskomplexes befindet, ist es fraglos wichtig, sich verstanden zu fühlen, selbst wenn ein solches Verständnis nicht unmittelbar zu hilfreichem Handeln führen kann, sondern nur unser Mitgefühl weckt.

1 Interpersonale Beziehungen

Erster Teil der Darstellung

Der erste Teil dieser Untersuchung über die menschliche Psychologie, dessen Thema die interpersonalen Beziehungen sind, leitet sich unmittelbar aus der wohlbekannten Arbeit der vergangenen fünfzig Jahre her, deren Grundlage die Behandlung der Neurose bildet. Nahezu sämtliche Überlegungen gehen auf Freud oder jene Autoren zurück, die seine – von ihm als Psychoanalyse bezeichnete – Methode anwandten. Alles, was ich zu sagen habe, ist in der umfangreichen Literatur, über die wir heute verfügen, bereits gesagt worden; dennoch aber komme ich nicht darum herum, dies alles noch einmal mit meinen eigenen Worten darzustellen, um dem Leser die gesamte Thematik unter einem einheitlichen Blickwinkel zu vermitteln.

Uns beschäftigt hier jener Bereich der psychoanalytischen Theorie, der für alle Psychoanalytiker außer Frage steht; er ermöglicht es Analytikern, die weit voneinander abweichende Ansichten über die modernen Entwicklungen der Theorie und Praxis vertreten, sich in den Grundsätzen einig zu fühlen, so daß das Institute of Psycho-Analysis mit all den ihm zugehörigen Psychoanalytikern für dieses Land Lehrpläne erarbeiten, Kandidaten ausbilden und eine Qualifikation zum Praktizieren erteilen kann. Diese theoretischen Grundlagen können den Ausbildungskandidaten vermittelt werden, bevor sie sich mit Gegenständen vertraut machen, die eher als Forschungsprobleme zu betrachten sind.

Nahezu jeder Aspekt der Beziehungen zwischen ganzen Personen wurde von Freud selbst bereits angesprochen, und es ist heutzutage in der Tat sehr schwierig, abgesehen von einer neuen Darstellung allgemein anerkannter Sachverhalte einen wirklich originellen Beitrag zu leisten. Freud hat uns die unangenehme Arbeit abgenommen, er hat die Realität und die Macht des Unbewußten nachgewiesen, den Schmerz, die Qualen und Konflikte aufgespürt, die Symptombildungen zwangsläufig zugrunde liegen, und zudem, notfalls auch sehr rigide, die Bedeutung der Triebe und den Stellenwert der kindlichen Sexualität betont. Jede Theorie, die diese Dinge leugnet oder zu umgehen sucht, ist nutzlos.

Die Lehre der Kindheitspsychologie läßt sich, und zwar zu Recht, von dem Gedanken leiten, daß das Kind in stetiger Entwicklung begriffen und seine emotionale Entwicklung mit dem körperlichen Wachstum verflochten ist. Aus diesem Grund ist es in der Psychologie niemals von Vorteil, einen *Zustand* zu untersuchen; ebenso wie in der Geschichte ist der gegenwärtige Zustand immer in eine Vergangenheit und eine Zukunft eingebettet. Diese Feststellung ist von grundlegender Bedeutung; der Psychoanalytiker hat sich aus den Fesseln der akademischen Psychologie, der Anstalts-Psychiatrie und Allgemeinmedizin befreit, indem er diesem Prinzip folgte.

Die vorliegende Darstellung der Psychologie des kleinen Kindes setzt eine gesunde Entwicklung bis zu jenem Punkt voraus, an dem man sagen kann: Dieses Kind ist nun eine ganze Person und steht in Beziehungen zu ganzen Personen. Wir sind uns bewußt, daß die Annahme einer solch weitreichenden Voraussetzung recht willkürlich ist. Wir wissen auch, daß es keinen Zeitpunkt gibt, an dem eine solche Charakterisierung urplötzlich zutrifft. Jede Entwicklungsstufe, die das Kind erreicht, kann auch immer wieder verlorengehen; nach und nach erst können die verschiedenen Entwicklungsstufen wirklich eine Stabilität erreichen, und dies auch nur unter bestimmten Bedingungen. Diese Bedingungen, die in den frühen Phasen von entscheidender Wichtigkeit sind, verlieren im Laufe der Zeit an Bedeutung, völlig irrelevant aber sind sie möglicherweise nie. Dennoch ist es notwendig, von einer zunächst erfolgreich verlaufenden Entwicklung auszugehen. Komplexität muß sich aus dem Einfacheren heraus entwickeln.

Es wäre absurd zu behaupten, ein umfassendes Verständnis des gesunden Kindes könne auf der Untersuchung der Neurose und ihrer Ursprünge in der Kindheit beruhen. Nicht ganz so absurd wäre die Behauptung, daß das Verständnis der neurotischen Symptombildung eine gute Voraussetzung zur Untersuchung des gesunden Kindes darstelle – *unter der Bedingung, daß es in der frühesten Kindheit eine ge-*

sunde Entwicklung durchlaufen hat. Die in der Neurose organisierten Abwehrmechanismen nämlich weisen uns den Weg zu der Angst, die nicht nur dem neurotischen Symptom zugrunde liegt; auch die Ausdrucksformen der Gesundheit beziehen ihre Kraft und ihren Charakter aus dieser Angst.

In der Analyse Erwachsener läßt sich die Entstehung neurotischer Symptome regelmäßig auf die spannungs- und belastungsreiche Phase vor der Latenz zurückführen, also auf die Zeit, in der der heutige Erwachsene ein Kind zwischen zwei und fünf Jahren war. Deshalb wenden wir uns zunächst dem Kind in diesem Alter zu, um einen ersten Eindruck von den Erfahrungen zu gewinnen, die seine emotionale Entwicklung mit sich bringt.

Man könnte die Berechtigung dieser Vorgehensweise in Frage stellen, indem man extreme Positionen bezieht. Das eine Extrem wäre die »perfekte« Entwicklung im Säuglingsalter, welche die Grundlage einer »perfekten«, von neurotischen Störungen freien Kindheit bildet. Den anderen Extremfall bildet die gravierend beeinträchtigte Säuglingsentwicklung, deren Störungen ein normales oder gesundes Wachstum in jeder späteren Phase unmöglich machen. Nun könnte man fragen: Wo bleibt das Kind, das Abwehrmechanismen neurotischer Art errichtet? Zwischen beiden Extremen finden wir normalerweise relativ gesunde kleine Kinder mit einer gewissen Anfälligkeit für neurotische Erkrankungen – Erkrankungen, denen man jedoch durch geeignete Beeinflussung seitens der Umwelt erfolgreich entgegenarbeiten kann – ebenso wie kleine Kinder mit einer recht ausgeprägten Anfälligkeit für neurotische Erkrankungen, die ganz sicher nicht ohne irgendeine Symptombildung davonkommen und dennoch als gesund betrachtet werden. Diese Kinder sind in besonderem Maß auf eine beständige, stabile emotionale Umwelt angewiesen. Ergänzend ist hier festzuhalten, daß sich zwischen ihnen und den Kindern, die als psychotisch eingestuft werden, jene Kinder finden, deren Erkrankung dem neurotischen Typ zunächst täuschend ähnlich ist, bis sich in der Behandlung eine derart fundamentale Störung der infantilen emotionalen Entwicklung offenbart, daß die Bezeichnung Psychose schließlich angemessener erscheint.

Säuglingsalter	2 bis 5 Jahre
1. Perfekte Säuglingsentwicklung	– macht neurotische Störungen in dieser Phase unwahrscheinlich
2. Beeinträchtigte Säuglingsentwicklung	– legt die Basis für neurotische Angst
3. Gestörte Säuglingsentwicklung	– macht neurotische Störungen wahrscheinlich
4. Gestörte Säuglingsentwicklung	– neurotische Überlagerung psychotischen Charakters, der sich im Laufe einer Psychotherapie oder in Phasen des »Zusammenbruchs« offenbart
5. Gestörte Säuglingsentwicklung	– verantwortlich für eine Gesundheitsbeeinträchtigung, die eine Erkrankung neurotischen Charakters in diesem Stadium nicht mehr zuläßt, d. h., die manifeste infantile Psychose liegt bereits vor

Es versteht sich von selbst, daß anlagebedingte Faktoren für alle Entwicklungsmöglichkeiten, die diese Klassifikation berücksichtigt, eine Rolle spielen und jede säuberliche Abgrenzung, die diese Übersicht vielleicht nahelegen könnte, beeinträchtigen und verzerren.

Das relativ gesunde (altersentsprechend reife) Kleinkind erreicht schließlich das Stadium, in dem es zu einer ganzen Person wird, die sich ihrer selbst wie auch anderer ganzer Personen bewußt ist. Zahllose Erfahrungen, mit denen dieses Kind in seinem täglichen Leben konfrontiert ist, müssen vorläufig ignoriert werden, weil es sich hierbei um Erfahrungen handelt, die mit dem Fortbestehen infantiler Anteile (in jedem Stadium) zusammenhängen, die hier nicht zur Diskussion stehen.

Die Familie

Dem Eintritt des Kindes in die Entwicklungsphase, in der es die gleichzeitige Existenz dreier Personen – das Kind und zwei weitere Menschen – anzuerkennen vermag, entsprechen die Familienstrukturen der meisten Gesellschaften. In der Familie kann das Kind Schritt für Schritt von der Drei-Personen-Beziehung zu Beziehungen jeglicher Komplexitätsgrade voranschreiten. Es ist die schlichte Dreieckssituation, die dem Kind Schwierigkeiten bereitet und doch dem ganzen Reichtum menschlicher Erfahrung zugrunde liegt. Im familiären Rahmen können beide Elternteile auch eine zeitliche Kontinuität gewährleisten, vielleicht gar eine Kontinuität, die sich von der Empfängnis des Kindes bis zum Ende der Abhängigkeit, dem Abschluß der Adoleszenz, erstreckt.

Trieb

Den Schlüssel zur gesunden frühen Kindheit bildet (wiederum unter Ausklammerung der wichtigen, weiterhin bestehenden infantilen Anteile) der *Trieb*. Aus diesem Grund ist eine eingehende Untersuchung des Trieblebens und seiner Entwicklung erforderlich.

Der Begriff »Trieb« bezeichnet die machtvollen biologischen Kräfte, die im Leben des Säuglings oder Kindes kommen und gehen und nach Abfuhr drängen. Die Triebregungen veranlassen das Kind, ebenso wie alle anderen Lebewesen, Vorkehrungen zu treffen, um vollentwickelte Triebbedürfnisse befriedigen zu können, sobald die Dringlichkeit ihrer Forderungen ihren Höhepunkt erreicht hat. Die Befriedigung des Triebs auf dem Höhepunkt seiner Forderungen wird mit Lust und einer vorübergehenden Minderung der Triebspannung belohnt. Unvollkommene Befriedigung oder Befriedigung zum falschen Zeitpunkt führt zu unvollkommener Spannungsminderung und Unbehagen; die dringend benötigte Ruhephase vor dem erneuten Anfluten der Triebforderungen kann sich nicht einstellen.

Diese Darstellung macht weder hinsichtlich der Art der Triebansprüche noch zwischen Menschen und Tieren einen großen Unterschied. Es ist in unserem Zusammenhang nicht notwendig, die Klassifikation der Triebe eingehender zu erörtern; wir müssen nicht einmal darüber entscheiden, ob es einen einzigen Trieb gibt oder aber zwei oder vielleicht gar Dutzende. All dies ist unwichtig.

Im menschlichen Säugling und Kind findet (ein funktionsfähiges Gehirn vorausgesetzt) eine *imaginative Ausgestaltung* sämtlicher Körperfunktionen statt, und dies gilt für Kinder so viel mehr als selbst für die höchstentwickelten Tiere, daß es *niemals* unbedenklich ist, eine Schlußfolgerung, zu der man in der Tierpsychologie gelangt ist, auf die Psychologie des Menschen zu übertragen. Wenn sie nicht sehr zurückhaltend auf die Betrachtung menschlicher Probleme angewandt wird, führt die Tierpsychologie sogar in die Irre.

Wenn wir uns mit den Triebregungen beschäftigen, ist es nützlich, jene Körperfunktionen zu berücksichtigen, die am stärksten beteiligt sind. Bei dem erregten Körperteil kann es sich um den Mund handeln, um den Anus, den Harnapparat, die Haut, diesen oder jenen Teil der männlichen oder weiblichen Genitalien, die Nasenschleimhaut, die Atmungsorgane, um die Muskulatur im allgemeinen oder die kitzeligen Rippen oder Achselhöhlen.

Man kann zwischen lokaler und allgemeiner Erregung unterscheiden. Die allgemeine Erregung trägt dazu bei, daß sich das Kind als ganzes Lebewesen erfahren kann, und ist zugleich davon abhängig, daß das Kind sich im Laufe seiner Entwicklung zu einer Ganzheit integriert hat.

Eine Art Höhepunkt kann der Körper nahezu überall erleben; einige Körperteile jedoch sind dazu besonders disponiert.

Bestimmte Organisationen libidinöser Erregung erweisen sich als dominant, und die imaginative Bearbeitung und Ausgestaltung sämtlicher Erregungen erfolgt unter dem Einfluß der jeweils dominierenden Partialtriebe. Es versteht sich mehr oder weniger von selbst, daß bei einem kleinen Säugling jene Körperteile, die der Nahrungsaufnahme dienen, dominieren, und so betrachtet man im allgemeinen die von Phantasien oralen Charakters getönte *Oralerotik* als Charakteristikum der ersten Stufe der Triebentwicklung.

(Es ist daran zu erinnern, daß all die anderen Dinge, die über Säuglinge außerdem zu sagen wären, an dieser Stelle im Interesse einer übersichtlichen Darstellung mit Bedacht ausgeklammert werden.)

Im Säuglingsalter findet eine progressive Entwicklung der Triebbereiche statt, die ihren Höhepunkt mit der Dominanz der genitalerotischen Erregung und der charakteristischen Phantasie des Kleinkinds findet, das sich auf allen infantilen Stufen zufriedenstellend entwickelt hat. Zwischen der ersten oder oralen Phase und der abschließenden oder genitalen Phase macht das Kind eine Vielzahl unterschiedlicher Körpererfahrungen, die mit der Entwicklung entsprechender Phantasien einhergehen. Die analen oder urethralen Funktionen sowie die ihnen entsprechenden Phantasien können übergangsweise in den Vordergrund treten, sich aber auch dauerhaft behaupten und auf diese Weise die Entwicklung eines bestimmten Charaktertypus einleiten.

Entsprechend den jeweils beteiligten Körperfunktionen wie auch den damit verbundenen Phantasien können wir von einer Abfolge der Triebdominanz sprechen:

Prägenital
Phallisch
Genital

Zunächst erlebt der Säugling alle möglichen Erregungsformen und vielleicht auch eine lokale, genitale Erregung, die in diesem Stadium allerdings nicht mit Phantasien genitalen Charakters einhergeht. Männliche und weibliche Säuglinge müssen sich in dieser Phase nicht zwangsläufig unterscheiden.

In der zweiten Phase, einem Zwischenstadium, steht das männliche Genitale mit seinen Erektionen und der periodisch erhöhten Sensibilität im Mittelpunkt. Aus dieser Perspektive ist das weibliche Genitale negativ besetzt; mit dem Eintritt in diese Phase beginnen sich die Wege des kleinen Jungen und des kleinen Mädchens zu trennen.

Die dritte Stufe ist die genitale Phase, in der die Phantasie sich nun auch auf all jene Themen erstreckt, die in der Adoleszenz in Gestalt männlicher und weiblicher Verhaltensweisen wiederkehren (Penetrieren, Penetriert-Werden; Schwängern, Geschwängert-Werden usw.).

Eine Zeitlang ging man davon aus, dieses Konzept der fortschreitenden Entwicklung (von der prägenitalen über die phallische zur genitalen Stufe) auch auf die frühen Phasen anwenden zu können, so daß man zu folgender Unterteilung der prägenitalen Phase gelangte:

prägenital	oral	oral-erotisch (Saugen)
		oral-sadistisch (Beißen)
	anal	anal-erotisch (Defäkation)
		anal-sadistisch (Kontrolle)
	mit urethral-erotischen und -sadistischen Strebungen als Alternative	

Man hat sich sogar an einer noch differenzierteren Aufteilung der Stufen versucht (Abraham). Es wäre sicherlich nicht klug, all diese Beiträge zur Theorie des infantilen Trieblebens über Bord zu werfen. Gleichwohl muß ich nun den Konsequenzen, die spätere Arbeiten für diesen Teil der Theorie erbrachten, Rechnung tragen, auch wenn ich dabei andere Gesichtspunkte fürs erste bewußt ausklammere.
Folgende Einwände wurden geltend gemacht:

1. Man kann nicht mit Sicherheit behaupten, daß die Phantasien über die orale Aktivität zunächst erotisch (d. h. frei von Sadismus oder prä-ambivalent) und anschließend sadistisch, destruktiv und sozusagen ambivalent seien. Besser ist es zu sagen, daß das Kind selbst sich verändert, daß es sich zunächst rücksichtslos verhält und später Anteilnahme und Besorgnis entwickelt. Die Ambivalenz hängt weniger mit der Entwicklung des Es (oder Trieblebens) als vielmehr mit den Ich-Veränderungen des Kleinkindes zusammen.
2. Die anale Phase ist außerordentlich variantenreich, so daß ihr kaum derselbe Status beizumessen ist wie der oralen oder der genitalen Phase. So kann für das eine Kind die Erotik der analen Erfahrung in der Defäkation in einem erregenden Augenblick bestehen; für ein anderes Kind ist es eine auf das anal-rezeptive Erleben verschobene orale Erotik, die gelegentlich durch anale Manipulationen stimuliert wird; und für ein drittes Kind kann das vorrangi-

ge Moment in der Ausübung von Kontrolle bestehen, entweder aufgrund der Sauberkeitserziehung, aufgrund von Schmerzen im Analbereich (Fissuren) oder einer Deprivationserfahrung (Verlust des richtigen Ortes für die Defäkation).

3. Ebenso wie das urethrale ist auch das anale Erleben von der Vorstellung beherrscht, eine Substanz auszuscheiden, und diese Substanz hat eine Vorgeschichte; sie hat sich im Körperinnern befunden und war ursprünglich ein Nebenprodukt des oralen Erlebens. Deshalb stellt das anale (und urethrale) Erleben weit mehr als nur eine Stufe im Wachstum des Es dar; vielmehr ist es von solcher Komplexität, daß es nicht exakt klassifiziert und zeitlich eingegrenzt werden kann. Gleichwohl trifft es zu, daß innerhalb der als prägenital bezeichneten Phase der Es-Entwicklung das orale Trieberleben den unterschiedlichen analen (und urethralen) Trieberfahrungen vorausgeht.

   Die Hauterotik läßt sich in diesem Schema nicht unterbringen, da sie zum Teil eine Erweiterung der oralen, analen und urethralen Erotik darstellt und eine Überbetonung der Haut mit gravierenden Notsituationen des Ichs zusammenhängt, die in diesem Teil meiner Ausführungen nicht zur Diskussion stehen.

Der Leser muß sich über diese Dinge eine eigene Meinung bilden, nachdem er sich über den gegenwärtigen Kenntnisstand informiert hat, der hier, soweit dies möglich ist, unter historischem Blickwinkel vermittelt wird, denn jede Theorie ist nur dann verständlich und von Interesse, wenn man sie in ihrem geschichtlichen Zusammenhang betrachtet.

Ich persönlich ziehe die auf der folgenden Seite wiedergegebene, hilfreiche Übersicht vor, die sich allerdings insofern nicht ganz genau ans Thema hält, als sie über das Es-Wachstum hinaus auch die Ich-Entwicklung miteinbezieht.

Es wird sich herausstellen, daß auf der Stufe reifer genitaler Erfahrung der Prägenitalität für die weibliche Seite der menschlichen Natur eine größere Bedeutung zukommt als für die männliche Seite.

Diesem Versuch, prägenitale Triebe zu klassifizieren, haftet etwas

Prägenital	Nahrungsaufnahme	rücksichtslos mit Anteilnahme und Besorgnis
	Ausscheidung	anale urethrale Erfahrungen »gut« ausgeschiedene Substanzen »böse«
Phallisch	Jungen, und der Junge im Mädchen	
	männlich-genital	Penetration Schwängerung (aktiv)
Genital	weiblich-genital	Penetriertwerden Geschwängertwerden (passiv) Zurückhalten und Freigeben

grundsätzlich Unbefriedigendes an. Dies hängt damit zusammen, daß wir vom Kleinkind-Stadium aus auf das Säuglingsalter zurückzublikken versuchen und nicht den Säugling selbst betrachten. Einstweilen aber geschieht dies mit Bedacht. Wir wollen an unserer Aufgabe festhalten, das Kleinkind zu untersuchen, das seine Säuglingszeit gesund überstanden hat und nun mit Trieberfahrungen genitaler Art beschäftigt ist. Dabei ist festzuhalten, daß der genitale Triebtypus sich aus dem prägenitalen entwickelt, daß er auch beim gesunden Kind Spuren seines Herkommens erkennen läßt und Störungen, die mit diesem Erbe verbunden sind, als Entgleisungen der Gesundheit zutage treten.

In der imaginativen Bearbeitung und Ausgestaltung genitaler Funktionen zeigt sich die fortgesetzte Bedeutung des Prägenitalen; dennoch ist es vermutlich möglich, eine klare Unterscheidung zwischen der phallischen und genitalen Phantasie des Jungen (sowie des Jungen im Mädchen) zu treffen. In der ersten Phase ist die Erektion von entscheidender Bedeutung, denn der Junge hat die Vorstellung, etwas Wichtiges zu besitzen, dessen Verlust entsetzlich wäre. Die Erektion und Sensibilisierung erfolgt entweder in der direkten Beziehung zu einer intensiv geliebten Person oder im Zusammenhang mit

Rivalitätsvorstellungen, in deren Hintergrund eine geliebte Person steht. In der zweiten phallischen Phase tritt das Ziel, zu penetrieren und zu schwängern, unverhohlener zutage, und hier ist wahrscheinlich eine reale Person das Liebesobjekt. Inwieweit diese Person objektiv wahrgenommen wird, ist eine andere Frage, mit der wir uns später auseinandersetzen müssen.

Wir sehen, daß sich das Verhalten des Kindes in der phallischen Phase (Prahlerei) mit seiner Phantasie deckt, während es in der genitalen Phase hinter der Phantasie zurückbleibt; das Kind muß noch warten (nämlich bis zur Pubertät, wie wir wissen), um seine Träume in die Tat umsetzen zu können. Dieser Unterschied ist wichtig, denn er bedeutet auch, daß das Ich des Kindes in der genitalen Phase in der Lage ist, ein ungeheures Maß an Frustration zu bewältigen. Seine Angst vor der Kastration durch den väterlichen Rivalen erscheint als willkommene Alternative zu den Qualen, die ihm das Erleben seiner Impotenz bereiten würde.

Es leuchtet auf Anhieb ein, daß die genitale Phase zahlreiche prägenitale Aspekte in sich aufnimmt, darüber hinaus aber auch vieles, das sich mit den hier bewußt gewählten Begriffen nicht beschreiben läßt. Wichtig aber ist die Tatsache, daß das Kind die Erektion als Bestandteil einer Beziehung erlebt und mit der Vorstellung verbindet, im Körper der geliebten Person irreversible Veränderungen zu bewirken.

Auf die Bilder, die das kleine Kind von der Vagina entwickelt, üben kulturelle Muster erheblichen Einfluß aus. Der Vagina-Phantasie des Jungen liegen seine eigenen oralen (und analen) Wünsche zugrunde, darüber hinaus aber entwickelt er auch Bedürfnisse, die vaginalen Empfindungen und Sehnsüchten exakt entsprechen.

Mädchen zehren in weit höherem Maß als Jungen vom prägenitalen Erleben, solange ihre genitale Reife und ihre Fähigkeit, ein Kind zu gebären und zu stillen, in ferne Zukunft verwiesen und vorerst dem Traum und Spiel vorbehalten bleiben. Damit verbunden ist die Fähigkeit, sich mit der Mutter und der Frau zu identifizieren, und in Gesellschaften, die diese Identifizierungsfähigkeit schon früh fördern (indem sie dem Mädchen z.B. vorschreiben, wie es sich hinzusetzen hat), kann es so aussehen, als gebe es »den Jungen im Mädchen« gar nicht. Aber das Männliche ist im Weiblichen immer vorhanden und spielt eine wichtige Rolle, so daß sich eine Vorstellungsreihe entwickelt, die man folgendermaßen in Worte fassen kann:

> Ich habe einen Penis. Natürlich wird mir ein Penis wachsen. Ich hatte einen Penis, mir wurde eine Verletzung zugefügt (als Strafe für meine Erregung). Ich werde einen anderen Penis als Stellvertreter meines eigenen benutzen, einen Mann für mich handeln lassen. Ich lasse einen Mann von mir Gebrauch machen. Auf diese Weise mache ich einen Mangel wett, erkenne aber gleichzeitig an, daß meine eigene Vollkommenheit von einem Mann abhängig ist.[1] Dadurch entdecke ich mein wirkliches, weibliches Genitale.

Auf diese Weise gelingt es dem weiblichen Kind vielleicht, als Frau in die Adoleszenz oder ins erwachsene Leben einzutreten, aber es ist ein unsicherer Weg, der immer wieder Gelegenheit zu Abweichungen, etwa einer homosexuellen Entwicklung, bietet. Eine solche Beschreibung der weiblichen Sexualität macht deutlich, daß das kleine Mädchen allen Grund hat, unglücklich und bekümmert zu sein; es fühlt sich angesichts seiner prahlerischen Brüder einfach minderwertig und versucht, diese Unterlegenheit auszugleichen, indem es seinen ganzen Körper stellvertretend für den Phallus benutzt oder in der Puppe kein Baby, sondern einen Phallus sieht.[2] Sämtliche Entwicklungslösungen aber, denen die Annahme zugrunde liegt, daß die Frau einen Penis verloren habe oder der Mann aufgrund seines Phallus überlegen sei, bleiben prekär.

Unterstützung erfahren solche Überzeugungen in unserer Kultur insbesondere durch die Tatsache, daß die genitale Öffnung des kleinen Mädchens weder benannt noch ihr eine besondere Bedeutung beigemessen wird. Tatsächlich gibt es auch für das männliche Genitale kein englisches Wort, in der Kinderstube aber sind unzählige Be-

[1] In der phallischen Phase ist der Junge vollkommen, während seine Vollkommenheit in der genitalen Phase vom Weiblichen abhängig ist.

[2] *Notiz zur Überarbeitung:* Darstellung eines entsprechenden Neides, den der Junge und der Mann auf das Weibliche empfinden.

zeichnungen geläufig.[3] Der Vagina jedoch wird in der Kinderstube in der Regel verbal nicht Rechnung getragen.

Die imaginative Identifizierung des Mädchens mit dem Männlichen trägt dazu bei, daß es die Funktion des Mannes umfassend anerkennen kann, und stärkt schließlich auch seine Beziehung zu dem Mann, den es sich als Lebenspartner wählt.

Es ist zweifellos notwendig, den Penisneid in der Analyse neurotischer Frauen angemessen zu berücksichtigen. Mitunter ist er gerade in jenen Bereichen, in denen er seine stärkste Wirkung entfaltet, schwer zu ergründen. Die größten Schwierigkeiten ergeben sich möglicherweise bei einer Frau, die sich eines Penisneides zu Beginn ihrer Behandlung überhaupt nicht bewußt ist und über eine vollentwickelte, auf den weiblichen Genitalfunktionen beruhende weibliche Sexualität verfügt, die es ihr ermöglicht hat, ein befriedigendes Ehe- und Familienleben zu führen, Kinder und vielleicht schon Enkelkinder zu haben.

Der Penisneid kann als machtvoller, in Mädchen und Frauen wirksamer Antrieb nicht ignoriert werden, trotzdem aber gibt es eine fundamental weibliche Sexualität und Phantasie, die sich im Säugling bereits zu einem sehr frühen Zeitpunkt zu entwickeln beginnt. Die Vagina wird im Säuglingsalter vermutlich beim Stillen und in Verbindung mit analen Empfindungen aktiviert und erregbar; die eigentliche genitale weibliche Aktivität bleibt für gewöhnlich verborgen, wenn nicht gar immer geheimnisvoll. Mitunter ist das genital-erotische Element überbetont (ein Beispiel ist die zwanghafte Masturbation, die sich schon in sehr jungem Alter mit Deprivationserfahrungen in Verbindung bringen läßt und sogar eine ausgeprägte Hypertrophie der Vulva zur Folge haben kann), für gewöhnlich aber entwickelt das Mädchen Phantasien über das Sammeln, Geheimhalten und Verbergen, die sich, auf die Analität bezogen, in seinem Widerstreben bekunden, sich von den Fäzes zu

[3] Es wäre aber falsch anzunehmen, daß es sich hier nur um eine kulturelle Neurose handelt. Eine Gesellschaft, in der dem kleinen Mädchen schon sehr früh Aufschluß über die Funktion der Frau gegeben wird, tut ihm damit nicht unbedingt einen Gefallen.

trennen; auch der Harn wird häufig zurückgehalten. Aber unter genitalem Aspekt betrachtet finden diese Vorstellungen in der Identifizierung mit der Mutter oder mit älteren Mädchen, die zu genitalem Erleben und zur Empfängnis fähig sind, ihren vollen Ausdruck. Insoweit das kleine Mädchen wirklich weiblich ist, zeigen seine Spiele eine mütterliche Tendenz, und die eigentliche genitale Aktivität ist weniger offensichtlich als die männlich-genitale (in Jungen wie auch in Mädchen). Im männlichen Traum oder Spiel hingegen finden sich in höherem Maß als im weiblichen attackierende Anteile.

Das Spiel: »Kannst du ein Geheimnis für dich behalten?« ist charakteristisch für die weibliche Seite der menschlichen Natur, ebenso wie das Kämpfen und Spiele, in denen Gegenstände in Löcher hineingeschoben werden, zur männlichen Seite gehören. Wenn ein Mädchen kein Geheimnis wahren kann, kann es nicht schwanger werden. Wenn ein Junge nicht kämpfen oder einen Zug nicht durch einen Tunnel schieben kann, kann er eine Frau nicht bewußt schwängern. Die Spiele kleiner Kinder vermitteln uns einen wenn auch noch so flüchtigen Einblick in die imaginative Bearbeitung ihrer jeweils dominierenden Körperfunktionen; dies ist insbesondere in einer analytischen Behandlung der Fall, in der wir durch das Spiel des Kindes und das, was es erzählt, mit seiner psychischen Realität in sehr engen Kontakt kommen.

Wenn der Leser psychoanalytischer Literatur sich irgendeine These der analytischen Theorie vornimmt und so behandelt, als habe er es mit einer endgültigen, nie mehr zu modifizierenden Aussage zu tun, mag sie ihm durchaus Anlaß geben, verärgert zu reagieren. Die psychoanalytische Theorie ist in stetiger Entwicklung begriffen, und sie muß sich in einem natürlichen Prozeß weiterentwickeln, genauso wie das emotionale Leben des Menschen, das wir untersuchen wollen. Für die Notwendigkeit, psychoanalytische Konzepte unter historischer Perspektive zu betrachten, gibt es kein geeigneteres Beispiel als die Theorien über die frühen Grundlagen der weiblichen Genitalität.[4]

[4] Siehe Ernest Jones ([1927] 1928), »Die erste Entwicklung der weiblichen Sexualität«, sowie Sigmund Freud (1931 b), *Über die weibliche Sexualität*.

Die Erforschung der Psychoneurose zeigt, daß es unmöglich ist, den Penisneid und die Phantasie vom »kastrierten Jungen« in einer Darstellung des sich entwickelnden Mädchens zu übergehen. Vor einigen Jahrzehnten aber konnte das Studium der Fachliteratur leicht den Eindruck erwecken, als sei jede Darstellung der weiblichen Genitalität, die die Frau nicht als kastrierten Mann postuliert, innerhalb der psychoanalytischen Theorie völlig undenkbar.

Tatsache ist, daß die Form, in der ich das Fortschreiten des Es-Wachstums in diesem Teil darzustellen versuche, der männlichen Seite besser entspricht als der weiblichen. Weibliches Verhalten und weibliche Phantasien nähren sich in weit höherem Maß aus prägenitalen Wurzeln, und so ist es möglicherweise leichter, das prägenitale Mädchen in der erwachsenen *Frau* wiederzufinden als den prägenitalen Jungen im erwachsenen *Mann*.[5] Darüber hinaus kann man die weibliche Sexualität nicht beschreiben, wenn man nicht mit den Phantasien vertraut ist, die das Kind über das eigene Innere und das der Mutter entwickelt, und dies erfordert einen anderen Zugang, der unter der Überschrift »Die depressive Position in der emotionalen Entwicklung« versucht werden soll. Aus diesen Gründen kann eine Darstellung der weiblichen Sexualität das Mädchen vorerst nur unvollkommen beschreiben, während wir den Jungen mit der Darstellung der männlichen Sexualität schon recht zutreffend charakterisieren können.

Eines können wir jedoch festhalten: Bei gesunder Entwicklung erreicht das kleine Mädchen ebenso wie der kleine Junge ungefähr im Alter von 1½ bis 2 Jahren eine Phase, die es gerechtfertigt erscheinen läßt, von wirklichen interpersonalen Beziehungen zu sprechen, in denen der Trieb eine Rolle spielt, der Trieb, der die prägenitalen Phasen durchlaufen hat und nun sowohl im Hinblick auf seine körperli-

[5] Meiner Ansicht nach findet sich für die drei Frauen, die uns in Mythen und Träumen begegnen, keine exakte männliche Entsprechung. Im Geschlechtsverkehr ist jeder Mann ganz er selbst, während wir uns die Einheit, die die Frau konstituiert, als Trio vorstellen: weiblicher Säugling, verschleierte Braut und alte Frau. Dies ist ein sehr umfangreiches Thema, das hier nicht untersucht werden kann.

che Lokalisierung als auch in bezug auf die mit ihm verbundenen charakteristischen Phantasien genital geworden ist. Das kleine Mädchen denkt an einen Mann, wenn es genital erregt ist, und sein genitales Begehren gilt dem Penis dieses Mannes.

Der weibliche Anteil des Jungen ist von ebenso grundlegender Bedeutung wie der männliche, wenngleich er je nach Erbanlagen und Umwelteinflüssen, die Teil seiner persönlichen Lebensbedingungen sind, sowie abhängig von allgemeineren kulturellen Mustern variieren kann. Zu unterscheiden ist zwischen der Fähigkeit des kleinen Jungen, sich mit der Frau im Hinblick auf die weibliche Genitalität zu identifizieren, und seiner Fähigkeit, sich mit der Frau in ihrer Rolle als Mutter zu identifizieren. Die Identifizierung mit der Mutterrolle ist in unserer Kultur eher akzeptabel; sie wirkt sich zudem auch auf die männliche Genitalität des Individuums weniger beeinträchtigend aus, weil sie eher die Art der Phantasie als die Lokalisierung der Körperfunktionen beeinflußt.[6]

Es ist allgemein anerkannt, daß alle Menschen, insbesondere was die Phantasie und die Fähigkeit zur Identifizierung betrifft, bisexuell angelegt sind. Der ausschlaggebende Faktor, der entscheidet, in welche Richtung sich ein Kind entwickelt, ist das Geschlecht der Person, in die das Kind im kritischen Alter verliebt ist, d. h. in der hier behandelten Phase zwischen dem Kleinkindalter und der Latenzperiode. Es ist natürlich für alle Beteiligten das beste, wenn die Sexualität eines Kindes sich im großen und ganzen im Einklang mit seiner körperlichen Anlage entwickelt, d. h., wenn ein Junge überwiegend männlich und ein Mädchen überwiegend weiblich ist. Für die Gesellschaft aber erweist es sich als große Bereicherung, wenn sie das homosexuelle Element in der emotionalen Entwicklung der Kinder ebenso wie das heterosexuelle zu tolerieren vermag. Eine starke Mutteridentifizierung des Jungen und selbst Mädchenhaftigkeit kann etwas Wertvolles sein, wenn die Charakterentwicklung in anderer

[6] *Notiz zur Überarbeitung:* Unterschied zwischen normaler Homosexualität und einer auf den Anus verschobenen oralen Erotik in der (manifesten) Homosexualität klar herausarbeiten.

Hinsicht zufriedenstellend verläuft. Bei Mädchen wird eine gewisse Jungenhaftigkeit nicht nur toleriert, sondern geradezu erwartet und geschätzt.

Liebesbeziehungen

Wir können uns nun der Untersuchung des anderen Phänomens, das diese Entwicklungsstufe charakterisiert, zuwenden.

Der Ausgangspunkt all dessen, was geschieht, ist die Liebe, die sich zwischen dem Kind und anderen Personen entwickelt. Diese Personen werden nach und nach auch wirklich als Personen wahrgenommen, aber das bedeutet nicht, daß sie in vollem Umfang objektiv wahrgenommen werden. Manche Kinder machen sich schon früh ein recht zutreffendes Bild von anderen Menschen, während andere subjektiver sind und abgesehen von dem, was sie sich vorstellen können, kaum etwas wahrnehmen. Das eher subjektive Kind riskiert bei einem Wechsel der Mutterfigur weniger; das weniger subjektive Kind hat Vorteile, weil es die realen Eigenschaften verschiedener Menschen wahrnehmen kann, aber dieses Kind geht auch ein größeres Risiko ein und wird bei einem Verlust stärker zu leiden haben.

Wenn man Gesundheit als Abwesenheit neurotischer Krankheit definiert (und dabei voraussetzt, daß keine psychotische Krankheit vorliegt), kann man sagen, daß Gesundheit in der Bewältigung der ersten triangulären Beziehungen des Kindes gründet, das im Alter zwischen zwei und fünf Jahren durch die nun erwachende genitale Orientierung des Triebs, die für diese Phase charakteristisch ist, neue Antriebskräfte erfährt. So verstehe ich persönlich den Ödipuskomplex des Jungen, den Freud beschrieben hat, und seine wie auch immer gearteten Entsprechungen beim kleinen Mädchen (negativer Ödipuskomplex, Elektrakomplex usw.). Meiner Ansicht nach geht etwas verloren, wenn man den Begriff »Ödipuskomplex« auf die früheren Phasen anwendet, in der an einer Beziehung nur zwei Personen beteiligt sind, während die dritte Person oder das Partialobjekt internalisiert ist, d.h. ein Phänomen der inneren Realität darstellt. Mir leuchtet nicht ein, inwiefern es sinnvoll sein soll, von einem Ödipuskomplex zu sprechen, wenn das Trio nicht aus drei Personen besteht, sondern eine oder gar mehrere von ihnen nur als Partialobjekt repräsentiert sind. Im Ödipuskomplex ist, zumindest so, wie ich ihn verstehe, jeder der drei am Dreieck Beteiligten eine ganze Person, und zwar nicht nur für den Beobachter, sondern auch und ganz besonders für das Kind.

So verstanden, ist der Begriff »Ödipuskomplex« zur Beschreibung der ersten, von Trieben geleiteten interpersonalen Beziehung nützlich. Er erfaßt sowohl Phantasien als auch Körperfunktionen. In der Phantasie ist das Ziel die sexuelle Vereinigung von Mutter und Sohn, die einen *Tod* zur Folge hat, den Tod des Vaters. Bestrafung droht dem Kind in Form der phantasierten Kastration, die im antiken Mythos durch die Blendung symbolisch dargestellt wird. Die Kastrationsangst befähigt das Kind, weiterzuleben oder dem Vater das Leben zuzugestehen. Die symbolische Kastration wirkt entlastend, und die Blendung im Mythos vermittelt uns eine augenfällige Vorstellung dessen, was wir heute als den »verdrängten Bereich des Unbewußten« bezeichnen. Kastration und Leiden bringen dem Sohn letztlich psychische Erlösung; wäre er getötet worden, so hätte er nicht gelitten, aber es wäre ihm auch verwehrt geblieben, zu einer Lösung zu finden. Die Tragödie wäre ihres Sinns und Nutzens beraubt worden und ein bloßes Schauspiel geblieben.[7]

In bezug auf den Elektra-Mythos scheint mir Zurückhaltung geboten, da man sich zunächst folgende Frage stellen muß: Soll er als Illustration weiblicher Sexualität dienen, die sich in maskuliner Weise, mit Penisneid und Kastrationskomplex als zentralen Themen, entwickelt, oder soll er die weibliche Sexualität illustrieren, die sich auf direkterem Weg, nämlich aus der Identifizierung und Rivalität mit der Mutter und der imaginativen Bearbeitung und Ausgestaltung der spezifisch weiblichen genitalen Organfunktionen entwickelt? Wenn unbedingt ein Begriff gefunden werden muß, dann erscheint mir die Bezeichnung »negativer Ödipuskomplex« weniger schädlich, da sie nur besagt, daß das Mädchen einen anderen Weg geht als der Junge

[7] Ödipus findet im Mythos schließlich zu …

und den Vorstellungen allen Freiraum für die Entwicklung der Thematik bietet.

Somit beschreibt der Begriff Ödipuskomplex eine Entwicklungsstufe der Gesundheit. Entgleisungen der Gesundheit sind nicht eine zwangsläufige Folge des Ödipuskomplexes; sie sind mit der Verdrängung von Vorstellungen und mit Funktionshemmungen verbunden, deren Ursache der schmerzhafte Konflikt ist, den wir mit dem Begriff »Ambivalenz« bezeichnen. Ihn erlebt zum Beispiel ein Junge, wenn er merkt, daß er den Vater, den er liebt und dem er vertraut, haßt, daß er ihn töten möchte und ihn fürchtet, weil er selbst die Frau seines Vaters liebt. Glücklich und gesund ist der Junge, der innerhalb einer intakten Familie an diesen Punkt seiner emotionalen und physischen Entwicklung kommt und dessen Eltern in dieser schmerzvollen Situation zu seinen wichtigsten Begleitern werden – Eltern, die ihm vertraut sind, die Phantasien zu ertragen vermögen und deren eigene Beziehung stabil genug ist, so daß sie sich vor den Anforderungen, die durch die Liebes- und Haßgefühle des Kindes an ihre eigene Loyalität gestellt werden, nicht fürchten.

Wenn diese Phase in relativ unbeeinträchtigter Weise erreicht wird (wiederum unter der Voraussetzung einer gesunden Entwicklung in früheren Phasen), kann das Kind auch die erschreckendsten menschlichen Gefühle erleben, ohne eine exzessive Abwehr der Angst organisieren zu müssen. Gleichwohl wird es Abwehr immer geben, und sie kann die Entwicklung von Symptomen zur Folge haben. Neurotische Symptome sind Organisationen der Abwehr, die gegen die Angst gerichtet sind, letztendlich gegen die Kastrationsangst, Angst, die aus dem unauflöslich mit dem Ödipuskomplex verbundenen Todeswunsch erwächst. Das Anomale verweist auf das Normale.

2 Das Gesundheitskonzept aus triebtheoretischer Sicht

Wir haben nun einen Punkt erreicht, an dem wir uns einen gewissen Eindruck von der Natur des kleinen Kindes machen können, von dem, was Gesundheit bedeutet, und von den mannigfachen inneren wie auch äußeren Faktoren, die den Prozeß der kontinuierlichen Entwicklung erschweren.

Imaginative Bearbeitung und Ausgestaltung der Körperfunktionen

Die gesunde Entwicklung beruht auf dem körperlichen Wachstum und den altersentsprechenden Veränderungen der infantilen Organfunktionen; sie haben Bedeutungsverlagerungen der Libidoorganisationen zur Folge, zum Beispiel die Verlagerung von der oralen, Ernährungsaspekte betreffenden Dominanz auf die genitale Dominanz. Die imaginative Bearbeitung der Körperfunktionen läßt Phantasien entstehen, deren Inhalte zwar durch die Lokalisierung körperlicher Sensationen vorgegeben sind, die aber gleichwohl den individuellen Erbanlagen und Erfahrungen entsprechend ausgestaltet werden. Die jeweils dominierende Körperempfindung, die mit der Nahrungsaufnahme, der Ausscheidung oder mit genitaler Erregung verbunden sein kann, ruft eine bestimmte Phantasie hervor, und die Vorbereitung des orgiastischen Erlebens ist von der Art der Phantasie abhängig, die im Augenblick des Höhepunkts, ob dieser nun als Orgasmus oder als orgiastische Erfahrung erlebt wird, im Vordergrund steht.

Die imaginative Bearbeitung und Ausgestaltung von Körperfunktionen kann in verschiedenen Graden von Nähe zum jeweiligen körperlichen Geschehen und in jedem beliebigen Grad von Entfernung zu ihrem physischen Orgasmus erfolgen. Eine der möglichen Bedeutungen des Wortes »unbewußt«[1] bezieht sich auf die körpernahen

[1] Anna Freud (1936), *Das Ich und die Abwehrmechanismen.*

Phantasien, jene, die dem Bewußtsein am wenigsten zugänglich sind. Am anderen Ende der Skala steht das Selbst-Gewahrsein, das Bewußtsein für die eigene Fähigkeit zu orgiastischem oder funktionalem Erleben. Ich behaupte nicht, dies zufriedenstellend erklären zu können. Wie bereits erwähnt, werde ich in diesem Teil meines Buches nicht näher auf die Probleme eingehen, die mit der Entstehung des Selbst zusammenhängen; ich setze seine Existenz einfach voraus.

Selbst wenn die frühen Phasen der emotionalen Entwicklung zufriedenstellend verlaufen sind, ist das Kind nach wie vor noch lange auf eine stabile und zuverlässige Umwelt angewiesen, damit seine Persönlichkeit in allen Bereichen des Bewußtseins mit sich selbst ins reine kommen kann.

Die Psyche

Aus den Inhalten der imaginativen Bearbeitung der Körperfunktionen (die ihrerseits wiederum auf der Funktionsfähigkeit und Gesundheit eines bestimmten Organs, nämlich des Gehirns, beruht), wird die Psyche geformt. Mit Sicherheit kann man sagen, daß eine den Körperfunktionen nahe Phantasie auf der Aktivität der entwicklungsgeschichtlich älteren Gehirnteile beruht, während das Selbstbewußtsein von der Aktivität jener Teile abhängig ist, die sich in der Evolutionsgeschichte des Menschen später entwickelten. Deshalb bildet die Psyche aufgrund ihrer engen Beziehung zur Funktionstätigkeit sowohl der Körpergewebe und Organe als auch des Gehirns eine grundlegende Einheit mit dem Körper; weitere Verflechtungen entstehen durch die Beziehungen, die sich nach und nach in den bewußten oder unbewußten Phantasien oder Vorstellungen des Individuums entwickeln.

Die Seele

Ich betrachte die Seele als eine Qualität [property] der Psyche, wie wir sie nun definiert haben; deshalb ist auch sie letztendlich auf ein funktionsfähiges Gehirn angewiesen; sie kann gesund oder krank sein. Ich weiß, daß es sich hierbei um meine persönliche Überzeugung handelt, die der Lehre nahezu aller Religionen zuwiderläuft. Deshalb vertrete ich diese Anschauung auch nur mit großer Zurückhaltung. Angesichts der modernen Behandlung psychischer Störungen durch die Leukotomie, d.h. durch den vorsätzlichen, massiven manipulativen Eingriff in ein *gesundes* Gehirn, der psychisches Leiden mildern soll, ist es jedoch für jeden denkenden Menschen von erheblicher Bedeutung, sich zu diesem Punkt eine persönliche Meinung zu bilden.

Wenn man der Überzeugung ist, daß die Seele sich nicht als persönliches Attribut entwickelt, sondern dem Menschen von außen verliehen wird, wird man die Leukotomie, die dann nur eine unter zahlreichen Methoden zur Leidenslinderung darstellt, natürlich nicht als Verletzung begreifen. Wenn man unter dem Begriff »Seele« (so er überhaupt eine Bedeutung hat) aber etwas versteht, das sich im Individuum entfaltet, dann ist und bleibt die vorsätzliche Zerstörung *gesunder* Gehirnfunktionen ein zu hoher Preis für die Linderung des Leidens, da sie die Grundlage für die Existenz der Psyche, einschließlich der Seele, unwiderruflich verändert; nach dieser Behandlung gibt es keine ganze Person, keine Psyche oder Seele mehr.

Meiner persönlichen Ansicht nach läßt sich die Behauptung, daß einem Patienten mit der Leukotomie nachweislich geholfen wurde, weil sein Leiden sichtbar gelindert ist, nicht rechtfertigen. Vielleicht enthält meine Argumentation einen Fehler; da wir es aber mit einer höchst schwerwiegenden Problematik zu tun haben, müssen jene Neurochirurgen, die die Leukotomie als Therapie anwenden, diesen Fehler auch aufdecken können. Sie können sich nicht damit begnügen, weiterhin über die Beseitigung von Symptomen und die Verringerung des zu beobachtenden Leidens zu berichten. So etwas wie eine Leidenslinderung *in vacuo* gibt es nicht; einem leidenden Menschen kann man helfen; aber es erscheint (wenn man meine Einstellung zu dieser Frage vertritt) unmöglich, die Verantwortung dafür zu übernehmen, daß ein Mensch, der leidet, in etwas ganz anderes verwandelt wird, in ein Wesen, das nur halbmenschlich ist, das zwar nicht leidet, aber nicht mehr die Person ist, die zur Behandlung gebracht wurde.

Um der grundlegenden, unter gesunden Bedingungen entwickelten und aufrechterhaltenen Verbindung zwischen dem Körper und der Psyche gerecht zu werden, verwende ich in meiner Analyse der Persönlichkeit den Begriff Psyche-Soma. Zur Persönlichkeit gehört auch der Geist, ein spezieller Bereich der Seele, der nicht zwangsläufig körpergebunden, aber natürlich von der Funktionsfähigkeit des Gehirns abhängig ist. Wir neigen zu der Vorstellung, daß es einen bestimmten Ort gibt, den wir mit dem Geist in Verbindung bringen und wo der Intellekt arbeitet; jeder Mensch lokalisiert den Geist irgendwo und verspürt an der betreffenden Stelle auch prompt eine Muskelanspannung oder Gefäßstauung, wenn er zu denken versucht. Das Gehirn selbst eignet sich wenig dazu, als imaginativer Ort des Geistes gebraucht zu werden, weil sich die Gehirnaktivität dem Gewahrwerden entzieht; das Gehirn arbeitet still und beansprucht keine Aufmerksamkeit.

Erregungs- und Ruhezustände

Wenn wir das gesunde kleine Kind beschreiben wollen, ist es hilfreich, zwischen Zuständen der Erregung und der Ruhe zu unterscheiden. Es steht außer Frage, daß die Triebe für die in den Erregungsphasen auftauchenden Probleme verantwortlich sind, und ein Großteil dessen, was in den Zeiträumen zwischen den Erregungszuständen geschieht, betrifft, wenn wir es in der Terminologie dieses Kapitels formulieren, die Triebabwehr, Vorkehrungen, die zur Triebbefriedigung getroffen werden, oder ein indirektes Lebendigerhalten der Triebe durch das Spiel oder durch ein Ausagieren der Phantasie. Im Spiel findet der Körper zu seinem Recht, da er am Agieren unmittelbar beteiligt ist, während ihm das Phantasieren indirekt zu seinem Recht verhilft, weil mit der Phantasie eine somatische Erregung einhergeht, die dem Trieb entsprechend lokalisiert ist, so wie auch das körperliche Geschehen von einer Phantasie begleitet wird. Eine Möglichkeit, die Triebe in Ermangelung einer vollentwickelten Trieberfahrung lebendig zu erhalten, besteht in der normalen, gesunden und von Zwängen verhältnismäßig freien Masturbation. Das Triebleben der Kinder läuft noch weit eher Gefahr, Frustrationen ausgesetzt zu sein, als das erwachsener Menschen, und dies ist einer der Gründe dafür, daß dem Spiel und der kreativen Phantasie in der Kindheit eine höhere Bedeutung zuzumessen ist.

In der ersten triangulären menschlichen Beziehung, die wir hier untersuchen, wird das Kind von seinen Trieben und Liebesgefühlen überflutet. Diese Liebe bewirkt körperliche Veränderungen und Veränderungen der Phantasie und ist von höchster Leidenschaftlichkeit erfüllt. Sie weckt Haß. Das Kind haßt die dritte Person. Als Säugling hat es Liebe, Aggression, Ambivalenz und die Angst, das, was es liebt, zu zerstören, bereits kennengelernt. Nun, in der triangulären Beziehung, kann der Haß endlich ungehindert zutage treten, denn sein Objekt ist eine Person, die sich selbst zu schützen vermag und bereits geliebt wird, nämlich (im Falle des Jungen) der Vater, der Erzeuger, der Ehemann der Mutter. Die Liebe zur Mutter kann sich im einfachsten Fall ungehindert entfalten, indem der Haß gegen den Vater gerichtet wird, den Vater, der den Haß überleben, der strafen und vergeben kann.

Auf dem Höhepunkt der Erregung erlebt das gesunde Kind intensive Angst, die es jedoch zu ertragen vermag. Auf diese Weise kann eine Erholungsphase eintreten, eine Minderung der erhöhten Triebspannung. In jedem Fall aber zwingen schmerzvolle Konflikte oder Furcht das Kind, Abwehrtechniken zu organisieren; in dieser Hinsicht besteht zwischen dem neurotischen und einem normalen Kind kein großer Unterschied, das neurotische Kind jedoch ist sich dessen, was in ihm geschieht, weniger bewußt und wird deshalb eine massivere und blindere Abwehr gegen die drohende Vergeltung errichten.

Der Ödipuskomplex

Es ist nun möglich, die verschiedenartigen Mechanismen, die das Kind in dieser Phase (wenn im Säuglingsalter alles gut gegangen ist) zur Abwehr der Angst entwickeln und organisieren kann, der Reihe nach zu betrachten. Im denkbar einfachsten Fall, anhand dessen Freud seine Theorie entwickelte, ist der Junge in seine Mutter verliebt. Der Vater dient ihm als Vorbild für die Entwicklung des Gewissens. Der Junge nimmt den Vater, so wie er ihn erlebt, in sich auf und arrangiert sich mit ihm. Aber es geschehen noch andere Dinge, die wir ebenfalls beschreiben können. In einem gewissen Maß büßt der Junge seine Triebenergie ein und verleugnet damit einen Teil seiner früheren Ansprüche. Zu gewissem Grad verschiebt er seine Liebe auf ein anderes Objekt, indem er die Mutter durch eine Schwester, Tante oder Kinderfrau ersetzt, also durch eine Person, die mit dem Vater weniger eng verbunden ist. Zu gewissem Grad schließt der Junge einen homosexuellen Pakt mit dem Vater, so daß er seine Potenz nicht mehr ausschließlich als seine eigene empfindet, sondern (aufgrund seiner Identifizierung) als neue Ausdrucksform der väterlichen Potenz, die er in sich aufgenommen hat und nun als Teil seiner selbst betrachtet. All dies geschieht in den verborgenen Phantasien und Träumen des Jungen und entzieht sich einer direkten, bewußten Äußerung; dennoch bleibt es, wenn das Kind gesund ist, nicht völlig unzugänglich. Indem sich der Junge mit dem Vater oder einer Vaterfigur identifiziert, dient ihm die Potenz des Vaters stellvertretend für seine eigene Potenz, die vorerst in die Zukunft verwiesen ist und in der Pubertät wiederaufleben kann.

Der Zusammenbruch der Abwehr tritt, entweder im Alptraum oder in bestimmten Äußerungsformen während des Wachlebens, als unverhüllte Angst zutage. Die Ausdrucksform dieser Angstphänomene ist nicht allein durch die Physiologie der Furcht[2] bestimmt, sondern auch durch die Art der bewußten oder unbewußten Phantasien.

Eines ist sicher: Das gesunde Kind, das all diese Schwierigkeiten meistert, lebt in einer relativ stabilen Umwelt, mit einer Mutter, die in ihrer Ehe glücklich ist, und einem Vater, der bereit ist, seine Rolle

[2] Man beachte, daß es zwar eine Physiologie der Furcht [fear] gibt, ebenso wie eine Physiologie der Erregung und des Hasses, jedoch keine Physiologie der generalisierten Angst [anxiety], da die Manifestationen dieses komplexen Zustands auf dem Verhältnis von Furcht, Haß, Liebe, Erregung etc. in den Phantasien beruhen, die eine ganz individuelle Angelegenheit sind.

gegenüber den Kindern zu übernehmen, seinen Sohn kennenzulernen und jenes subtile, wechselseitige Geben-und-Nehmen aufzubauen, das ihm als Selbstverständlichkeit erscheinen wird, wenn er als Junge mit seinem eigenen Vater glückliche Erfahrungen gemacht hat.

Die Spannung steigt, wenn die frühe Triebaktivität des Kindes zwischen zwei und sechs Jahren ihren Höhepunkt erreicht, und löst sich dann auf oder wird, genauer gesagt, aufgeschoben, einfach weil die Zeit fortschreitet. Sobald sich die Latenzperiode (wie wir sie nennen) einstellt, ist das Kind nicht mehr genötigt, sich der anwachsenden Triebspannung anzupassen, so daß es für ein paar Jahre zur Ruhe kommen kann, während all das, was es durchlebt und beobachtet und sich in der frühen Phase der genitalen Triebdominanz vorgestellt hat, in seiner inneren Welt fortbesteht.

So begegnen uns Schmerz, Leiden und Konflikte ebenso wie auch großes Glücklichsein, wenn wir die Kindheit auf diese oder eine andere Weise betrachten.

Neuformulierung

In welcher Form Freud diese Dinge beschrieben hat, ist heute allgemein bekannt. Er bezeichnete die Triebstrebungen als Es und benutzte das Wort Ich für jenen Teil des Selbst, der mit der äußeren Welt in Verbindung steht. Viele Jahre lang erforschte er das Ringen des Ichs mit den Es-Impulsen. Dazu bediente er sich einer Psychologie, die das Es in bislang unbekannter Weise zu erreichen vermochte. Mit Hilfe einer Technik, die es erlaubte, das Unbewußte gemeinsam mit dem Patienten aufzuspüren (Psychoanalyse), konnte Freud der Welt zeigen, wie die Es-Impulse, d. h. die Triebe, beschaffen sind und über welche Macht sie verfügen. Er wies nach, daß das mit Konflikten und unerträglichen Gefühlen Verbundene verdrängt wird und dem Ich Energie entzieht.

Damals war es leicht zu behaupten, daß die Psychoanalyse sich nur mit den peinlichen Dingen beschäftige, und jene Kritiker, die dieser neuartigen Erforschung der menschlichen Natur feindlich gesonnen waren, gingen ganz selbstverständlich davon aus, daß die Psychoanalyse das Es und das Unbewußte als ein und dasselbe betrachte. In Wahrheit aber erforschte man den Versuch des Ichs, sich mit seinem eigenen Es-Anteil[3] zu arrangieren, die Fähigkeit zu entwickeln, Energien des Es zu nutzen, ohne die Beziehung des Ichs zur Welt oder zu seinen Idealen gravierend zu beeinträchtigen.

Schließlich entwickelte Freud (1923) den Begriff des Über-Ichs, mit dem er zunächst den Vater beschrieb, den der kleine Junge internalisiert und zur Triebkontrolle verwendet. Freud wußte, daß sich dies beim kleinen Mädchen etwas anders verhält, führte seine Theorie aber erst einmal weiter aus, in der Annahme, daß die Dinge sich mit der Zeit von selbst zurechtrücken würden; und meiner Ansicht nach ist dies auch geschehen. Freuds klare (wenn auch, wie wir heute wissen, stark vereinfachte) Darstellung ist auch heute noch von Nutzen; sie beschreibt die Entwicklungsstufen des gesunden kleinen Jungen, der ein inneres Ideal zu errichten vermag, das auf seiner Vorstellung von einer realen Person, seinem Vater, beruht, einem Mann, der ihm im realen Leben vertraut ist und mit dem er sich in seinen Träumen, in seiner inneren Realität oder tief verborgenen Phantasie arrangieren kann. Dies gelingt allerdings nur, wenn sich das Kind auch weiterhin in einer stabilen familiären Umgebung gesund entwickeln kann.

Mit der Einführung des Über-Ich-Konzepts zeigte Freud deutlicher als in früheren theoretischen Entwürfen, daß seine Forschungen den Problemen des Ichs galten, der Entwicklung des Gewissens, der Ich-Ideale und -Ziele sowie der Abwehrmechanismen, die das Ich gegen die Es-Strebungen errichtet. Dies war aber schon immer Gegenstand seiner Arbeit gewesen, und es hätte die Psychoanalyse ihres Wertes beraubt, wenn die beschwerliche Aufgabe, das weltzugewandte Ich mit seinem Es bekannt zu machen, durch die frühere Verwendung eines Begriffs wie dem des Über-Ichs verzögert worden wäre.

Im Laufe der Zeit wurde das Über-Ich-Konzept erweitert, wenngleich man grundsätzlich mit dem Begriff all jene Aspekte beschreibt,

[3] Die psychoanalytische Theorie betrachtet das Ich als Bestandteil des Es.

die im Ich aufgebaut, organisiert oder auch ins Ich inkorporiert werden, damit sie ihm zur Kontrolle, Steuerung, Ermutigung und Unterstützung dienen können. Kontrolle bedeutet nicht nur direkte Triebkontrolle, sondern auch Kontrolle der komplexen Phänomene im Ich, die auf Erinnerungen an Trieberfahrungen und deren Phantasieaspekt beruhen. Darauf können wir an dieser Stelle nicht näher eingehen, da wir es hier bereits mit dem Gegenstand eines späteren Kapitels zu tun haben, nämlich mit der »depressiven Position« in der Entwicklung.

In der Sprache dieses Kapitels formuliert, ist der Höhepunkt der emotionalen Entwicklung im Alter von drei bis vier Jahren erreicht. Der kleine Junge oder das Mädchen ist zu einer Einheit geworden und fähig, auch die Menschen in seiner Mitwelt als ganze Personen wahrzunehmen. Unter diesen Bedingungen sind dem Kind genitale sexuelle Erfahrungen zugänglich, mit der Einschränkung allerdings, daß die körperliche Fortpflanzungsfähigkeit des menschlichen Kindes erst in der Pubertät Realität wird. Aufgrund dieses endokrinologischen Verzögerungsphänomens, das auch als Latenzperiode bezeichnet wird, muß das Kind die Identifizierung mit den Eltern und anderen Erwachsenen bestmöglich nutzen und versuchen, von seinem Traumerleben und den Erfahrungen, die es im Spiel sammelt, von seinen Phantasien, die mit körperlichen Empfindungen einhergehen können oder auch nicht, und seinen körperlichen Befriedigungen, die es ohne andere Menschen gewinnt, zu profitieren; das Kind muß die ihm zugänglichen prägenitalen oder nicht vollentwickelten genitalen Erfahrungsformen ausschöpfen und sich die Tatsache bestmöglich zunutze machen, daß die Zeit, mögen es einige Stunden oder auch nur Minuten sein, nahezu alle Spannungen und Belastungen, wie unerträglich sie sein mögen, lindern wird, vorausgesetzt, daß eine verständnisvolle und dem Kind vertraute Person anwesend ist und Ruhe bewahrt, wenn alles in Haß, Wut, Zorn, Kummer und Verzweiflung unterzugehen droht.

Die Sexualität der Kinder ist etwas sehr Reales; sie kann, sobald die mit der Latenz einhergehenden Veränderungen dem Kind Erleichterung bringen, noch unreif oder schon gereift sein; darüber hinaus werden Unreife, Verzerrungen oder Hemmungen der Sexualität, die das Kind am Ende dieser ersten Phase interpersonaler Beziehungen entwickelt hat, in der Pubertät in gleichem Maß wieder zutage treten.

Infantile Sexualität

Freud erkannte, daß die genitale Sexualität sich aus der prägenitalen entwickelt, und bezeichnete das Triebleben, soweit es nicht der Selbsterhaltung dient, als sexuell. So entstand der Begriff »infantile Sexualität«; vielen wäre es allerdings lieber gewesen, wenn Freud auf diesem Teil seiner Theorie nicht beharrt hätte.

Ich persönlich halte es für wichtig, daß Freud die Ursprünge der erwachsenen oder reifen genitalen Sexualität bis zur genitalen Sexualität der Kindheit zurückverfolgte und die prägenitalen Wurzeln der Genitalität im Kindesalter nachwies. Diese prägenitalen Trieberfahrungen konstituieren die infantile Sexualität. Es ist so einfach, ein Konzept zu modifizieren, um keinen Anstoß zu erregen, aber zugleich droht die Gefahr, daß man dabei etwas grundsätzlich Bedeutungsvolles aufs Spiel setzt. Man hätte den Begriff der infantilen Sexualität beibehalten können, um die zwanghaften genitalen Aktivitäten bestimmter Säuglinge und Kleinkinder zu beschreiben, denen eine liebevolle Fürsorge vorenthalten wird oder die in ihrer Beziehungsfähigkeit gravierend beeinträchtigt sind. Größeren Wert aber hat der Begriff zur Beschreibung der Anfänge der gesamten Entwicklung des Trieblebens. In diesem Sinn hat Freud ihn verwendet. Gleichwohl werden die Meinungen zu diesem terminologischen Problem weiterhin auseinandergehen.

Wir können es als ein gesundes Zeichen betrachten, wenn das vierjährige Kind in der Entwicklung seiner interpersonalen Beziehungen ein Stadium erreicht hat, in dem seine Triebe zu voller Entfaltung gelangen und sein Sexualleben (abgesehen von den bereits erwähnten biologischen Einschränkungen) vollentwickelt ist.

Das gesunde Kind vermag den gesamten Traum der genitalen Sexualität zu träumen. Im erinnerten Traum finden sich all jene Formen der Traumarbeit, die Freud mit großer Sorgfalt herausgearbeitet hat. Im nicht-erinnerten und unendlichen Traum muß sich das Kind den Trieberfahrungen mit all ihren Konsequenzen stellen. Der Junge, der den Platz seines Vaters einnimmt, kommt nicht umhin, sich mit folgenden Vorstellungen auseinanderzusetzen:

Mit der Vorstellung, daß sein Vater und deshalb auch er selbst stirbt.
Mit der Vorstellung, durch den Vater kastriert zu werden oder den Vater zu kastrieren.
Mit der Vorstellung, allein zurück zu bleiben und dann die volle Verantwortung für die Befriedigung der Mutter übernehmen zu müssen.
Mit der Vorstellung, mit dem Vater einen Kompromiß auf homosexuellem Wege zu schließen.

Das Mädchen kommt nicht umhin, sich in seinem Traum mit folgenden Vorstellungen auseinandersetzen:

Mit der Vorstellung, daß die Mutter und deshalb auch es selbst stirbt.
Mit der Vorstellung, der Mutter ihren Ehemann, seinen Penis, ihre Kinder zu rauben, also auch mit der Vorstellung der eigenen Unfruchtbarkeit.
Mit der Vorstellung, zur eigenen Befriedigung voll und ganz auf die Sexualität des Vaters angewiesen zu sein.
Mit der Vorstellung, mit der Mutter einen Kompromiß auf homosexuellem Wege zu schließen.

Wenn das Kind bei seinen Eltern lebt und in seiner häuslichen Umwelt mit den ihm vertrauten Dingen aufwächst, findet es eine Lösung, indem es zwischen Realität und Phantasie, wie wir es nennen, zu unterscheiden lernt. Die Tatsache, daß es die Eltern zusammen sieht, macht den Traum von ihrer Trennung oder vom Tode eines Elternteils erträglich. Die Urszene (das sexuelle Beisammensein der Eltern) bildet die Basis der eigenen Stabilität, da sie den gesamten Traum, in dem das Individuum die Stelle eines der beiden Partner einnimmt, ermöglicht. Das ändert jedoch nichts an der Tatsache, daß die Urszene, die tatsächliche Beobachtung des Geschlechtsverkehrs, das Kind in höchstem Maß belasten kann und möglicherweise traumatisch ist (weil seine eigenen Bedürfnisse völlig unberücksichtigt bleiben); es wird krank, weil es gezwungen wurde, die Urszene zu beobachten. Beide Feststellungen sind notwendig, da sie den Wert ebenso wie die Gefahr aufzeigen, die aus der Urszene erwachsen.

Es ist leicht möglich, daß Eltern, die das Kind in anderer Hinsicht zufriedenstellend versorgen, zwischen den Träumen des Kindes und der Realität nicht zu unterscheiden vermögen. Sie geben eine Vorstellung als Tatsache aus oder reagieren, ohne sich Gedanken zu machen, auf eine Vorstellung, als sei diese bereits in die Realität umgesetzt worden. Unter Umständen machen ihnen Vorstellungen sogar größere Angst als tatsächliche Handlungen. Reife bedeutet unter anderem, mit Vorstellungen tolerant umgehen zu können; Eltern müssen diese Fähigkeit, die im besten Fall Bestandteil einer gesellschaftlichen Reife ist, besitzen. Ein reifes gesellschaftliches System erlegt der Freiheit von Gedanken und Vorstellungen und ihrer Äußerung keine Einschränkungen auf (auch wenn es im Hinblick auf das Handeln bestimmte Forderungen stellt).[4] Das Kind erwirbt die Fähigkeit, zwischen Traum und Realität zu unterscheiden, nur allmählich.

Das gesunde Kind kann die Konflikte und Ängste, die auf dem Höhepunkt des Trieberlebens von maximaler Intensität sind, nicht in vollem Umfang ertragen. Eine Lösung der mit der Kindheit zwangsläufig verbundenen Ambivalenzprobleme wird durch die imaginative

[4] Siehe D. W. Winnicott ([1950] 1990). Einige Gedanken zur Bedeutung des Wortes »Demokratie«, sowie R.E. Money-Kyrle (1951). *Psycho-Analysis and Politics.*

Bearbeitung und Ausgestaltung sämtlicher Körperfunktionen herbeigeführt; ohne Phantasie wäre die primitive Äußerung von Hunger, Sexualität und Haß die Regel. Unter diesem Blickwinkel betrachtet, erweist sich die Phantasie als Charakteristikum, das den Menschen auszeichnet und Sozialisation und Zivilisation ermöglicht.

Das Unbewußte

Dieser Beschreibung des gesunden und des neurotischen (nicht des psychotischen) Kindes liegen das Konzept des Unbewußten und jene speziellen Beispiele, die wir unter der Bezeichnung »der verdrängte Bereich im Unbewußten« kennen, zugrunde.

Psychoanalytiker behandeln in der Mehrzahl der Fälle psychoneurotische Patienten, und das Ziel dieser Arbeit besteht darin, bewußt zu machen, was unbewußt gewesen ist. Dies geschieht in erster Linie dadurch, daß der Patient es in der Beziehung zum Analytiker erneut durchlebt. Der Psychoneurotiker scheint sich in allem, was er tut, von seinem Bewußtsein leiten lassen zu wollen, während ihm das, was dem Bewußtsein unzugänglich ist, Unbehagen bereitet. Ein starker Wunsch nach Bewußtwerdung des eigenen Selbst scheint für den Psychoneurotiker charakteristisch zu sein. Solche Menschen können ihre bewußte Selbstwahrnehmung durch die Analyse verbessern und zugleich Toleranz gegenüber dem Unbewußten entwickeln. Im Unterschied dazu ist Psychotikern (und normalen Menschen psychotischen Typs) an Bewußtheit nicht viel gelegen; sie leben in Gefühlen und mystischen Erfahrungsweisen, so daß ihnen das intellektuelle Bewußtwerden sogar verdächtig oder verabscheuenswert erscheint. Diese Menschen erwarten von einer Analyse keine Bewußtseinserweiterung, sondern entwickeln nach und nach die Hoffnung, sich aufgrund der Behandlung irgendwann »wirklich« fühlen zu können.

In der psychoanalytischen Arbeit wird der Analytiker regelmäßig mit verblüffenden Beweisen für die Existenz des Unbewußten konfrontiert, wenn nämlich der Patient Anteile seiner selbst, die zuvor unbewußt waren und vielleicht sogar heftig verleugnet wurden, unerwartet in die analytische Situation einbringt. In der Begegnung zwischen dem psychoneurotischen Patienten und dem Analytiker wird immer wieder eine spezifische Beziehungsgestalt inszeniert, die den Stempel der Neurose trägt und dem Analytiker die Krankheit des Patienten in typischen Ausschnitten vor Augen führt. Dieses Phänomen wird als »Übertragungsneurose« bezeichnet. Unter den hochspezialisierten und kontrollierten Bedingungen, die der Analytiker bereitstellt und aufrechterhält, fördert die Analyse der Übertragungsneurose die Krankheit Stück für Stück zutage.

Ein Analytiker, der die analytische Beziehung zu seiner eigenen Gratifikation nutzt, macht sich eines unverzeihlichen Vergehens schuldig. Dieser Grundsatz kommt dem Prinzip sehr nahe, das dem hippokratischen Eid zugrunde liegt, der den Geschlechtsverkehr mit einer Patientin verbietet; somit hatte Hippokrates bereits im Jahre [400] v. Chr. verstanden, daß es von Nutzen ist, dem Patienten zu erlauben, seine eigenen Beziehungsmuster, die sich, wie wir sagen würden, aus dem Ödipuskomplex und dem negativen Ödipuskomplex herleiten und in der frühen Kindheit geprägt wurden, in die professionelle Beziehung einzubringen. Freud vertiefte dieses Verständnis, indem er den persönlichen Beitrag, den der Patient zur professionellen Beziehung leistet, nutzte, um die Vergangenheit systematisch gegenwärtig zu machen und auf diese Weise die Bedingungen zu schaffen, unter denen sich Veränderung und Wachstum entfalten können, wo sonst nur Erstarrung herrscht.

Man kann den Mißbrauch der Übertragungsneurose mit der sexuellen Verführung eines kleinen Kindes vergleichen, da das kleine Kind, dessen Beobachtungen nach wie vor ein hohes Maß an Subjektivität enthalten, nicht in der Lage ist, eine wirkliche Objektwahl zu treffen. Infolgedessen fällt es einer Patientin, die in ihrer Kindheit verführt wurde, sehr schwer, einem Analytiker gerade in jenen Bereichen zu vertrauen, wo er am meisten bewirken kann. Ich möchte an dieser Stelle darauf hinweisen, daß die Analyse einer Psychose des schizoiden Typs[5] sich grundlegend von der Analyse der Psychoneurose un-

[5] Ich beziehe mich hier nicht auf die Psychose des manisch-depressiven Typs.

terscheidet, weil sie voraussetzt, daß der Analytiker eine reale Regression auf Abhängigkeit zuläßt und erträgt, während die Analyse der Psychoneurose ihm andere Fähigkeiten abverlangt: Er muß Vorstellungen und Gefühle (Liebe, Haß, Ambivalenz usw.) ertragen und Prozesse verstehen können und zudem den Wunsch empfinden, dem Patienten sein Verständnis durch angemessenes In-Worte-Fassen (Deutung dessen, was der Patient im Augenblick bewußt zu ertragen in der Lage ist) zu vermitteln. In einer analytischen Behandlung vermittelt eine korrekte Deutung zum rechten Zeitpunkt dem Patienten das Gefühl, gehalten zu werden, und dieses Gefühl ist (für den Nicht-Psychotiker) realer, als wenn er tatsächlich gehalten oder genährt worden wäre. Das Verstehen reicht tiefer, und durch dieses Verstehen, das der Analytiker in seinen Worten zum Ausdruck bringt, vermittelt er dem Patienten das Gefühl, ihn in der Vergangenheit körperlich zu halten, d. h. in jener Zeit, aus der sein Bedürfnis, gehalten zu werden, stammt, der Zeit, in der Liebe gleichbedeutend war mit körperlicher Fürsorge und Anpassung.

Zusammenfassung

Somit durchläuft die Triebentwicklung des gesunden Kindes einen Reifungsprozeß, der seinen Höhepunkt ungefähr im Alter von fünf Jahren, also vor Beginn der biologisch bedingten Latenz, erreicht. In der Pubertät tauchen die Muster der Triebentwicklung und die Organisationen der Angstabwehr, die in der Phase vor der Latenz gebildet wurden, wieder auf; sie werden auch die Triebäußerungen und die Energiekapazitäten des erwachsenen Menschen weitgehend bestimmen. Wenn die organisierte Angstabwehr gegenüber den Trieben, ihrer bewußten Kontrolle und dem Einfluß, den sie auf Handeln und Vorstellung ausüben, die Oberhand gewinnt, dann haben wir es eher mit dem klinischen Bild der Psychoneurose als mit Gesundheit zu tun.

Wachstum findet statt, solange der Mensch lebt, und dies gilt insbesondere für den gesunden Menschen; was aber die Qualität der Triebe betrifft, ihre Äußerungsmöglichkeiten, ihre Kontrolle und ihre neurotisch verursachten Einschränkungen, so finden im Anschluß an die ungeheuren Fortschritte, die sich auf die ersten Jahre konzentrieren, in denen (normalerweise) die Familie den idealen Rahmen für ein solches Wachstum zur Verfügung stellt, kaum noch Weiterentwicklungen statt. Dies gilt trotz der im Pubertätsalter auftretenden, bedeutsamen Veränderungen, die endokrinologisch bedingt sind – Veränderungen, durch welche die Fortpflanzung erstmals im Leben des Individuums Teil der genitalen Funktionen wird.

Für jeden, der die menschliche Natur studiert, sind diese Dinge, die den Analytiker bei seiner Arbeit mit dem psychoneurotisch kranken Menschen Stunde um Stunde beschäftigen, von großer Wichtigkeit. Mir ist jedoch klar, daß eine eingehende Erörterung der Triebentwicklung und der gegen die Kastrationsangst gerichteten Abwehr für jene Leser, die sich nicht in psychoanalytischer Ausbildung befinden (aber vermutlich die Mehrheit darstellen), verhältnismäßig irrelevant ist. Nehmen wir als Beispiel ein Kind, das unter einer Phobie leidet: Seinem Lehrer ist kaum damit geholfen, wenn man ihm sagt, was sich finden ließe, *falls das Kind in Analyse käme*, insbesondere angesichts der Tatsache, daß Analyseplätze rar sind.

Nichtsdestoweniger ist es für jeden Menschen, dem Kinder anvertraut sind, nützlich, sich so eingehend wie möglich zu informieren, und wenn man kleine Kinder zu betreuen hat, ist es sicherlich hilfreich, ein wenig darüber zu wissen, weshalb Kinder auf einen stabilen häuslichen Rahmen angewiesen sind. In ihnen sind ungeheure Kräfte aktiv, die den Trieben entstammen, so daß sich jedes Kind im Alter von zwei bis fünf Jahren mit seinen Erbanlagen, seinen Trieben, seinen körperlichen Besonderheiten sowie den guten wie auch abträglichen Umweltfaktoren arrangieren muß, während es zugleich persönliche Beziehungen aufbaut, Vorlieben und Abneigungen, ein persönliches Gewissen und Hoffnungen für die Zukunft entwickelt.

Darstellung der Psychologie des kleinen Jungen im Rahmen des triebtheoretischen Verständnisses

Liebe zur Mutter

Haß auf den Vater — Töten oder sterben

Weder töten noch sterben — Zeitfaktor Phantasie[6] — Kastrieren oder kastriert werden

Kastrationsangst (unerträglich)

Abwehrmechanismen gegen Angst – Kastrationsdrohung

Triebhemmung (Ursprung der Liebe)
Verzicht auf das Objekt, Akzeptieren eines Ersatzes
Identifizierung mit dem Rivalen, Verlust der eigenen Identität
Homosexueller Kompromiß mit dem Rivalen
(passiv)
Triebregression auf die Prägenitalität
(Bewahren der Liebe, aber Vermeidung der Kastrationsdrohung,
Regression auf »böse«Fixierungsstellen
Regression auf Abhängigkeit
(Bewahren der Liebe, Verzicht auf Reifung,
Regression auf »gute« Fixierungsstellen)
Anerkennung des Schuldgefühls, organisierte Sühne (zwanghaft)
(deshalb Vergehen erlaubt)
Partielles Verdrängen der Liebe (oder des Hasses)
(Bewahren des Nicht-Bewußtseins)
Preis: Energieaufwand und Verlust der Fähigkeit zu lieben (oder zu hassen)

6 *Notiz zur Überarbeitung:* Weiterentwickeln bis zum Überleben des Objekts; Ursprung der Phantasie wie im Beitrag über »Objektverwendung« (vgl. Winnicott [1968] 1979).

Einem gesunden Kind stehen all diese Formen der Angstabwehr (und andere mehr) zur Verfügung. Anomal ist weniger die Angst als vielmehr eine generelle Unfähigkeit des Kindes, bestimmte Abwehrmechanismen einzusetzen, oder eine ausgeprägte Tendenz, auf einen einzigen Abwehrtyp zurückzugreifen.

Zusammenbruch der Abwehr

Angst:	Alptraum oder Panikattacke
neue Abwehrmechanismen:	Ausnutzen somatischer Äußerungsformen der Angst mit sekundärem Gewinn (vgl. Regression auf Abhängigkeit)
	Betäubung anstelle von Verdrängung Verlieren der Lust an physischen Erregungssteigerungen
Verwirrtheit:	Genereller Verlust der Unterscheidbarkeit von Angst und Erregung
neue Abwehrmechanismen:	Ordnung, um die Verwirrtheit zu verbergen (zwanghaft)
Wiederkehr des Verdrängten:	Liebe (oder Haß) taucht vorübergehend auf, wird aber nicht uneingeschränkt wahrgenommen.
neue Abwehrmechanismen:	umfassendere Verdrängung um einen höheren Preis.

Und so weiter.

III

Die Entwicklung zur Einheit der Persönlichkeit

Einführung: Die charakteristische emotionale Entwicklung im Säuglingsalter

Im vorangegangenen Teil bestimmten die Triebe und die progressive Aufeinanderfolge ihrer Entwicklungsphasen die Methode unserer Untersuchung über die menschliche Natur. Ein Großteil der nun folgenden Betrachtungen betrifft das Kind, welches das Alter der genitalen Dominanz noch nicht erreicht hat. Die Erforschung interpersonaler Beziehungen hat eine eigene Terminologie entwickelt, deren Begriffe dem frühen Werk Freuds entstammen und heute allgemein gebräuchlich sind.

In diesem Teil, der sich mit der charakteristischen emotionalen Entwicklung im Säuglingsalter beschäftigt, bediene ich mich einer anderen Vorgehensweise und Sprache. Ich gehe nicht von der Annahme aus, daß das Kind bereits die Fähigkeit erworben hat, mit den Schwierigkeiten einer triangulären Beziehung zurechtzukommen, sondern werde statt dessen die Fähigkeit des Säuglings, eine Beziehung zu einer anderen, von ihm selbst getrennten Person (der Mutter) aufzubauen, untersuchen. Wiederum ist es notwendig, eine gesunde Entwicklung in noch früheren Phasen, jenen nämlich, die wir im vierten Teil untersuchen werden, vorauszusetzen. Bestimmte Aspekte, die bislang fehlten, sollen nun berücksichtigt werden, beispielsweise die *Selbstwert*vorstellung des sich entwickelnden Kindes. Das Selbstwertgefühl geht über das Konzept der Gesundheit hinaus, dennoch hängen beide miteinander zusammen. Das Selbstwertgefühl kann mit jeder Altersstufe wachsen, ebensogut aber auch sinken; es kann verborgen und somit nicht verfügbar sein, so daß es an einen gehemmten Trieb oder eine verdrängte Phantasie erinnert.

Ich beschreibe das Entwicklungsstadium, in dem der Säugling sich zu einer Einheit integriert, in dem er fähig wird, das Selbst (und folglich auch Andere) als Ganzheit zu empfinden, die von einer Membran umgeben ist, durch die ein Innen und ein Außen voneinander getrennt werden. Die gesamte Entwicklung, die zu diesem Gefühl, eine Einheit zu bilden, hinführt, wird hierbei, wie gesagt, vorausgesetzt.

Die Konzepte des vorangegangenen Teils waren intellektuelle Konzepte, mit denen der Beobachter arbeitet. Ich habe die Konzepte des Bewußten, des Unbewußten und des verdrängten Unbewußten übernommen. Nun jedoch ist es nützlicher, ein Diagramm zu benutzen, das ein Kind gezeichnet haben könnte. Nehmen wir an, ein Kind malt Linien auf ein Blatt Papier, kreuz und quer, läßt den Stift über das Blatt wandern und gerät in seinem Eifer auch immer wieder einmal über den Papierrand hinaus; und dann, plötzlich, taucht etwas Neues auf, eine Linie, die sich mit ihrem Anfangspunkt verbindet, so daß ein kreisförmiges Gebilde entstanden ist, und das Kind zeigt mit dem Finger auf den Kreis und sagt: »Ente« oder sogar »Tommy« oder »Anne«. Das Diagramm, das wir benötigen, ist nichts anderes als das Selbstkonzept des Kindes, eine Kugel, die in einer zweidimensionalen Zeichnung als Kreis erscheint.

Das Kleinkind nähert sich der Position, die ich nun untersuche, Schritt für Schritt. In dieser Phase findet charakteristischerweise folgende progressive Abfolge statt:

Das innere Bild einer umgrenzenden Membran taucht auf, und aus ihm erwächst die Vorstellung eines Innen und Außen. Dann entwickelt sich das Thema des Ich und des Nicht-Ich. Es gibt nun Ich-Inhalte, die zum Teil auf dem Trieberleben beruhen. So wird ein Gefühl der Verantwortung für das Trieberleben und für die Ich-Inhalte möglich, ebenso wie das Gefühl, von dem, was außen ist, unabhängig zu sein. Der Begriff »Beziehung« erhält eine Bedeutung, er bezeichnet etwas, was sich zwischen der Person, dem Ich, und Objekten entwickelt. Infolgedessen vermag das Kind anzuerkennen, daß auch die Mutter, ebenso wie es selbst, ein »Ich« ist, d.h., es kann die Mutter als Person empfinden und somit die Brust als Teil dieser Person wahrnehmen.

1 Die depressive Position

Besorgnis, Schuldgefühl und innere, psychische Realität

Mit all diesen Veränderungen ist eine weitere Entwicklung verbunden, in deren Verlauf der Säugling die beiden Zustände, den ruhigen und den erregten, nach und nach zu unterscheiden lernt. Die Rücksichtslosigkeit des triebgesteuerten »Angriffs« auf das Objekt weicht einem dämmernden Gewahrwerden der Mutter als Person, die das Ich versorgt und ihm zugleich jenen Teil ihrer selbst zur Verfügung stellt, den es zu seiner Sättigung benötigt. Nach und nach lernt der Säugling, erregte und ruhige Beziehungsformen zu integrieren, so daß er schließlich erkennt, daß beide Zustände gemeinsam (nicht nur einer allein) eine vollständige Beziehung zur Mutter-Person konstituieren. Nun hat er das Stadium, das als »depressive Position in der emotionalen Entwicklung« bezeichnet wird, erreicht, eine wichtige Phase, die den Säugling in Schuldgefühle verstrickt und Besorgnis hinsichtlich der Folgen weckt, die seinen Beziehungen durch ihre triebhaften oder erregten Anteile erwachsen.

Die Ängste des Kindes sind von außerordentlicher Komplexität. Seine Sorge gilt einerseits einer Beziehung zwischen zwei Personen, dem Ich und der Mutter, der durch die triebhaften Anteile dieser Beziehung Schaden zugefügt werden könnte (Schuldgefühl); Besorgnis lösen aber auch die inneren Veränderungen aus, die mit Erregungszuständen und mit Erfahrungen der Wut oder des Hasses (hypochondrische Angst) verbunden sind. (Hinzu kommen noch jene Ängste, die man als paranoid bezeichnet; sie sollen später gesondert untersucht werden.)

Es leuchtet ohne weiteres ein, daß diese Entwicklungen von der Rücksichtslosigkeit zu Anteilnahme und Besorgnis, von der Ich-Abhängigkeit zu Ich-Beziehungen, von der Präambivalenz zur Ambivalenz, von einer primären Dissoziation zwischen ruhigen und erregten Zuständen zur Integration dieser beiden Aspekte des Selbst ungeheure Wachstumstumsprozesse darstellen.

Der Säugling steht vor Aufgaben, deren Lösung sowohl *Zeit* als auch eine gleichbleibende *persönliche Mitwelt* erfordert. Die Mutter-Person »hält« die Situation in der Zeit, während der Säugling einen Weg findet, um die »depressive Position« zu erreichen; diese Entwicklung ist ohne die kontinuierliche, persönliche Fürsorge der Mutter nicht möglich. Die Lösung ergibt sich in folgender Weise:

Grundsätzlich können wir davon ausgehen, daß der menschliche Säugling dem Schuldgefühl und der Furcht, die mit der vollen Erkenntnis der Tatsache verbunden ist, daß die in der primitiven, triebgesteuerten Liebe enthaltenen aggressiven Phantasien gegen die Mutter der Abhängigkeitsbeziehung (anaklitische Beziehung) gerichtet sind, nicht gewachsen ist. Darüber hinaus vermag das Kind sich noch keinen Vater vorzustellen, der intervenieren und die Triebphantasien durch seine Interventionen ungefährlich machen könnte. Die Lösung der mit dieser Phase unauflöslich verbundenen Schwierigkeiten wird dadurch ermöglicht, daß der Säugling die Fähigkeit zur Wiedergutmachung entwickelt. Wenn die Mutter die Situation Tag für Tag »hält«, hat der Säugling Zeit, die reichhaltigen imaginativen Ergebnisse der Trieberfahrung innerlich zu ordnen. Er kann Erfahrungen, die er als »gut« und hilfreich empfindet, die ihm annehmbar und nicht verletzend erscheinen, innerlich bewahren und den Schaden, der der Mutter zugefügt wurde, mit ihrer Hilfe wiedergutmachen. Da diese Wiedergutmachung zugefügter Verletzungen in der normalen Beziehung zwischen Säugling und Mutter immer wieder stattfindet, entwickelt der Säugling allmählich Vertrauen in seine konstruktiven Bemühungen; er lernt seine Schuldgefühle zu ertragen, so daß er die triebgesteuerten Anteile seiner Liebe ungehindert ausleben kann.

Somit ist der gesunde Säugling, dessen Mutter ein hohes Maß an Abhängigkeit als Selbstverständlichkeit akzeptiert, vom Vater zunächst unabhängig. In anderer Hinsicht jedoch ist der Vater unverzichtbar. Er hat die Aufgabe, die Mutter zu schützen, damit die Triebentwicklung des Säuglings nicht gehemmt wird und er seine Fähigkeit zu erregter Liebe nicht verliert. Unter klinischem Blickwinkel betrachtet, kann man sagen, daß das gesunde Kind die Fähigkeit erwirbt, Niedergeschlagenheit zu ertragen und Schuldgefühle auszuhalten, bis ihm das Durcharbeiten vergangener Ereignisse und ihre imaginative Ausgestaltung im Unbewußten Möglichkeiten aufzeigen, in seinen Beziehungen, im Spiel oder in der Arbeit etwas Konstruktives zu schaffen.

Wahrscheinlich wurde die Formulierung »depressive Position in der normalen emotionalen Entwicklung« eingeführt, weil depressive Stimmungszustände hier, klinisch gesehen, in Erscheinung treten. Das bedeutet nicht, daß der normale Säugling eine depressive *Krankheit* oder Gemüts*erkrankung* durchmacht. Eine depressive Krankheit ist bei einem Säugling[1] tatsächlich ein anomaler Zustand, ein Zustand, dem man im Falle des normalen Säuglings, dem eine hinreichend gute, persönliche Fürsorge zuteil wird, nicht begegnet. Unter günstigen Bedingungen lernt der Säugling, zwischen dem Guten und dem Bösen innerhalb seines Selbst zu unterscheiden.[2] Auf dieser Grundlage entwickelt sich ein hochkomplexer innerer Zustand, der sich z. T. im Spiel und vor allem in einer Psychotherapie, im Behandlungszimmer, auf charakteristische Weise offenbart. In der Psychotherapie (aus dem Säugling ist nun ein kleines Kind geworden) repräsentiert der Be-

1 Siehe R.A. Spitz [([1945] 1968). Hospitalismus.]

2 Die Worte »gut« und »böse« sind ein Erbe ferner Vergangenheit; sie eignen sich auch zur Beschreibung der extremen Gefühle, die jeder Säugling in bezug auf das, was er in seinem Innern wahrnimmt, empfindet – ob es sich um Kräfte, Objekte, Geräusche oder Gerüche handelt. Ich beziehe mich hier nicht auf die Art und Weise, wie die Begriffe »gut« oder »böse« von Eltern und Kinderfrauen gebraucht werden, die dem Säugling moralische Grundsätze einimpfen wollen.

Alle Ansichten, die ich in diesem Teil meines Buches erläutere, habe ich im Laufe meiner eigenen Arbeit entwickelt. Vieles beruht auf Erkenntnissen, die mir durch die Vorträge und Schriften Melanie Kleins sowie in persönlichen Begegnungen mit ihr vermittelt wurden. In vielerlei Hinsicht formuliere ich die Dinge anders, als sie es zu tun pflegt, und ich bin mir darüber im klaren, daß sie mit bestimmten Details meiner Darstellung nicht einverstanden ist. Es war jedoch nicht meine Absicht, ihre Ansichten wortgetreu wiederzugeben, da sie von ihr selbst sowie von Isaacs, Heimann, Segal und anderen bereits umfassend dargestellt worden sind. An dieser Stelle möchte ich in erster Linie meine uneingeschränkte Anerkennung und Dankbarkeit zum Ausdruck zu bringen.

handlungsraum häufig die umgrenzte Psyche des Kindes; dies eröffnet dem Analytiker einen Zugang zu seiner inneren Welt, die der Magie unterworfen ist, in der gewaltige Kräfte miteinander ringen und dem Guten beständig Gefahr durch das Böse droht. Wenn man sich in diese innere Welt hineinbegibt, kann man das Gefühl bekommen, verrückt zu sein. Die Bereiche der inneren Welt des Kindes, in die wir Einblick nehmen können, erlauben Rückschlüsse auf die Elemente, aus denen sich die innere Welt des Säuglings aufbaut.

Ein Teil des Bösen wird im Innern zurückbehalten, um der Äußerung der Wut zu dienen, während das Gute bewahrt und benutzt wird, um das persönliche Wachstum zu fördern, Wiedergutmachung und Wiederherstellung zu ermöglichen und den Schaden zu beheben, der in der Phantasie angerichtet wurde.

Natürlich spreche ich hier in erster Linie von den unbewußten Gefühlen und Vorstellungen des Säuglings, von jenen psychischen Inhalten, die neben den intellektuellen Anstrengungen, mit denen das Kind sich um Verständnis bemüht, wirksam sind.

Wenn die Mutter (oder ein Muttersatz) nach wie vor anwesend und verfügbar ist, der Säugling also in einer ihm angemessenen Umwelt lebt, taucht irgendwann eine Gelegenheit zur Wiedergutmachung auf, ein Moment, in dem er die Fähigkeit nutzt, die sich in den vorangegangenen Stunden der Besinnlichkeit oder des Verdauens entwickelt hat. Vielleicht wird der Säugling tatsächlich irgendetwas tun (lächeln oder eine spontane Liebesgeste zeigen oder ein Geschenk – ein Ausscheidungsprodukt – als Zeichen der Wiedergutmachung und Wiederherstellung machen). Die Brust (Körper, Mutter) ist nun wiederhergestellt, der Säugling hat sein Tagewerk getan. Er kann den Trieben, die am nächsten Tag von neuem erwachen werden, ohne überwältigende Angst entgegensehen. Heute wird nichts Böses mehr geschehen.

In der depressiven Stimmung deckt der Säugling (oder das Kind oder der Erwachsene) die gesamte innere Situation gewissermaßen zu; er versucht, sie einer Kontrolle zu unterwerfen, indem er sie in Nebel hüllt, einen Dunstschleier über sie herabsenkt oder sie einer Art Paralyse anheimgibt. Dies ist die Voraussetzung dafür, daß die magischen Kontrollmechanismen im Laufe der Zeit ihre Rigidität verlieren können, so daß der Säugling sich Schritt für Schritt Klarheit über seine innere Situation verschaffen kann, bis sich die Stimmung schließlich hebt und die innere Welt des Kindes wieder zum Leben erwacht.

Es gibt andere Formen der Depression, jene, unter denen schizoide Menschen leiden. Sie hängen eher mit Depersonalisierungsprozessen zusammen als mit dem Mechanismus der magischen Kontrolle, der normaler ist und heilsam wirkt. Die depressive Stimmung, die ich hier beschreibe, ist der normalen Trauer und den Verhaltensweisen, die wir der Reaktion auf einen erlittenen Verlust zuschreiben würden, eng verwandt.[3] Zu Beginn des Lebens, im Säuglingsalter, ist die Entwöhnung eine Erfahrung, die erst dann (und nicht früher) eine Bedeutung gewinnt, wenn das Kind die depressive Position erreicht hat.

Die erfolgreichen Wiedergutmachungsaktivitäten und davon abgeleitete innere Repräsentanzen geben dem Säugling Mut, neue Trieberfahrungen zuzulassen; die Hemmungen werden schwächer, und infolgedessen kann sein Triebleben sich reichhaltiger entfalten. Somit hat er in der nächsten Verdauungs- oder kontemplativen Phase eine noch größere Aufgabe zu bewältigen. Wenn ihm jedoch weiterhin eine kontinuierliche und persönliche mütterliche Fürsorge zuteil wird, wächst auch seine Fähigkeit zur Wiedergutmachung, und dies wiederum ermöglicht seinen Trieberfahrungen ein neues Maß an Freiheit. So entwickelt sich ein gutartiger Zyklus, der für einen erheblichen Zeitraum die Grundlage des Lebens im Kindesalter bildet.

Es ist unschwer einzusehen, welch hohe Bedeutung der kontinuierlichen, verläßlichen Beziehung zwischen dem Baby und seiner leiblichen Mutter (oder Ersatzmutter) in diesem Stadium zukommt. In einer Institution, in der die »Mutter«, von der das Kind morgens gefüttert wird, nicht auch die »Mutter« ist, die es abends badet und die Vorkehrungen zum Schlafengehen trifft, bleibt die Fähigkeit des Säuglings, Tag für Tag Wiedergutmachung zu leisten, ungenutzt, so

[3] Diesem Teil der psychoanalytischen Theorie liegt Freuds Arbeit *Trauer und Melancholie* zugrunde.

daß der gutartige Zyklus sich nicht einspielen kann. Schlimmer noch: Wo das Füttern selbst auf unpersönliche und mechanische Weise geschieht (und dies ist auch möglich, wenn das Kind in der eigenen Familie lebt), ist die hier beschriebene Entwicklung nicht möglich.

Diagramm 1

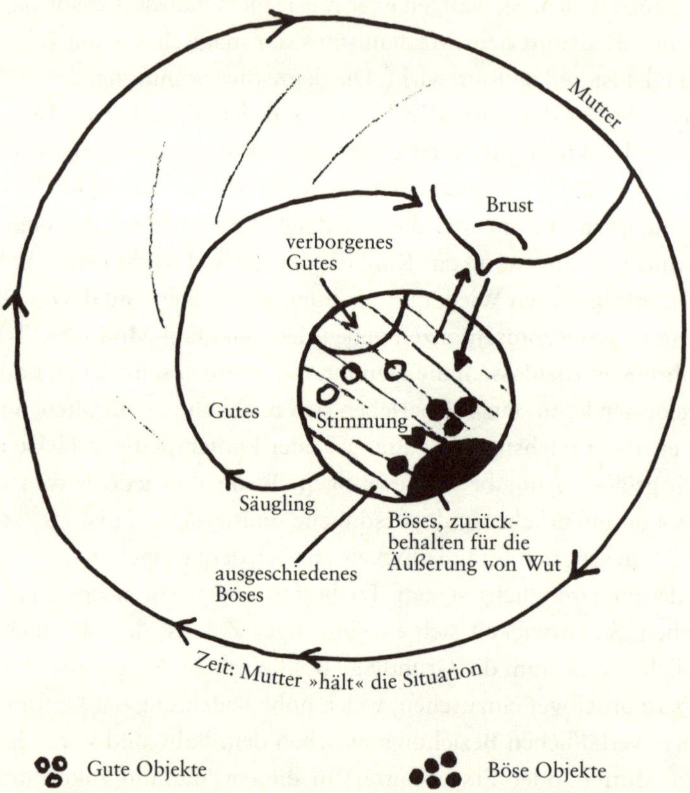

Wir haben die Entwicklung der Fähigkeit zu Anteilnahme und Besorgnis somit als ein komplexes Geschehen zu betrachten, dessen unabdingbare Voraussetzung die ununterbrochene persönliche Beziehung zwischen dem Säugling und der Mutter-Figur ist.

Dieser Theorie des gutartigen, in der depressiven Position etablierten Zyklus ist ein besonderer Stellenwert beizumessen, denn sie zeigt, daß ein gesundes Individuum auch die aggressiven und destruktiven Faktoren der triebgesteuerten Liebe und mit ihr verbundenen Phantasien fast vollständig anzuerkennen vermag. Man muß sich vor Augen führen, daß die Fähigkeit zu wirklicher Wiedergutmachung im Säuglingsalter – verglichen mit der Fähigkeit des Erwachsenen, einen sozialen Beitrag in Form seiner Arbeit zu leisten – begrenzt ist; der Säugling ist darauf angewiesen, daß die Mutter sein symbolisches Geschenk bereitwillig annimmt. Gleichzeitig aber sind in ihm ebenso starke destruktive und aggressive Strebungen aktiv wie im Erwachsenen. Wenn man es nicht ohnehin schon wüßte, könnte man allein aus dieser Überlegung den Schluß ziehen, daß der Säugling von der Liebe, die andere Menschen ihm geben, in höherem Maß abhängig ist als Erwachsene, so daß ein Lächeln oder eine winzige Geste Auswirkungen haben, die den Effekten des Tagewerks des Erwachsenen an Bedeutung nicht nachstehen.

Um das Gesagte noch einmal zu wiederholen: Der Mensch vermag der Destruktivität, die unseren interpersonalen Beziehungen, der triebgesteuerten Liebe, immanent ist, nur standzuhalten, wenn sie sich im Laufe der Entwicklung mit der Erfahrung der Wiedergutmachung und Wiederherstellung verbinden kann. Eine Unterbrechung dieses gutartigen Zyklus zieht folgende Konsequenzen nach sich:

1. der Trieb (oder der Liebesimpuls) muß gehemmt werden;
2. zwischen dem Säugling im Zustand der Erregung und demselben Säugling im Ruhezustand muß erneut eine innere Spaltung stattfinden;
3. das Gefühl der Ruhe ist nicht mehr erreichbar, und
4. die Fähigkeit zu konstruktivem Spielen (bzw. konstruktiver Arbeit) geht verloren.

Im Grunde kann man die Potenz und die Akzeptanz der Potenz nicht nur im Rahmen der Triebentwicklung beschreiben. Die Entwicklung der sexuellen Fähigkeit läßt sich mit der progressiven Abfolge der verschiedenen Triebbereiche nicht hinreichend erklären, denn ein weiterer Faktor, der für die Potenz eine entscheidende Rolle spielt, ist die Hoffnung, die aus den destruktiven Phantasien erwachsenden Schuldgefühle lindern zu können.[4]

Der gesamte Bereich destruktiver Impulse und Phantasien soll später erörtert werden. Möglicherweise ist der primitive Liebesimpuls in seinem Ziel destruktiv, vielleicht auch wird die Destruktivität durch die unvermeidlichen Frustrationen ausgelöst, die sich einer unverzögerten Befriedigung entgegenstellen (s. S. 125 f., 188 ff.).

Die sog. »depressive Position« betrifft keineswegs nur Theoretiker und Psychotherapeuten. Auch die Eltern und Lehrer spielen in diesem Entwicklungsprozeß, der den gutartigen Zyklus begründet, eine entscheidende Rolle. Natürlich setzt dieser Prozeß bereits ein, wenn der Säugling erst wenige Monate alt ist, so daß die Situation zunächst von der Mutter »gehalten« wird, die ihre Aufgabe zufriedenstellend und auf natürliche Weise erfüllt und sich dessen, was sie tut, dabei kaum bewußt ist. Aber dieser überaus bedeutsame Wachstumsvorgang bleibt weiterhin lebendig, und die Lehrerin, die dem Kind die Werkzeuge und Techniken zur Verfügung stellt, die es braucht, um konstruktiv spielen und arbeiten zu können, und seinen Bemühungen in Form ihrer persönlichen Anerkennung ein Ziel setzt, spielt eine ebenso wichtige oder notwendige Rolle wie die Betreuungsperson eines Säuglings. Die Mutterfigur (und später der Lehrer) ist innerlich bereit, die spontane Liebesgeste des Säuglings anzunehmen, die seine Besorgnis, seine Reue und die Schuldgefühle, die mit den auf dem Höhepunkt des Trieberlebens aufgetauchten Phantasien verbunden sind, neutralisiert.[5] (Wir werden dies bei der Untersuchung der Umwelteinflüsse erneut eingehend betrachten; s. S. 212 ff.)

[4] Siehe Klein [1932, 1934] sowie D.K. Henderson und R.D. Gillespie [1940]: vorübergehender Potenzverlust durch depressive Stimmung.

[5] Ich halte es für recht und billig, darauf hinzuweisen, daß viele Psychoanalytiker die Anwendung des Konzepts der depressiven Position nicht befürworten. Ein prominenter Analytiker (Edward Glover) ist, wie allgemein bekannt, von der Unhaltbarkeit dieses Konzepts so fest überzeugt, daß er aus der British Psycho-Analytical Society ausgetreten ist, wenngleich er seine Mitgliedschaft in der International Psycho-Analytical Society aufrechterhalten hat.

Die Integration der depressiven Position (oder wie auch immer man sie nennt) in das theoretische Entwicklungsmodell eröffnet der Beschreibung der menschlichen Natur wichtige neue Möglichkeiten.

Das Innere des Säuglings, seine innere Welt oder innere Realität, besteht aus drei Elementen:

1. Die Trieberfahrungen selbst	
a. befriedigend	gut
b. unbefriedigend, erschwert durch Wut über Frustration	böse
2. Inkorporierte Objekte (Trieberfahrung)	
a. in Liebe	gut
b. im Haß	böse
3. Magische Einverleibung von Objekten oder Erfahrungen	
a. zur Kontrolle	böses Potential
b. als Mittel der Bereicherung oder zur Kontrolle	gutes Potential

Eine graphische Darstellung kann bestenfalls denjenigen, der sie gerade anfertigt, zufriedenstellen, und auch dies nur vorübergehend; jeder Leser, dem daran gelegen ist, wird zweifellos ein Schema entwickeln, das seine eigene Sichtweise der in Frage stehenden Phänomene besonders klar zum Ausdruck bringt.

Bestimmte Schaubilder sind m.E. in der praktischen Arbeit von Nutzen (Diagramm 2).

Der Betrachter wird feststellen, daß die rein funktionale [mit dem befriedigenden Stillvorgang erfolgende] Inkorporation der »guten Brüste« eine generelle, unspezifische Vermehrung der inneren guten Anteile zur Folge hat. Im Gegensatz dazu lassen introjizierte (wiedererkennbare) »gute Brüste« auf eine vorangegangene Idealisierung schließen; die Introjektion ist hier nicht Bestandteil einer Trieberfahrung, sondern Ausdruck der magischen Omnipotenz. Die Lehrerin

Diagramm 2

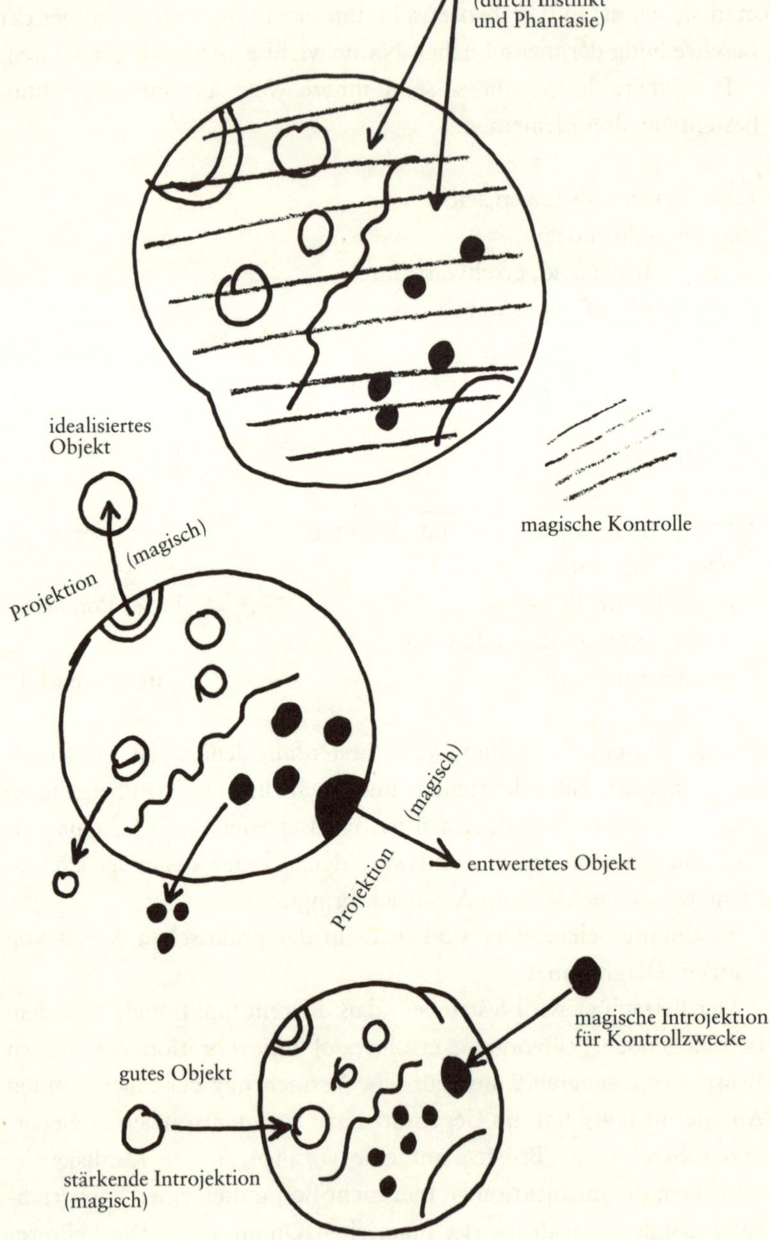
Inkorporation
(durch Instinkt
und Phantasie)
idealisiertes
Objekt
magische Kontrolle
Projektion
(magisch)
(magisch)
Projektion
entwertetes Objekt
magische Introjektion
für Kontrollzwecke
gutes Objekt
stärkende Introjektion
(magisch)

kann daraus etwas Wichtiges lernen: Je erfolgreicher sie arbeitet, um so weniger ist sie in ihren Schülern wiederzuerkennen – die Schüler haben sie und ihren Unterricht inkorporiert und sind daran gewachsen. Eine Idealisierung der Lehrerin hingegen hat zur Folge, daß sie und das, was sie lehrt, zu gewissem Grad magisch introjiziert werden, was recht nett erscheinen mag, aber den Nachteil hat, daß die Schüler nicht wirklich gewachsen sind. Normalerweise findet sich in jeder Klasse eine geglückte Mischung zwischen diesen beiden Formen des Lehrens und Lernens.

Während der kontemplativen Phase (nach einer Mahlzeit) kommt der Trieb vorübergehend zur Ruhe; gleichzeitig muß der Säugling durch äußere Kontrolle vor Übergriffen seitens der Umwelt geschützt werden. Das In-sich-Gekehrtsein der hypochondrischen Phase macht verletzlich, und das bedeutet, daß das Erleben dieser Phase nur durch die Schaffung hinreichend guter Umweltbedingungen ermöglicht wird.

Im Innern des Menschen sind gewaltige Kräfte am Werk, die ihre volle Vitalität im gesunden Individuum entfalten können. Um einen Eindruck von der Aufgabe des inneren Ordnens und Aussortierens zu gewinnen, die im Anschluß an eine triebgesteuerte Erfahrung zu bewältigen ist, müssen wir uns jenen Künstlern zuwenden, die es (dank überragender Technik und dank des Selbstvertrauens, das sie in die eigene Arbeit setzten) wagen konnten, die gewaltigen Kräfte der menschlichen Natur in ihren Werken zu ergründen. Ein spätes Streichquartett Beethovens, Blakes Hiob-Illustrationen, ein Roman Dostojewskis, eine politische Geschichte Englands – all diese Beispiele zeigen uns etwas von der Komplexität der inneren Welt, der Verflechtung des Guten mit dem Bösen, der Bewahrung des Guten, der Beherrschung *und* vollen Anerkennung des Bösen. Diese Kräfte entwickeln ihre ganze Intensität bereits in der inneren Welt des Säuglings (der sie in seinem Bauch lokalisiert), wenngleich die innere Welt natürlich im Laufe der Zeit, mit wachsender Lebenserfahrung, um immer neue Inhalte bereichert wird. Die elementaren und einander widerstrebenden Kräfte aber sind im Säugling, der seinen Trieberfahrungen ausgeliefert ist, von Anfang an lebendig.

Allmählich bildet sich aus der inneren Welt eine Art Muster heraus, Ordnung entsteht aus dem Chaos. Dies geschieht nicht durch geistige oder intellektuelle Anstrengung, sondern ist eine Aufgabe der Psyche, die dem Verdauungsvorgang eng verwandt ist, einer Aufgabe, die ebenfalls unabhängig von intellektueller Einsicht erfüllt wird. Ein intellektuelles Verständnis kann sich anschließen oder auch nicht.

Der Säugling, der in diesem Stadium innere Stabilität entwickelt hat, ist in der Lage, sich von bestimmten Dingen zu befreien, andere zu bewahren, dies in Liebe zu geben und jenes im Haß. Auch die inneren Prozesse, Strukturierungsprozesse [in denen er sich Klarheit über die innere Situation verschafft; d. Ü.], bestärken das Erleben des fortwährenden Seins, allerdings eines Seins, das sich intrapsychisch abspielt (und das der Säugling in seinem Bauch wahrnimmt). Von dieser Zeit an ist das Wachstum nicht nur auf die körperliche Entwicklung und auf das Wachstum des Selbst in seiner Beziehung zu äußeren und inneren Objekten beschränkt; Wachstum findet nun auch im Innern statt. Wie ein Roman, der sich selbst beständig weiter fortschreibt, entsteht eine Welt im Innern des Kindes. Bei einem Gesunden gibt es für einen Austausch zwischen diesem Leben in der inneren Welt und dem Leben und den Beziehungen in der äußeren Welt zahlreiche Gelegenheiten. Beide werden einander gegenseitig bereichern. (Was bei Entgleisungen der Gesundheit geschieht, soll später beschrieben werden. Siehe S. 128 ff. und S. 144 f.)

Die depressive Position: Zusammenfassung

A. Die gesamte bisherige Entwicklung wird vorausgesetzt:

B. Der Säugling oder das Kind beginnt, die Begrenztheit des Selbst nach und nach wahrzunehmen:

C. Das Selbst wird immer sicherer als Einheit empfunden:

D. Ein äußeres, vom Selbst unterschiedenes Objekt wird als Ganzheit empfunden:

E. Dieses Gefühl der Ganzheit des Selbst betrifft Körper und Psyche zugleich, so daß das Kind zwischen dem Körper und der Psyche nicht unterscheidet, wenn es ein Selbstporträt in Form eines Kreises malt:

(Dabei gehe ich immer davon aus, daß eine Mutter-Person die Situation Tag für Tag, Woche für Woche, »hält«.)

F. Diese räumliche Ganzheit ist um eine vergleichbare zeitliche Vereinheitlichungstendenz des Selbst zu ergänzen, ein Verknüpfen von Vergangenheit, Gegenwart und Zukunft:

G. Nun ist der Boden für Beziehungen mit neuen charakteristischen Eigenschaften bereitet, neu insofern, als der Säugling oder das Kind die Fähigkeit entwickelt hat, Erfahrungen zu machen und sich durch diese Erfahrungen verändern zu lassen, während seine persönliche Integrität, seine Individualität, sein fortwährendes Sein gewahrt bleiben.

H. Erregte, von Trieben gesteuerte Beziehungsphasen stellen die neuentwickelte Struktur auf die Probe, und zwar insbesondere dann, wenn der Säugling, der sich zwischen zwei Erregungsphasen in einem Ruhezustand befindet, den Folgen erregter Aktivitäten und Phantasien nachspürt.

I. Der Säugling entwickelt *Besorgnis*, und zwar in zweierlei Hinsicht:
   1. Besorgnis über das Objekt der erregten Liebe.
   2. Besorgnis über die Folgen, die das erregte Erleben für das eigene Selbst nach sich zieht.

   Beide Formen der Besorgnis hängen miteinander zusammen, weil der Säugling das Liebesobjekt in dem Maße als strukturierte und wertvolle Person empfinden kann, in dem es ihm gelingt, ein strukturiertes, innerlich reiches Selbst zu entwickeln.

J. Die Sorge um das Liebesobjekt entsteht auf der Basis der aggressiven, destruktiven und besitzergreifenden Elemente des primitiven Liebesimpulses, der nach und nach vollständig in das Selbst integriert wird (zeitliche Vereinheitlichung der Persönlichkeit). Das Kind wird nun verantwortlich für das, was bei der letzten Mahlzeit geschah und bei der nächsten geschehen wird.

Der primitive Liebesimpuls war, vom Standpunkt des Beobachters aus betrachtet, rücksichtslos. Für den Säugling ist der primitive Impuls gewissermaßen neutral, er wird erst retrospektiv, wenn das Kind sich zu einer verantwortlichen Person integriert hat, als rücksichtlos empfunden. Sobald die Integration abgeschlossen ist (aber nicht früher), kontrolliert das Kind die Triebimpulse, weil es ihre Rücksichtslosigkeit fürchtet, die unerträgliche Schuldgefühle in ihm hervorruft – d. h., es vermag das in der ungemilderten, primitiven, erregten Phantasie enthaltene destruktive Element anzuerkennen.[6]

Das durch die primitiven Liebesimpulse ausgelöste Schuldgefühl ist eine Entwicklungserrungenschaft; es ist so überwältigend, daß der Säugling es nur allmählich, indem sich der gutartige Zyklus, den wir beschrieben haben, sicher verankert, zu ertragen lernt. Selbst dann noch bleibt der primitive Liebesimpuls als Grundlage der dem Leben immanenten Schwierigkeiten erhalten – Schwierigkeiten, von denen der Gesunde sich weniger noch als jene Menschen befreien kann, die »die depressive Position« der Entwicklung nicht erreicht haben, denn sie erst ermöglicht es, Anteilnahme und Besorgnis in ihrer ganzen Tragweite zu erleben. Psychotiker, Menschen, deren Störungen in einer noch früheren und fundamentaleren Phase wurzeln, haben ihre eigenen Schwie-

[6] Viele Autoren sind der Ansicht, daß der primäre erregte Impuls nicht destruktiv sei, sondern die Destruktivität durch frustrationsbedingte Wut Eingang in die imaginative Bearbeitung und Ausgestaltung finde. Wenn man diese Theorie mit dem Konzept der Omnipotenz des Säuglings verknüpft, läuft es im Endeffekt auf dasselbe hinaus. Der Säugling wird wütend, weil die Anpassung an seine Bedürftigkeit nie hundertprozentig sein kann. Nichtsdestoweniger bin ich persönlich der Ansicht, daß diese Theorie, auch wenn sie zutreffend ist, die elementaren Grundlagen der emotionalen Entwicklung nicht erfaßt, weil die durch Frustration bedingte Wut bereits ein späteres Phänomen ist. Gegenwärtig erscheint es mir erforderlich, einen primären, aggressiven und destruktiven Impuls zu postulieren, der von der triebgesteuerten, dem sehr frühen Entwicklungsstadium des Säuglings entsprechenden Liebe nicht zu unterscheiden ist.
[Ergänzung] 1970. N.B. Aus ebendiesem Grund konnte ich dieses Buch nicht veröffentlichen. Das Problem hat sich, für mich, mit dem Konzept der »Objektverwendung« von selbst aufgelöst [in D.W. Winnicott [(1971) 1974]: *Vom Spiel zur Realität*].

rigkeiten und Probleme, und diese sind besonders belastend, weil sie dem Leben nicht immanent sind, weniger Bestandteil des Lebens sind als vielmehr Teil des Ringens um das Leben selbst – die erfolgreiche Behandlung eines Psychotikers befähigt den Patienten, *anzufangen* zu leben und die dem Leben immanenten Schwierigkeiten wahrzunehmen.

Das Leiden normaler oder gesunder oder reifer Personen ist wahrscheinlich die größte Qual, die Menschen überhaupt empfinden können. Diese Einsicht wird nicht allgemein geteilt. Es ist mit Sicherheit irreführend, manifeste Verwirrtheit, Elend und Schmerzen in einer psychiatrischen Klinik zu untersuchen. Dennoch aber wird immer wieder der Versuch unternommen, den Schweregrad des Leidens auf diese oberflächliche Weise zu bestimmen.

K. Besorgnis hinsichtlich der Auswirkungen von Trieberfahrungen auf das Selbst.

Eine Neubetrachtung der Verdrängung

Wir haben nun einen Punkt erreicht, an dem wir das Konzept der Verdrängung, das eine grundlegende Rolle für die an der progressiven Abfolge der Triebdominanz orientierten Theorie der menschlichen Natur spielt, mit Hilfe der psychischen Gestaltungsfähigkeit des Säuglings selbst veranschaulichen können. Wir können sagen, daß bestimmte inkorporierte Objekte oder Beziehungen zwischen Objekten oder bestimmte introjizierte Erfahrungen (gewissermaßen) *verkapselt*, d.h. von überaus starken Abwehrkräften umgeben werden, die ihre Assimilierung verhindern und dafür sorgen, daß sie sich in der inneren Welt nicht frei entfalten können.

Der Säugling oder das Kind ist von Zweifeln und Unsicherheiten bezüglich des Selbst nie wirklich frei, denn diese Aufgabe des inneren Ordnens und Umverteilens läßt sich nicht ein für allemal lösen; was immer gelöst erscheint, wird von der nächsten Trieberfahrung wieder in Frage gestellt.

Somit wird die Phantasie durch jede neue Erfahrung bereichert und das Gefühl für die Realität dieser Erfahrung gestärkt. Wenn es sich um Erfahrungen handelt, an denen der Körper beteiligt ist, benutzen wir Begriffe wie Inkorporation und Ausscheidung oder Auslagerung, Begriffe, die sowohl auf Körperfunktionen als auch auf ihre psychische Bearbeitung und Ausgestaltung verweisen. Wenn aus inneren Gründen eine gefährliche Spannungssituation entsteht, kann das Ich nicht darauf warten, daß die äußere Realität ihm Gelegenheit zur Trieb- oder Funktionsäußerung gibt; in dieser Situation muß es die eher magischen Prozesse einsetzen, die wir mit den Begriffen »Introjektion« und »Projektion« kennzeichnen.

Die Kontrolle und Bewältigung böser Kräfte und Objekte

Böse innere Kräfte, denen sich nichts entgegensetzen läßt, die sich der Kontrolle entziehen oder nicht ausgestoßen werden können, werden zu einer Belastung. Sie verwandeln sich in innere Verfolger und werden vom Kind als innere Bedrohung empfunden, die sich leicht in Form eines Schmerzes äußern kann. Schmerzen, die auf eine körperliche Erkrankung zurückgehen, werden mitunter jene Eigenschaften beigemessen, die wir als persekutorisch bezeichnen. Ein schwerer Schmerz wird erträglich, wenn er von der Vorstellung des bösen inneren Objekts oder einer im Innern wirkenden bösen Macht losgelöst ist; und andererseits können in einem Zustand der Erwartung innerer Verfolgung völlig harmlose Störungen oder körperliche Sensationen als Schmerz empfunden werden, anders formuliert: Die Schmerzgrenze ist gesunken.

Wenn die verfolgenden Elemente ein unerträgliches Ausmaß annehmen, werden sie projiziert, so daß sie dann in der äußeren Welt zu finden sind. Entweder besitzt das Kind eine gewisse Fähigkeit zur Toleranz, so daß es auf eine Situation in der Außenwelt warten kann, in der eine gewisse reale Verfolgung gegeben ist, die es dann in übertriebener Weise erlebt. Oder aber es kann die verfolgenden Elemente nicht ertragen und halluziniert ein böses oder verfolgendes Objekt; d. h., ein Verfolger wird magisch projiziert und wahnhaft außerhalb des Selbst wahrgenommen. Wenn eine Verfolgung erwartet wird, wirkt die reale Verfolgung somit erleichternd, denn sie erspart dem Individuum das Gefühl, wahnsinnig oder verrückt zu sein.

In der Praxis lassen sich gewöhnlich zwei alternierende Zustände beobachten: die innere Verfolgung (eine unerträgliche Verfassung, die unter Umständen, aber nicht immer, auf einem körperlichen Krankheitsprozeß beruht) sowie die wahnhafte Überzeugung von einer äußeren Verfolgung, welche die inneren oder körperlichen Beschwerden vorübergehend mildert.

Es gibt einen klinischen Zustand, in dem das Kind weder unfähig noch fähig ist, sich von bösen Objekten durch Ausscheidung zu befreien, da es das in den Fäzes enthaltene verfolgende Element zu sehr fürchtet, um den Vorgang zum Abschluß bringen zu können. Symptomatisch für diesen Zustand ist die Verstopfung, bei der die Fäzes (die sich aufgrund der Dehydrierung, während sie im Rektum zurückgehalten werden, verhärten) den Verfolger repräsentieren. Als man diese Theorie entwickelte[7], wußte man noch nicht, daß die Verfolgung bereits einsetzt, wenn die Fäzes sich im Bauch befinden, und daß ihre verfolgende Qualität sich aus dem oral-sadistischen Impuls herleitet.

Es kommt häufig vor, daß Eltern (und Ärzte und Krankenschwestern) die Fäzes fürchten und diese Furcht zum Ausdruck bringen, indem sie den Kindern beständig Abführmittel, Einläufe oder Zäpfchen verabreichen, um für eine Entleerung des Rektums zu sorgen. Einem Kind, das so behandelt wird, bleibt keine Möglichkeit, auf natürliche Weise mit seinen Verfolgungsphantasien ins reine zu kommen. Darüber hinaus führen die Maßnahmen der Eltern leicht zu einer analen Überstimulierung, so daß der Anus als erogene Zone überbetont und die orale Erotik auf ihn verschoben wird. Unter diesen Umständen erhält der Anus eine höhere Bedeutung als erregba-

[7] [J.H.W. van Ophuijsen (1920): »On the Origin of the Feeling of Persecution«.]

res, rezeptives Organ, während die Tatsache, daß er den Durchgang und die Ausscheidung von Substanzen ermöglicht, die nicht länger benötigt werden und potentielle Verfolger darstellen, nicht mehr wichtig erscheint.

Das wohlbekannte und intensive Interesse, das Kinder an den Fäzes und entsprechenden Substituten sowie am Schicksal der Fäzes und ganz generell an Kanalisationssystemen bekunden, ist auf die potentiell verfolgende Qualität der Fäzes zurückzuführen. Entsprechendes gilt für die Urethralfunktionen.

Sobald die genitalen Funktionen vollentwickelt sind, wird möglicherweise der Samen als potentiell verfolgend erlebt, und der Junge muß sich von ihm befreien, um seinen Körper vor einer inneren Beschädigung zu schützen. In diesem Fall empfindet der Mann den Samen als etwas Böses, das in seiner Vorstellung niemals zu einer Zeugung führen kann (selbst wenn er das gesunde Kind, das eine Frau, die er liebt, von ihm empfangen hat, leibhaftig vor sich sieht). Eine weniger ausgeprägte Überzeugung von den bösen Eigenschaften seines Samens erklärt die Besorgnis, die der gesunde Mann um die Frau, die er geschwängert hat, empfindet, mit anderen Worten, sein Gefühl von Väterlichkeit.

Dem entspricht bei der Frau das Gefühl, von einem Mann nur die verfolgenden Elemente, die er selbst fürchtet, bekommen zu können, so daß sie verhindern muß, als Objekt benutzt zu werden, das ihm seine bösen Substanzen abnehmen kann. In dieser Weise können Überreste nicht gelöster innerer Konflikte das Sexualleben beeinträchtigen.

Innerer Reichtum und Komplexität

Somit kann die innere Welt zwar unendlich bereichert werden, in ihrer Komplexität jedoch begrenzt bleiben; Komplexität ist etwas, das sich auf natürliche Weise entfaltet und eine einfache Grundstruktur besitzt.

Interessante Aspekte des Lebens in der inneren Welt und der Beziehung, in der das Individuum zu ihr steht, treten zutage, wenn man untersucht, wie die innere Welt durch eine Psychotherapie dieser oder jener Form verändert wird.

Die »depressive Position« ist für jeden von Interesse, der sich beruflich mit Menschen, gleich welchen Alters, beschäftigt. Auch die Schwierigkeiten, die mit der sehr frühen emotionalen Entwicklung einhergehen, sind nicht nur in theoretischer Hinsicht relevant; sie stellen grundlegende Herausforderungen dar, die jeder Mensch sein ganzes Leben lang immer wieder zu meistern hat. Die Aufgaben bleiben dieselben, im Laufe des Wachstums und der Entwicklung des Menschen aber tritt seine Individualität in diesem realen Kampf, den das Leben darstellt, zunehmend in den Vordergrund.[8]

[8] [An dieser Stelle findet sich im Typoskript eine Notiz:]
Entwöhnen Hier Artikel über die Entwöhnung einfügen
[Wahrscheinlich bezieht sich diese Notiz auf das Kapitel über »Entwöhnung« ([1949] 1969) in D.W. Winnicott: *Kind, Familie und Umwelt.*]
[Eine Randnotiz neben diesem Absatz lautet »umformulieren«.]

2 Entwicklung des Themas der inneren Welt

Einführung

Die innere Welt wird in dieser Beschreibung insofern mit der persönlichen Welt gleichgesetzt, als sie, in der Phantasie des Individuums, von den Ich-Grenzen – und der Körperhaut – umschlossen wird. Wir können diese innere Welt nun als etwas Eigenständiges untersuchen, auch wenn sie im realen Leben eines Menschen natürlich beständig Veränderungen unterworfen ist, die mit Ereignissen in seinen äußeren Beziehungen und mit den Triebimpulsen zusammenhängen, die ihren Höhepunkt erreichen oder nur teilweise Erfolg haben oder überhaupt nicht zur Befriedigung gelangen.

Nach und nach gewinnt die innere Welt eine eigene Stabilität, die Veränderungen jedoch, die in ihr stattfinden, sind an die Erfahrungen gebunden, die das ganze Selbst in äußeren Beziehungen macht. Unbefriedigende[1] Erfahrungen rufen Vorstellungen oder Kräfte hervor oder stärken sie, die als etwas Böses, das sich im Innern befindet, empfunden werden. Sie werden zu inneren Verfolgern, bis sie gebunden oder unter Kontrolle gebracht oder eliminiert werden. Das Kind nimmt ihre Existenz und die von ihnen ausgehende Bedrohung wahr, wenn es Schmerzen empfindet oder kränkelt oder auf gefühlsmäßiges Unbehagen empfindlicher als gewöhnlich reagiert.

Paranoide Lebensweise

Wenn die Zahl der inneren Verfolger wächst und sie eine so starke Bedrohung darstellen, daß das Kind nicht darauf warten kann, durch die (mit einer Erregung verbundenen) Ausscheidung von ihnen befreit zu werden, muß es sie durch Projektion, d. h. magisch, aus seinem In-

[1] Die Bedeutung, die das Wort »unbefriedigend« hier hat, wird später erläutert (siehe S. 159 ff. und 182 ff.).

nern entfernen. Wenn es in der ihm nächststehenden äußeren Welt irgendetwas findet, was als böse wahrgenommen werden kann, dann wird dies zu dem Verfolger, und das paranoide System des Kindes bleibt in der Reaktion auf die äußere, reale Bedrohung verborgen. Wenn nichts Böses verfügbar ist, muß das Kind etwas Verfolgendes halluzinieren; das Ergebnis ist ein Verfolgungswahn. Der Mensch lernt nach und nach, wie er die Welt manipulieren kann, damit sie ihn verfolgt, so daß seine innere Verfolgung auch ohne die Verrückheit des Wahns gemildert wird.

Es ist interessant zu beobachten, wie früh sich die paranoide Lebensweise bereits klinisch manifestieren kann. Möglicherweise entwickelt sich der Zustand, in dem das Kind eine Verfolgung erwartet, aber auch erst, nachdem es bereits eine Reihe von Jahren ohne merkliche Verfolgungstendenzen hinter sich gebracht hat; in einem solchen Fall jedoch ist die Veränderung mit einem schweren Trauma (Gehirnerschütterung, Mastoid-Fensterung) zu erklären, einem zufälligen Zusammentreffen von zwei oder drei widrigen Faktoren. Häufig aber ist es möglich, eine sichere Diagnose bereits im Säuglingsalter zu stellen.

Der Zeitpunkt, zu dem ein paranoides System erstmals in Erscheinung trat, läßt sich in der Anamnese für gewöhnlich eindeutig bestimmen, die Tendenz zu Verfolgung, Mißtrauen und Unfreundlichkeit aber ist nicht selten tatsächlich von Anfang an zu beobachten, wenn es der Mutter (vielleicht ohne ihre Schuld) nicht gelungen ist, eine Beziehung zum Säugling aufzubauen, und ihre ersten Versuche, ihn mit der Welt vertraut zu machen, gescheitert sind.[2]

Vielen Säuglingen mit einer offensichtlich hypersensiblen Veranlagung gelingt es, ein gewisses Vertrauen in die Welt zu entwickeln, wenn ihnen die Fürsorglichkeit, die normalerweise den frühen Phasen vorbehalten bleibt, länger als üblich zuteil wird und die Betreuungsperson sich ungewöhnlich gut anzupassen vermag; und häufig ist es selbst bei älteren Kindern mit einer Verfolgungserwartung möglich, durch besondere Betreuung [management] eine Verbesserung ihres Zustands zu bewirken.

[2] Siehe auch S. 159 ff. und 182 ff.

Eine Psychotherapie leitet die notwendigen Veränderungen ein, indem der orale Sadismus aus der Verdrängung freigesetzt wird; dies ist jedoch nur in einer intensiven, persönlichen analytischen Behandlung möglich.

Depression und die »depressive Position«

Die Depression als Stimmungszustand hat zahlreiche Ursachen:

1. Verlust der Vitalität in Zusammenhang mit der Triebkontrolle in den ersten Augenblicken der Integration dissoziierter Zustände zu einer Ganzheit.
2. Normaler, gesunder Zweifel, nämlich der Zustand der Selbstwahrnehmung im Anschluß an eine Trieberfahrung, bevor in einer Phase der Besinnung Gutes und Böses unterschieden und innere Objekte, Kräfte und Phänomene vorübergehend beherrscht werden können.
3. Der depressive Stimmungszustand kann auftauchen, wenn die Zweifel im Hinblick auf innere Phänomene allzu groß sind; eine allgemeine Lähmung des Lebens der inneren Welt dient als Abwehr. Dieser Zustand stellt eine pathologische Intensivierung der unter 2. beschriebenen Verfassung dar.

Es muß daran erinnert werden, daß der klinische Begriff »Depression« weitere, außerordentlich wichtige Zustände umfaßt, so daß das Konzept der sogenannten »depressiven Position« als Stufe der normalen Entwicklung nicht dazu beitragen kann, (zum Beispiel) die mit der Depersonalisierung verbundene Depression zu erklären.

Die Depression im Säuglingsalter ist ein nicht ungewöhnliches klinisches Phänomen, das eingehend beschrieben wurde; es gibt jedoch bestimmte, selten zu beobachtende körperliche Zustände, die bei der Differentialdiagnostik zu berücksichtigen sind (beispielsweise die Bleivergiftung).

Klein hat (meiner Ansicht nach) nicht behauptet, daß normal entwickelte Säuglinge depressiv werden, d.h. in einen klinischen Zustand depressiver Stimmung geraten, wenngleich sie natürlich weiß, daß dies bei kranken Kindern möglich ist. Sie hat aber behauptet, daß die Fähigkeit, depressiv zu werden, eine reaktive Depression zu entwickeln und um einen Verlust zu trauern, weder angeboren ist noch eine Krankheit darstellt; sie ist vielmehr das Resultat eines gesunden emotionalen Wachstums, so daß man sagen kann, daß jeder gesunde Säugling diese Fähigkeit irgendwann im Laufe seiner Entwicklung erwirbt. Man hat dieses Entwicklungsstadium als »depressive Position in der emotionalen Entwicklung« bezeichnet, und wenn sich ein besserer Begriff anbieten sollte, kann man diesen verwenden. Das wichtige Merkmal dieser Position ist die neuerworbene Fähigkeit des Säuglings oder Individuums, die Verantwortung für die mit dem Liebesimpuls immer verknüpften destruktiven Anteile zu übernehmen, ebenso wie auch für die Wut über die Frustration, die aufgrund der grenzenlosen Forderungen des Säuglings unvermeidlich ist.

Die manische Abwehr

Ein wesentliches Element der gesunden Entwicklung ist eine gewisse Ernsthaftigkeit, ein Infragestellen des eigenen Selbst, ein Bedürfnis nach Phasen der Besinnung und eine gewisse Neigung zu Phasen der Hoffnungslosigkeit. Diese Stimmungen können sich vorübergehend gewissermaßen in ihr Gegenteil verkehren, so wie ein Urlaub das Gegenteil von Arbeit darstellt.

Beim Gesunden ist die Depression als Möglichkeit vorhanden, aber im Kern der Persönlichkeit verborgen. Das ist ein Zeichen für Gesundheit. Diese »Depression« manifestiert sich in einer gewissen Fähigkeit zum Ernstsein sowie in Zweifeln, die sich leicht als geringfügige Störungen der körperlichen Gesundheit niederschlagen können. Sie tritt auch in Form einer verleugneten Depression zutage, die sich hinter der Fröhlichkeit, der ruhelosen Aktivität und allgemeinen Lebhaftigkeit verbirgt, die wir in unserer Vorstellung mit der frühen Kindheit verbinden. Somit äußert sich die manisch-depressive Schwingung in dem normalen emotionalen Auf-und-Ab der Kindheit, dem unvermittelten Wechsel zwischen Lebhaftigkeit und heftigem Kummer, zwischen Betrübtheit und großer Freude.

Abgesehen von dem besonderen Fall der Deprivation tritt die depressive Stimmung bei Kindern selten als solche zutage. Für gewöhnlich verbirgt sich die Depression hinter einer Art von Unwohlsein, das durch die besorgten Bemühungen der Mutter gelindert wird. Die Verleugnung der Depression verbirgt sich hinter einer übertriebenen Lebhaftigkeit. Die häufigste Diagnose in einer Kinderklinik ist der Zustand, der als »allgemeine nervöse Unruhe« bezeichnet wird; er entspricht der »Hypomanie« Erwachsener und läßt auf die Verleugnung der zugrundeliegenden Depression schließen. Man könnte sagen, daß die Fähigkeit zur Depression gefährdet ist und es dem Kind durch die Organisation ihrer Verleugnung gelingt, sich diese Fähigkeit zu bewahren. Die Alternative wäre ein schwerer Rückfall der emotionalen Entwicklung auf einen Zustand, der vor der Integration und somit vor dem Erreichen der »depressiven Position« bestanden hat – mit anderen Worten, der Wahnsinn.

Bei älteren Kindern können wir eine organisierte manisch-depressive Erkrankung beobachten, die dem Krankheitsbild Erwachsener in doppelter Hinsicht ähnelt; aber hier begegnet uns etwas Ungewöhnliches, nämlich eine organisierte Krankheit. Die allgemeine nervöse Unruhe (Hypomanie) stellt (im Gegensatz dazu) einen klinischen Zustand dar, der bei fast normalen Kindern auftreten kann; es gibt keine scharfe Abgrenzung zwischen dieser Unruhe und der leicht wiederzuerkennenden Labilität der Säuglingszeit und frühen Kindheit, einer Lebensphase, in der die Tränen sich mit großer Freude mischen und die Freude vom Kummer gedämpft wird.

Die entscheidende Tatsache, die die manische Abwehr verleugnet, ist der Tod in der inneren Welt oder eine Leblosigkeit, die sich auf alles erstreckt; die Betonung liegt in der manischen Abwehr auf dem Leben, auf der Lebendigkeit, der Verleugnung des Todes als abschließendes Faktum des Lebens.

Die Einsicht in die Beziehung zwischen den Stimmungsschwankungen und der im Kern der Persönlichkeit verankerten Fähigkeit zur Besorgnis ist für das Verständnis des normalen Kinderverhaltens sowohl in der Familie als auch in der Schule von erheblichem Wert.

3 Psychotherapeutisches Material unterschiedlicher Herkunft

In der psychoanalytischen Behandlung sucht man fortwährend nach Anhaltspunkten, die auf die eigentliche Quelle des Materials, das zur Deutung angeboten wird, schließen lassen.[1]

An diesem Punkt ist es für den Leser vielleicht hilfreich, wenn wir uns das vielfältige Material ansehen, das Patienten in die Analyse einbringen. Man kann dieses Material nach unterschiedlichen Typen klassifizieren, wenngleich der Analytiker in der Durchführung einer Behandlung natürlich immer auch auf Mischformen vorbereitet ist. Zunächst sind einige Hinweise über die Aufnahme einer psychoanalytischen Behandlung im Gegensatz zur Spieltherapie oder Gruppenarbeit jeder Art vonnöten. In der Psychoanalyse beginnt eine Behandlung in dem Augenblick, in dem der Analytiker die erste Deutung gibt, die irgendeinen Aspekt des Materials bewußt macht, den der Patient zwar in dieser oder jener Form zum Ausdruck bringen konnte, aber bislang nicht wirklich wahrgenommen hat (eine Ausnahme bildet die Analyse des psychotischen Patienten, die sich seinen Bedürfnissen anpassen muß).

Um ein Beispiel zu nennen: Ein dreijähriger Junge baut aus drei Klötzen einen Tunnel, danach nimmt er zwei Züge und läßt sie im Tunnel kollidieren. Deutung: In deinem Innern sind Menschen, und du hältst sie fest, läßt sie zusammenstoßen oder hältst sie voneinander entfernt; du sagst mir etwas über Mutter und Vater und darüber, wie sie sich lieben oder streiten, und du scheinst von all dem ausgeschlossen zu sein. (Der Junge bekam einen akuten Asthmaanfall, als er die Züge zusammenstoßen ließ, und die Deutung, die in diesem Fall binnen drei Minuten nach Beginn der Analyse gegeben wurde, linderte den Anfall augenblicklich.) Dem Leser wird auffallen, daß ich

[1] *Notiz zur Überarbeitung:* Psychoanalyse beginnt mit Patient + → Entwikkeln des Themas für den unbewußten Kooperationsprozeß, Entwicklung und Verwendung der Intimität, Selbstoffenbarung, »Überraschungen«.

hier keine Übertragungsdeutung gab; als Analytiker profitierte ich zu diesem frühen Zeitpunkt einzig von dem Vertrauen auf andere Menschen, das der Junge in die Analyse einbrachte. Er brachte bestimmte Erwartungen mit in die Behandlung, die auf Einstellungen der Eltern beruhten, an die er sich bereits gewöhnt hatte, und war vielleicht auch von dem beeinflußt, was man ihm über die bevorstehende Behandlung erzählt hatte. Nichtsdestoweniger hatte die Behandlung begonnen, sobald ich diese Deutung gegeben hatte, und das gesamte nachfolgende Material war von der Tatsache beeinflußt, daß ich als ein Mensch in das Leben des Jungen getreten war, der bestimmte Sachverhalte in Worte fassen kann, objektiv mit einer gefühlsgeladenen Situation umgehen kann sowie Konflikte zu ertragen und Anteile des Patienten zu erkennen vermag, die schon nahezu bewußt sind und somit als Selbst-Phänomene anerkannt werden können.

Hätte ich in diesem besonderen Fall meine Deutung nicht gegeben, so wäre das Kind mit Asthma nach Hause gegangen, und die Behandlung wäre bereits im Ansatz gescheitert. In vielen Fällen jedoch besteht kein Grund zur Eile; das Kind hat eine gewisse Vorstellung von der Behandlung, mit der der Analytiker, während er nach und nach Informationen sammelt, arbeiten kann, bevor er entscheidet, welche Art von Deutung am besten geeignet sein mag, die intensivere Behandlungsarbeit in Gang zu bringen.

Die Kooperation des Patienten ist in der Hauptsache unbewußt, die Art des vorgebrachten Materials aber hängt von der Sprache des Analytikers ab. Der Patient (wie jung er auch sein mag) weiß sehr wohl einzuschätzen, wie der Analytiker am liebsten arbeitet und am einfachsten hinters Licht geführt werden kann.

Die Inhalte einer Analyse (von Kindern oder Erwachsenen) läßt sich grob in folgende Typen klassifizieren[2]:

1. Äußere Beziehungen zwischen ganzen Personen.
2. Charakteristische Ausschnitte der inneren Welt und Bearbeitungen des Phantasielebens, die entweder innerlich oder in der Außenwelt lokalisiert werden.

[2] *Notiz zur Überarbeitung:* Klassifizierung anhand der Umwelt hinzufügen.

3. Intellektualisiertes Material, das analytisch durchgearbeitet werden kann, aber dieses Durcharbeiten muß eine andere Form haben, indem das Material mit Gefühlen verknüpft wird und sich in der Übertragungsbeziehung wiederholt.
4. Material, das in erster Linie auf die Strukturschwächen des Ichs verweist, auf den drohenden Verlust der Beziehungsfähigkeit und die Gefahr des Gefühls von Unwirklichkeit und Depersonalisierung.

1. Dieses Material wird in der Sprache meines ersten Kapitels [s. S. 113 ff.] analysiert; dabei wird gedeutet, was in der Übertragungssituation gerade bewußt zu werden beginnt; Inhalt der Analyse sind Trieberfahrungen und Phantasien, die sich auf der Grundlage von Körperfunktionen entwickeln, und das Ziel des Analytikers ist die quantitative Verringerung der Verdrängungsarbeit. Die besonderen Bedingungen des analytischen Setting ermöglichen es dem Patienten, das neugewonnene Potential, das ihm infolge der Verringerung des Verdrängens zur Verfügung steht, zu organisieren und für seine Beziehungen fruchtbar zu machen.

Als Beispiel für diese Art von Material schildere ich ein Detail aus der Analyse desselben kleinen Jungen. Eines Tages stieg er die Treppen zum Behandlungszimmer herauf und warnte mich: »Ich bin Gott«. So wußte ich, daß ich ihm als eine böse Person dienen sollte, die Bestrafung verdient hatte. Das Gefühl war ungeheuer intensiv. Bald hatte er es geschafft, die Situation so zu gestalten, daß er auf einem Tisch in der Mitte des Zimmers stand und ich weit genug von ihm entfernt war, so daß er mich täuschen konnte. Obwohl ich besonders vorsichtig gewesen war, schlug er mich mit einem Stock, den er versteckt hatte, zwischen die Augen. Er hatte sich mit einer mächtigen und strengen Gestalt seiner inneren Welt identifiziert, während ich für ihn den Sohn im ödipalen Dreieck darstellte und getötet werden mußte. Wieder mußte ich rasch eine Deutung geben, bevor weitere Überlegungen, z.B. der Gedanke, daß es ihm eigentlich leid tun müßte, mich verletzt zu haben, auftauchen konnten. In dem Material, das im Augenblick im Vordergrund stand, war für Kummer oder

Schuldgefühle kein Platz. Ähnliches, allerdings weniger angsterfülltes Material hatte mir die genaue Bedeutung dessen, was in diesem spannungsgeladenen Moment geschah, bereits klar gemacht, und bei anderen Gelegenheiten waren die Rollen vertauscht gewesen, so daß er selbst große Angst gehabt hatte. Dieses Material kann man, ebenso wie jedes andere, bis zu einem gewissen Grad als charakteristischen Ausschnitt des Lebens in der inneren Welt betrachten. Gleichwohl war es in erster Linie Ausdruck der unbewußten Phantasien, die in der interpersonalen Beziehung zwischen ihm selbst und mir, zwischen zwei ganzen Personen, lebendig wurden.

2. Als Beispiel für die Darstellung der inneren Welt in der Analyse mag das Spiel eines Kindes dienen, das den Tisch auf besondere Weise verwendet und sein Spiel auf die durch den Tisch vorgegebenen Grenzen beschränkt. Selbstverständlich gibt es eine Welt, die in diesem Ausschnitt nicht repräsentiert ist. Dennoch aber stellt er, wie wenn ein Kapitel zu einem Roman geschrieben würde, ein Stück Leben dar. In diesem Leben gibt es gute und böse Gestalten, und wir begegnen sämtlichen Abwehrmechanismen, die für die innere Welt eines Kindes charakteristisch sind, das bereits über eine integrierte Persönlichkeit verfügt und Verantwortung für die Fülle an Erinnerungen, Gefühlen und Trieben übernommen hat, die das Selbst konstituieren. Vielleicht geschehen Dinge, die von Gewalt erfüllt sind, so daß die Grenzen dieser Welt überschritten werden, aber diese Verletzung der Grenzen ist als eigenständiges Phänomen wichtig. Häufig wollen Kinder den Raum abdunkeln, und es ist dann ziemlich klar, daß der Analytiker sich im Innern des Kindes befindet und dort, seinen Anweisungen entsprechend, mal diese, mal jene Rolle spielt. Die Welt wird von der Magie beherrscht, und das Kind übt magische Kontrolle aus, indem es Befehle erteilt, mit denen es sich den Analytiker unterwirft, die im Zimmer befindlichen Gegenstände verwandelt und die Regeln nach Belieben ändert. Wenn das Zimmer auf diese Weise verwandelt wurde, so daß seine Wände die Ichgrenzen des Kindes repräsentieren, verändert sich in gewissem Umfang auch die äußere Welt, indem sie ausgeschlossen wird. Der Übergang von innen nach außen ist schwie-

rig, und das Ende der Stunde muß sehr sorgfältig vorbereitet und gehandhabt werden. Wenn der Analytiker ein in sich zurückgezogenes Kind behandelt, findet er eine Welt vor, die künstlich gut gemacht worden ist, indem böse Kräfte und Objekte nach außen verlagert wurden. In einem solchen Fall wird der Analytiker in eine endlose Folge magischer Handlungen verwickelt, und dem Kind erscheint es ganz sonderbar, wenn er nicht weiß, was es von ihm erwartet. Das Kind kann fliegen, und natürlich soll der Analytiker es rund ums Zimmer tragen und schließlich in dem Nest absetzen, das sich oben auf dem Schrank befindet. Nun liegen all die verfolgenden Kräfte außerhalb des Zimmers auf der Lauer, so daß zuweilen das geringste Geräusch panische Angst auslöst. Sollte versehentlich eine dritte Person das Zimmer betreten, kann dies katastrophale Folgen haben, so daß die Beendigung der Stunde besonders sorgfältig bearbeitet werden muß. Dieses Material aus der inneren Welt wird durch die Anwesenheit des Analytikers in ebendieser Welt beeinflußt, vor allem dann, wenn es ihm nach und nach gelingt, sehr rasch zu verstehen, was vonnöten ist, und er dem Bedürfnis des Kindes nach magischer Kontrolle gerecht werden kann. Während der Analytiker, der über die Objektivität und Realitätswahrnehmung verfügt, die das Kind verloren hat, sehr sensibel je nach Erfordernis verschiedene Rollen spielt, trägt er sowohl den magischen Wünschen des Kindes Rechnung als auch seinem Bedürfnis nach Gegebenheiten, die Teil der äußeren Realität sind. Da er selbst in dieses Material, das der Innenwelt entstammt, verstrickt ist, hat der Analytiker nur begrenzte Möglichkeiten, die Phänomene, denen er begegnet, zu deuten. Gleichwohl gibt es im Laufe der Stunde Situationen, in denen Details aus dieser inneren Welt mit Phänomenen in Zusammenhang gebracht werden können, die zu den äußeren Beziehungen des Kindes gehören, ob es sich um das Triebleben des Kindes als ganze Person handelt oder um das Leben, das es innerhalb der vergangenen 24 Stunden kennengelernt und introjiziert hat.

Das Spiel mit einem Kind, das diese Art von Material produziert, macht dem Analytiker die Unzulänglichkeit des Begriffs »Phantasie« [fantasy] bewußt, die manche Analytiker durch eine andere Schreibweise [phantasy] auszugleichen versuchen, um der unbewußten Qualität dieser Phantasie Rechnung zu tragen. Dies ist jedoch nicht zufriedenstellend, zumal die Phantasie nicht völlig unbewußt ist. Der Begriff »psychische Realität« bringt zum Ausdruck, daß der Analytiker versteht, daß die vom Patienten vermittelte Phantasie auf ihre Weise real ist und mit dem, was man gemeinhin als »Phantasieren« [fantasy] bezeichnet, wenig zu tun hat; dieses Phantasieren [fantasying] nämlich unterliegt zu gewissem Grad einer bewußten Steuerung, die unerwünschte Elemente aussortiert. Die Inhalte der psychischen Realität hingegen lassen eine Verleugnung nicht zu, da ausgesondertes Material anderswo untergebracht werden muß.

3. Ein Beispiel für intellektualisiertes Material bieten jene Phasen in einer Analyse, in denen ein Kind, ebenso wie ein Erwachsener, Träume erzählt, Fragen stellt und eine objektive Erörterung der Situation erwartet. In manchen Analysen, insbesondere bei Jugendlichen und Erwachsenen, verläuft die Arbeit vorwiegend auf dieser Ebene. Selbst kleine Kinder verwenden den Analytiker bisweilen auf diese Weise; dies hat jedoch vorbereitenden Charakter und bezieht die direkteren Äußerungen, die nach und nach im Spiel des kleinen Kindes deutlich erkennbar zutage treten, mit ein. Der Unterschied zwischen der Analyse eines kleinen Kindes und der eines Erwachsenen besteht darin, daß das Agieren des Kindes vorwiegend in Gestalt des Spielens in der Behandlungsstunde stattfindet, während ein Erwachsener nahezu ausschließlich in seinem Leben außerhalb der Analyse agiert, weil die Analysearbeit sich auf der verbalen Ebene vollzieht. Der Analytiker ist jedoch auf das kleine Kind im Erwachsenen ebenso vorbereitet wie auf den Erwachsenen im kleinen Kind.

4. Als Beispiel für Spielmaterial, das Angst in bezug auf die Ichstruktur zu erkennen gibt, dient mir der Fall eines kleinen Jungen von sechs Jahren, dessen Anfälle von Raserei auf eine einschneidende Desintegration schließen ließen. Er spielte an einem runden Tisch, baute rings um den Rand Häuser auf und fügte anschließend eine zweite Häuserreihe innerhalb der äußeren hinzu. Die Fläche, die von der inneren

Reihe umgrenzt wurde, ließ wenig Raum für Leben. Man hätte die Details dieses Lebens deuten können, die entscheidende Deutung aber betraf die Überbetonung der Körper- oder Ichgrenzen. Damit übereinstimmend, entwickelte der Junge eine sehr übersteigerte Ich-Bezogenheit. Bei einer anderen Gelegenheit benutzte er viele abgeteilte Fächer der Kamineinfassung, um in jedem Fach einen Ausschnitt aus dem Leben seiner inneren Welt unterzubringen, so daß zwischen den einzelnen Anteilen keine Beziehung möglich war (Dissoziation als Abwehr).

Ein sechsjähriges Mädchen, das sich von einer psychotischen Phase erholt hatte, in der ich ihm im vorangegangenen Jahr hatte helfen können, kehrte auf eigenen Wunsch in mein Zimmer zurück und brachte seine Schwester mit. Während die Schwester die Spielsachen nahm und ganz normal mit ihnen spielte, stellte das Mädchen, das meine Patientin gewesen war, Häuser in einer langen Reihe auf, so daß eine Straße entstand, die sich über die gesamte Breite des Zimmers erstreckte. Nach und nach verstand ich, daß sie mein Haus mit ihrem eigenen, ca. zehn Meilen entfernten Haus verband und gleichzeitig auch die Vergangenheit mit der Gegenwart, und daß sie mir zeigte, welche Mühe es ihr bereitet hatte, im Laufe des Jahres, das seit Beendigung der Behandlung vergangen war, eine Beziehung zu mir aufrechtzuerhalten.

Material, das mit dem Einzug der Psyche in den Körper zusammenhängt, kann sehr unterschiedlicher Art sein. Manchmal wird der Körper verletzt, erregt oder im Spiel eindeutig repräsentiert. Ein liebevoller Kontakt zwischen dem Patienten und dem Analytiker kann sich zu einem hervorstechenden Merkmal entwickeln, das gedeutet werden muß, weil es, ebenso wie jedes andere Material, in der Analyse zu einem bestimmten Zweck produziert wird. Wenn ein Patient so tut, als äße er etwas, kann dies dieselbe Bedeutung haben, wie wenn er tatsächlich irgendetwas mitbringt und verzehrt; möglich sind auch recht direkte sexuelle Annäherungsversuche. Das Kind, das aus Erfahrung weiß, daß sein Material gedeutet werden wird, kann mit verblüffender Unbefangenheit das Material produzieren, das seinen Bedürfnissen in der Stunde entspricht.

4 Hypochondrische Angst

Das Bild des Theoretikers, der sich den Menschen in einer Membran vorstellt, durch die ein Innen und ein Außen voneinander abgegrenzt werden, stimmt mit dem Bild überein, das ein Kleinkind von sich selbst oder einem Mitmenschen malen würde. Das kleine Kind ist mit seinem Innern und den inneren Phänomenen, die ich beschrieben habe, beschäftigt, und sein Interesse betrifft Körper und Psyche zugleich. An ebendiesem Punkt gewinnt der Begriff »psycho-somatisch« seine spezifische Bedeutung.

Zu Anfang sind Körper und Psyche aus der Sicht des Babys schlicht ein und dasselbe. Auf dieser Grundlage entwickelt sich eine Situation, in der *Entgleisungen der Gesundheit* mit Selbst-*Zweifeln* identisch sind. Das eigentliche Problem des Hypochonders, gleich welchen Alters, ist nicht die Krankheit, sondern der Zweifel. Es geht um das Problem des Gleichgewichts der inneren »guten« und »bösen« Kräfte, und dies gilt für den Säugling ebenso wie für den psycho-somatisch Kranken und den intellektuellen philosophischen Zweifler.

Die Gesundheit des Körpers wird, soweit der Mensch sie wahrnimmt oder registriert, in Phantasien übertragen, und gleichzeitig werden die Inhalte der Phantasien in körperliches Erleben übertragen. So können sich Schuldgefühle in Erbrechen äußern, oder das (möglicherweise körperlich verursachte) Erbrechen kann als Verrat des geheimen inneren Selbst und somit als Katastrophe empfunden werden. Der von Krankheiten freie, gesunde Körper dient dem Säugling, der mit Zweifeln hinsichtlich seiner Psyche zu ringen hat, als nachhaltige Selbstbestätigung, während psychische Gesundheit die gesunden Körperfunktionen einschließlich der Ernährungs-, Verdauungs- und Ausscheidungsvorgänge unterstützt.

An ebendiesem Punkt der Entwicklung sollte die psycho-somatische Grundlagenforschung ansetzen. Hier liegt die Basis zur Untersuchung der komplexen Verflechtungen physischer und psychischer Störungen. Der Psychiater findet hier eine Erklärung für zahlreiche Äußerungsformen der Depression und Hypochondrie (sowie der Paranoia, die später betrachtet werden soll), und darüber hinaus begegnen ihm in der Psychiatrie der frühen Kindheit Krankheitsbilder, die noch relativ unbeeinflußt von den Begleiterscheinungen einer »geistigen« Erkrankung oder »intellektuellen« Sekundärbildungen sind. Den Psychoanalytiker freilich wird dieser Bereich am meisten interessieren; die Untersuchung der ursprünglichen, unmittelbaren Verbindung zwischen dem Körper der Kleinkindes und den ihn betreffenden Gefühlen und Phantasien kann für die Erforschung der Konversionshysterie von Nutzen sein.

IV

Von der Triebtheorie zur Ich-Theorie

Einleitung: Primitive emotionale Entwicklung

Ein wenig willkürlich verwende ich drei verschiedene Darstellungsweisen, um die sehr frühen Phänomene der emotionalen Entwicklung zu beschreiben.[1] Zunächst werde ich folgende Themen erörtern:

A. Die Entwicklung einer Beziehung zur äußeren Realität, daran anschließend
B. Die Integration des vereinheitlichen Selbst, ausgehend von einem unintegrierten Zustand[2], sowie
C. Der Einzug der Psyche in den Körper.

Wenn ich die Entwicklung näher betrachte, drängt sich mir keine klare Abfolge auf, an der ich meine Vorgehensweise orientieren könnte.

Der Leser wird feststellen, daß unsere Untersuchung sich um so eingehender mit der Rolle der Umwelt oder im psychotherapeutischen Bereich mit Fragen der Rahmenbedingungen und des Milieus beschäftigen wird, je weiter wir die Entwicklung des Menschen zurückverfolgen. Der Übersichtlichkeit halber habe ich mich jedoch entschlossen, dieses umfangreiche Thema, die äußeren Einflüsse, in einem gesonderten Kapitel (S. 212 ff.) zu behandeln, denn welche Bedeutung wir der Umwelt auch immer beimessen mögen, gilt unser Hauptaugenmerk doch dem Individuum, das dieser Umwelt Bedeutung verleiht.

[1] Siehe D.W. Winnicott ([1945] 1983), »Die primitive Gefühlsentwicklung«, ein Beitrag, in dem dieses Thema auf andere Weise behandelt wird.

[2] *Notiz zur Überarbeitung:* Unintegriertheit ↔ Integration.

1 Das Aufnehmen von Beziehungen zur äußeren Realität

Erregte und ruhige Beziehungen

Es ist hilfreich, zwischen zwei Formen von Beziehungen zu unterscheiden, nämlich zwischen »erregten« und »ruhigen« Beziehungen.

Wir stellen uns nun ein Baby vor, das zum erstenmal gestillt werden soll. In diesem Baby baut sich eine Triebspannung auf. Eine Erwartung entwickelt sich, ein Zustand, in dem das Baby damit rechnet, irgendetwas irgendwo zu finden, ohne wirklich zu wissen, was. Im ruhigen oder nicht erregten Zustand gibt es keine Erwartung, die damit vergleichbar wäre. Ungefähr im rechten Augenblick bietet die Mutter dem Baby die Brust an.[1]

Wenn die Mutter in der Lage ist, sich ihrer Aufgabe voll und ganz zu widmen, kann sie die Bedingungen schaffen, die zur Entwicklung erregter Beziehungen notwendig sind; auf diese Aufgabe ist sie biologisch perfekt vorbereitet.

Dieser theoretische erste Stillvorgang findet also nun wirklich statt, wenn man einmal davon absieht, daß es sich in der Realität weniger um ein einmaliges Geschehen als vielmehr um den allmählichen Aufbau von Erinnerungen an eine Vielzahl solcher Stillsituationen handelt. Wir dürfen behaupten, daß das erste Stillen aufgrund der extremen Unreife des neugeborenen Babys als emotionale Erfahrung keinen signifikanten Stellenwert besitzt. Dennoch steht außer Frage, daß die Aufgabe der Mutter ungeheuer erleichtert wird, wenn das erste Stillen problemlos verläuft, so daß der Kontakt geknüpft ist und das Muster der nachfolgenden Mahlzeiten auf dieser ersten Erfahrung aufbauen kann. Wenn die ersten Stillversuche jedoch mißlingen, entstehen möglicherweise enorme Schwierigkeiten; mitunter stellt sich tat-

[1] Wir haben es mit einem überaus komplizierten Sachverhalt zu tun, und ich werde seine Darstellung nicht noch zusätzlich erschweren, indem ich einen Brust- oder Muttterersatz mitberücksichtige.

sächlich heraus, daß dauerhaft unsichere Beziehungen auf ein frühes Versagen im Umgang mit dem Kind zurückgeführt werden können.

In der (theoretisch angenommenen) ersten Stillsituation ist das Baby bereit, die Brust zu erschaffen, und die Mutter ermöglicht ihm die Illusion, die Brust und alles, was sie an Bedeutung umfaßt, durch seinen bedürfnisbedingten Impuls erschaffen zu haben.

Diagramm 3

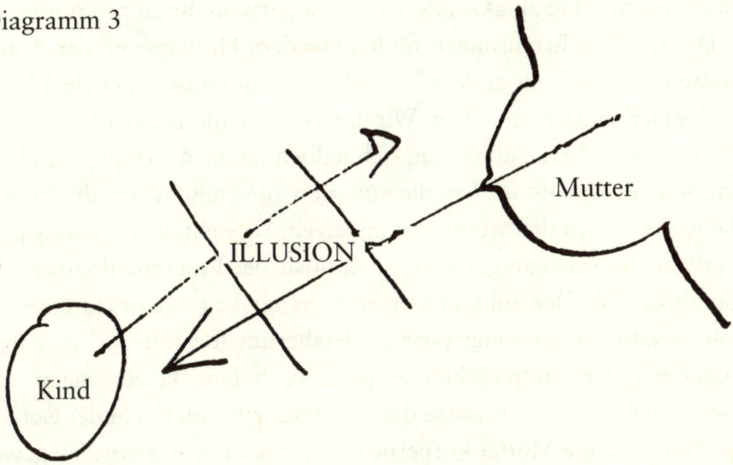

Als kluge Philosophen wissen wir natürlich, daß das, was das Baby erschaffen hat, nicht das war, was ihm die Mutter zur Verfügung stellte; aufgrund ihrer außerordentlich sensiblen Anpassung an die (emotionalen) Bedürfnisse des Säuglings ist die Mutter jedoch in der Lage, dem Baby diese Illusion zuzugestehen. Wenn ihr dies nicht hinreichend »gut« gelingt, hat der Säugling keine Möglichkeit, irgendwelche Hoffnungen auf erregte Beziehungen zu Objekten oder Menschen in der realen Welt, wie der Beobachter sie nennt, zu entwickeln, in der äußeren oder gemeinsamen Realität, der Welt, die nicht vom Säugling erschaffen wurde.

Zunächst also paßt sich die Mutter dem Bedürfnis des Säuglings nahezu vollkommen an und vermittelt ihm auf diese Weise die Illusion, äußere Objekte erschaffen zu haben. Nach und nach nimmt sie ihre Fähigkeit zur Anpassung an (emotionale) Bedürfnisse zurück, aber der Säugling besitzt Mittel und Möglichkeiten, mit dieser Veränderung fertig zu werden. Es ist irreführend zu denken, daß der Säugling seinen Realitätssinn entwickelt, indem die Mutter nachdrücklich auf der Äußerlichkeit äußerer Dinge beharrt. In der Terminologie dieses Kapitels sind die Schlüsselbegriffe Illusion und Desillusionierung. Zunächst muß ihm die Illusion zugestanden werden. Erst danach hat der Säugling eine Vielzahl von Möglichkeiten, die Desillusionierung zu akzeptieren und sogar von ihr zu profitieren.

Die erregten Erfahrungen finden vor dem Hintergrund der Ruhephasen statt, die eine andere Form der Beziehung zwischen dem Baby und seiner Mutter darstellen. Wir untersuchen hierbei einen Säugling, der in hohem Maße abhängig, sich jedoch dieser Abhängigkeit überhaupt nicht bewußt ist. Um die Situation zu vereinfachen, dürfen wir die Anwesenheit der Mutter voraussetzen. Sie stellt dem Säugling jene Umwelt zur Verfügung, die ein unauflöslicher Bestandteil seiner Abhängigkeit ist. Der vollkommenen Abhängigkeit entspricht eine absolut exakte Anpassung; oder, andersherum formuliert: Unzulänglichkeiten der mütterlichen Anpassung haben Verzerrungen der individuellen Lebensprozesse des Säuglings zur Folge. Vor der Geburt des Babys ist die Mutter körperlich als Umwelt verantwortlich gewesen, und nach der Geburt setzt sie diese körperliche Fürsorge, die einzige Ausdrucksform der Liebe, die der Säugling zu Beginn wahrzunehmen vermag, fort. Vor dem Zeitpunkt, an dem wir einen ersten Stillversuch postulieren können, haben bereits unzählige Episoden erfolgreicher und gescheiterter Anpassung stattgefunden. Wenn das Baby, theoretisch, zum erstenmal gestillt wird, verfügt es bereits über bestimmte Erwartungen und Erfahrungen, durch welche die Situation in stärkerem oder geringerem Maße erschwert wird. Wenn die Komplikationen nicht allzu groß sind, geschieht etwas sehr Einfaches. Es ist schwierig, die passenden Worte zu finden, um diesen schlichten Vorgang zu beschreiben; man kann jedoch sagen, daß der Säugling durch seine innere Lebendigkeit und den Aufbau einer Triebspannung veranlaßt wird, irgendetwas zu erwarten, etwas zu suchen. Schon bald wird diese Suche in einer impulsiven Handbewegung oder der Hinwendung des Mundes zu einem vermuteten Objekt zum Ausdruck kommen. Meiner Ansicht nach kann man mit Recht behaupten, daß der Säugling in diesem Moment bereit ist, etwas zu erschaffen. Er würde ein Objekt halluzinieren, wenn ihm entsprechende Erinnerungen für diesen kreativen Vorgang zur Verfügung stünden, aber bezogen auf den theoretisch angenommenen ersten Stillversuch können wir solche Erinnerungen nicht voraussetzen. In dieser Situation ist das Neugeborene der Schöpfer der Welt. Sein Motiv ist ein Ich-Bedürfnis; wir können miterleben, wie sich das Bedürfnis allmählich in ein Begehren verwandelt.

Die Mutter, die die primitiveren Bedürfnisse auf recht einfache Weise zu befriedigen vermochte, indem sie dem Säugling ihre körperliche Fürsorge zuteil werden ließ, hat nun eine neue Aufgabe zu erfüllen. Sie muß einem ganz bestimmten kreativen Moment gerecht werden und intuitiv auf diese neue Rolle vorbereitet sein; möglich wird ihr dies, weil sie sich mit dem Säugling identifizieren kann und weil sie sein Verhalten genau beobachtet. Die Mutter wartet darauf, entdeckt zu werden, und dabei ist es gar nicht notwendig, daß sie intellektuell begreift, daß der Säugling sie selbst erschaffen muß, daß sie ihre Rolle spielen und von jedem Säuglings aufs neue erschaffen werden muß.

Die Mutter, die selbst gerade erhebliche Strapazen durchgemacht hat, steht vor einer außerordentlich schwierigen Aufgabe. Sie muß über eine bestimmte Potenz verfügen, die weder durch die übervolle Brust noch durch die vollkommen leere Brust angemessen repräsentiert wird. Ihr Wissen um die genitale Potenz ihres Ehemanns ist für sie eine große Hilfe. Irgendwie gelingt es ihr, eine potentielle Erregung zu entwickeln, die schließlich den Milchfluß aktiviert. Niemand erwartet in dieser Situation eine perfekte Anpassung von ihr. Glücklicherweise ist der Säugling nicht auf ein ganz bestimmtes Verhaltensmuster angewiesen. Wenn alles gut geht, kann er die Brustwarze entdecken, und dies ist, ganz abgesehen vom Stillen selbst, an sich bereits ein ungeheures Ereignis. Theoretisch gesehen, ist es sehr wichtig, daß der Säugling dieses Objekt *erschafft*, während sich die Aktivität der Mutter darauf beschränkt, ihm das Auffinden der Brustwarze im rechten Augenblick zu ermöglichen, so daß es tatsächlich ihre Brust ist, die das Baby erschafft. Für die Mutter ist es zweifellos von großer Bedeutung, daß das Baby die Brustwarze auf diese kreative Weise entdeckt. Eine derart sensible Beziehungsaufnahme setzt bestimmte Bedingungen voraus, und man muß einräumen, daß die rechten Bedingungen nicht immer gegeben sind, da man auf den Entbindungsstationen dazu neigt, gerade diesen Aspekt zu ignorieren, der für die Beziehung des Säuglings zu der Welt, in der er – wie wir ja schon wissen – leben wird, von derart grundlegender und entscheidender Bedeutung ist.

Wenngleich der Säugling die Fähigkeit zu erregten Beziehungen erst nach und nach entwickelt, weil er die Stillsituation (und andere Formen der Erregtheit) immer wieder erlebt, dient das erste Stillen in einer theoretischen Betrachtung als Prototyp, und in der Praxis sollten wir unsere Bemühungen darauf konzentrieren, dem ersten Stillversuch bessere Bedingungen einzuräumen.

Wenn alles gut geht, wird die Beziehung möglicherweise in wenigen Augenblicken geknüpft; tauchen jedoch Schwierigkeiten auf, so benötigen Mutter und Säugling möglicherweise lange Zeit, um sich aufeinander einzustellen. Nicht selten mißlingt dies von Anfang an, so daß beide Beteiligten viele Jahre lang, wenn nicht gar für immer, unter den Folgen dieses anfänglichen Scheiterns leiden werden.

Wir müssen davon ausgehen, daß die Beziehungsaufnahme in manchen Fällen unweigerlich mißlingen muß, da Babys sehr unterschiedlich sind und nicht alle Mütter die Potenz ihrer Brust im rechten Augenblick realisieren können. Gleichwohl wäre ein solches Scheitern, das für die Entwicklung des Säuglings verheerende Folgen hat, nicht selten völlig unnötig; das Baby ist bereit gewesen, und die Mutter ist bereit gewesen, aber die Umstände waren nicht hinreichend günstig, oder eine dritte Person hat sich störend eingemischt. Hier kommt die Psychologie der Ärzte, Hebammen und Säuglingsschwestern ins Spiel, die für die Mütter, die gerade entbunden haben, und die neugeborenen Babys verantwortlich sind. Die Krankenschwestern, die sich in dieser frühen Lebensphase um den Säugling kümmern oder den Müttern in den ersten Wochen nach der Entbindung zur Seite stehen, werden auf diese Aufgabe nicht speziell vorbereitet. Ganz offensichtlich bereitet die Anbahnung der Beziehung zwischen dem Säugling und der Mutter vielen durchaus normalen, gesunden Frauen große Angst, denn wie sonst wäre es zu erklären, daß Krankenschwestern, die ansonsten durchaus geschickt und freundlich sind, so häufig dazu neigen, sich eine Verantwortung anzumaßen, die eigentlich Sache der Mutter ist, ihr die Dinge aus der Hand zu nehmen und den Babys die Brust regelrecht aufzuzwingen. Es ist gar nicht so selten, daß Säuglingsschwestern – in bester Absicht – das Baby von oben bis unten fest in eine Decke einwickeln, so daß seine Hände keinen Bewegungsspielraum haben, seinen Mund gegen die Brust pressen und sich unverhohlen dazu bekennen, daß sie entschlossen sind, das Baby, koste es, was es wolle, *zum Trinken zu bewegen*.

Wenn überhaupt, dann kommen Theorie und Praxis an diesem Punkt zusammen. Die meisten Säuglingsschwestern sind nicht deshalb ängstlich, weil sie neurotisch sind, sondern weil ihnen niemand gesagt hat, daß das Baby die Brust erschafft und die Mutter innerlich ganz auf die Aufgabe, sich seinem Bedürfnis anzupassen, eingestellt ist, auf die Kunst, dem Baby die Illusion zu vermitteln, daß das, was es aufgrund seines Bedürfnisses und durch seinen Impuls erschaffen hat, real existiert.

Ich möchte hinzufügen, daß einige Krankenschwestern dies intuitiv verstehen und Freude daran haben, einen äußeren Rahmen zu schaffen, in dem das Baby und die Mutter sich ungestört kennenlernen und aufeinander einstellen können.

Wir haben es hier mit einer durchaus praktischen Frage zu tun. Der sicherste Weg, einem Säugling die Brust zu verleiden oder gar eine generelle Eßhemmung zu erzeugen, besteht darin, dem Baby die Brust so aufzudrängen, das ihm jede Möglichkeit verwehrt ist, selbst zum Schöpfer des Objekts zu werden, das von ihm gefunden werden muß. Vielleicht ist die Tatsache, daß der Säugling das Bedürfnis hat, die Mutterbrust selbst zu erschaffen, die wichtigste Information, mit der der Psychologe, wenn sein Wissen von der Gesellschaft akzeptiert wird, zur psychischen Gesundheit ihrer Mitglieder beitragen kann. Zudem betrifft dieses Thema nicht nur die spätere psychische Gesundheit des neugeborenen Individuums.

Es mag sein, daß ich die falschen Worte verwende. Vielleicht könnte man das Wort »erschaffen« durch einen anderen Begriff ersetzen, der allgemein verständlicher oder akzeptabler erscheint. Die Begriffe sind unwichtig. Was zählt, ist die Frage, wie wir allen Personen, die für neugeborene Babys verantwortlich sind, vermitteln können, daß die erste Erfahrung einer erregten Beziehung zwischen dem Säugling und der Mutter von immenser Bedeutung ist. Hier ergeben sich Schwierigkeiten, die in der Sache selbst liegen. Hebammen und Ärzte spielen für die Mutter eine entscheidende Rolle, weil sie einiges tun können, um die mit der Geburt verbundenen Gefahren abzuwenden und die Mutter physisch zu unterstützen, wenn ihre Kräfte erschöpft sind. Im Laufe einer mühseligen Lernzeit haben sie sich spezielle Kenntnisse und Fertigkeiten angeeignet. Dieselben Säuglingsschwestern und Ärzte sehen gar keine Veranlassung, der Mutter die Aufgaben zu übertragen, die ihr zukommen und die sie allein wahrzunehmen vermag. Alles, was die Säuglingsschwester in dieser Situation tun kann, besteht darin, einen Rahmen zu schaffen, der es der Mutter erlaubt, sich ihrem Säugling mit größtmöglicher Sensibilität anzupassen. Man muß ihr die Chance geben, sich natürlich verhalten zu können und ihren eigenen Zugang zu ihrem Baby zu finden, wie es Mütter seit den Anfängen der Menschheitsgeschichte und sogar schon früher, noch vor der Evolution des Menschen von den Säugetieren, getan haben.

Es leuchtet ein, daß der erste Kontakt zwischen dem Baby und der Mutter auf die Säuglingsschwester eher wie ein Spiel wirken kann; man könnte ihn sogar tatsächlich als Spiel bezeichnen, während die Schwester, die die Verantwortung trägt, wahrscheinlich eher die Vorstellung haben wird, daß Arbeit vonnöten ist. Der Kinderarzt jedoch weiß sehr wohl, daß ein Säugling nicht unmittelbar nach der Geburt Milch benötigt. Das Baby, das die Brust entdeckt hat und dessen Mutter jederzeit bereit ist, die Brustwarze im richtigen Augenblick zu seiner Hand und an seinen Mund zu führen, kann sich mit dem Saugen, wenn nötig, Zeit lassen. Vielleicht kaut es zunächst einmal nur auf der Brustwarze herum; jedes Baby hat von Anfang an seine eigene Technik, die es mitunter auch beibehält, so daß sie sich später als Maniertheit zeigt. Der Beobachter, der diese Beziehungsaufnahme untersucht, wird reich entlohnt werden. Ich halte Merrill Middlemores Beschreibung der ungemeinen Sorgfalt, mit der sie sich bemühte, die Stillsituation zu beobachten, ohne die Säuglingsschwestern, die Mütter oder Babys in irgendeiner Weise zu stören, für den entscheidenden Teil ihres Buches *The Nursing Couple* [1941]. Sie bemühte sich, weder Erfolge zu erwarten noch Mißerfolge zu fürchten. Offensichtlich ist die Fähigkeit, derart intime Begegnungen auf diese Weise zu beobachten, nur sehr wenigen Menschen gegeben.

Die Bedeutung der Illusion und der Übergangszustände

Dem theoretischen ersten Stillvorgang entspricht in der Realität die Summierung zahlreicher früher Stillsituationen. Nach dem theoretischen ersten Stillen beginnt das Baby Material zu sammeln, mit dem es etwas erschaffen kann. Nach und nach, so könnte man sagen, wird der Säugling in der Lage sein, die Brust in dem Augenblick zu halluzinieren, in dem die Mutter sie ihm zu geben bereit ist. Auf der Grundlage zahlloser Sinneseindrücke, die mit der Aktivität des Stillens und der Entdeckung des Objekts einhergehen, werden Erinnerungen aufgebaut. So entwickelt sich im Laufe der Zeit ein Zustand, in dem der Säugling voll Vertrauen wird, das Objekt seines Begehrens finden zu können, und dies bedeutet, daß der Säugling die Abwesenheit des Objekts allmählich zu ertragen lernt. Auf diese Weise entwickelt sich seine Vorstellung von der äußeren Realität als Raum, aus dem Objekte auftauchen und in den sie wieder verschwinden. Die Magie des Begehrens vermittelt dem Baby gewissermaßen die Illusion, magische, schöpferische Kräfte zu besitzen; durch die einfühlsame Anpassung der Mutter wird seine Omnipotenz Wirklichkeit. Die allmähliche Erkenntnis, daß er die äußere Realität nicht magisch zu beherrschen vermag, gründet in der Omnipotenz der frühen Phase, die dank der Anpassungstechnik der Mutter Realität wird.

Tag für Tag können wir beobachten, wie der Säugling diese dritte oder illusorische Welt für sich nutzt, eine Welt, die weder innere Realität noch äußere Wirklichkeit ist und die wir zwar dem Säugling zugestehen, aber einem erwachsenen Menschen oder auch einem älteren Kind nicht einräumen würden. Wir beobachten, wie der Säugling an seinen Fingern saugt oder grimassiert, Laute vor sich hin murmelt oder nach einem Stück Stoff greift, und wissen, daß er die Welt auf diese Weise magisch beherrscht und seine Omnipotenz, die zu Beginn durch die Anpassung der Mutter bestätigt und somit Realität wurde, auf andere Objekte ausdehnt (und wir gestehen ihm dies zu). Mir erschien es nützlich, die Objekte und Phänomene bzw. Techniken, die mit dieser Erfahrungsweise verbunden sind, als »Übergangsobjekte« und »Übergangsphänomene« zu bezeichnen. Diese Begriffe besagen, daß wir dem Säugling in einer bestimmten Phase der frühen Kindheit zugestehen, die äußere Realität magisch zu beherrschen, eine Kontrolle über sie auszuüben, die, wie wir wissen, dank der Anpassung der Mutter Wirklichkeit wird; der Säugling aber weiß dies noch nicht. Das »Übergangsobjekt« oder der erste Besitz ist ein Objekt, das der Säugling erschaffen hat, obwohl wir, wenn wir dies sagen, gleichzeitig wissen, daß es sich in Wirklichkeit um einen Deckenzipfel, um die Franse eines Schals oder ein Stück Tuch handelt. Seinen nächsten Besitz wird das Baby bereits von irgendeiner Tante bekommen haben; für dieses Geschenk muß es dann »danke« sagen, womit es zugleich die Grenzen der magischen Kontrolle und seine Abhängigkeit vom Wohlwollen der Menschen in der äußeren Welt anerkennt.

Wie wichtig sind somit diese frühen Übergangsobjekte und der Umgang mit ihnen! Ihre Bedeutung wird in vollem Umfang deutlich, wenn man sich vor Augen führt, daß das Kind jahrelang an ihnen festhält und hartnäckig darauf besteht, daß nichts an ihnen verändert werden darf. Religiöse oder künstlerische Ausdrucksformen, die wir tolerieren oder sogar besonders schätzen, gehen zu einem großen Teil aus diesen Übergangsphänomenen hervor, nicht zu vergessen die kleinen Marotten, die, je nach den aktuellen kulturellen Gepflogenheiten, gebilligt werden.

Zwischen dem Subjektiven und dem, was objektiv wahrnehmbar ist, liegt im Frühstadium ein Niemandsland; wir stellen uns darauf ein und billigen es dem Kleinstkind zu. Es wird nicht angezweifelt, muß keine Entscheidungen treffen und kann sich der Überzeugung hingeben, das dieser Grenzbereich von ihm selbst geschaffen und zugleich von der Welt wahrgenommen oder akzeptiert wird, der Welt, die bereits vorhanden war, noch bevor der Säugling gezeugt wurde. Wer in späterem Alter erwartet, ungestraft einen solchen Anspruch geltend machen zu können, wird für verrückt erklärt. In der Religion und in den Künsten kommt dieser Anspruch in sozialisierter Form zum Ausdruck, und in diesem Fall wird das Individuum nicht als verrückt betrachtet; in der Ausübung der Religion, der künstlerischen Betätigung oder Kunstbetrachtung kann es sich jener Aufhebung der eindeutigen und untrüglichen Unterscheidung zwischen Realität und Phantasie erfreuen, deren der Mensch bedarf.[2]

Scheitern der ersten Kontaktaufnahme

Im folgenden werde ich mich mit den Auswirkungen einer gescheiterten Kontaktaufnahme beschäftigen, dem Zustand, der entsteht, wenn die Mutter auf die Bedürfnisse des Säuglings nicht mit der gebotenen Sensibilität einzugehen vermag oder wenn der Säugling (aufgrund früherer Erfahrungen) so sehr gestört ist, daß er sich den Triebimpulsen nicht überlassen kann.

Dank der Betreuung, die er erfährt, wird auch ein Säugling, der keinen Kontakt mit der äußeren Realität aufzunehmen vermag, normalerweise nicht sterben. Die Beharrlichkeit jener Menschen, die für ihn verantwortlich sind, wird ihn dazu verführen, zu trinken und zu leben, auch wenn er nur geringe oder gar keine Lebenskräfte besitzt. Aus der Sicht der psychologischen Theorie betrachtet, wird eine Spaltung in der Persönlichkeit des Säuglings durch ein Scheitern an diesem Punkt nicht geheilt, sondern vertieft. So entsteht keine durch einen vorübergehenden illusorischen Omnipotenzzustand gemilderte Beziehung zur äußeren Realität; statt dessen entwickeln sich zwei ver-

[2] [Dieser Absatz fand sich, als Ergänzung gekennzeichnet, auf einem Einzelblatt des Typoskripts.]

schiedene Arten von Objektbeziehungen, die so unvermittelt nebeneinander bestehen können, daß sie eine schwere Krankheit konstituieren, die klinisch schließlich in Form einer Schizophrenie zutage treten muß. Einerseits entfaltet sich das persönliche Leben des Säuglings, in dem Beziehungen eher auf seiner schöpferischen Fähigkeit beruhen als auf der Erinnerung an Kontakte, und andererseits entwickelt sich auf einer Basis der Willfährigkeit ein falsches Selbst, das sich den Anforderungen der äußeren Realität passiv überläßt. Als Beobachter läßt man sich sehr leicht täuschen: Man glaubt, daß das Baby an der Brust trinkt, weil sie ihm in angemessener Weise angeboten wurde, und nimmt dabei nicht wahr, daß dieser Säugling, der sich vollkommen passiv stillen läßt, die Welt nie erschaffen hat, daß er überhaupt nicht in der Lage ist, äußere Beziehungen aufzunehmen, und als Individuum keine Zukunft hat. Die Entfaltung dieses willfährigen, falschen Selbst kann zu keinem guten Ende führen. Das wahre Selbst kann sich nur in Form der Nahrungsverweigerung Ausdruck verschaffen. Der Säugling bleibt am Leben, und es ist überraschend, wie zufrieden manche Ärzte mit diesem Resultat sind. Das falsche Selbst wird organisiert, um die Welt fernzuhalten, während das andere, das wahre Selbst verborgen bleibt und auf diese Weise geschützt wird. Dieses wahre Selbst lebt ständig in einem Zustand der inneren Zurückgezogenheit und Ich-Bezogenheit, wie man vielleicht sagen könnte. Klinisch zeigt sich die innere Lebendigkeit des verborgenen Selbst mitunter in Form von Schaukelbewegungen und anderen, sehr primitiven Lebensäußerungen.

Die Beschreibung der extremen Spaltung erleichtert nicht nur die Darstellung weniger stark ausgeprägter Spaltungen, sondern hilft auch zu erklären, in welcher Form die hier dargestellten Phänomene zu gewissem Grad bei allen Kindern auftreten, einfach deshalb, weil sie zum Leben gehören. Im extremen Fall hat das Kind gar keinen Grund, überhaupt zu leben, während es bei den häufiger auftretenden und weniger ausgeprägten Spaltungen ein gewisses Gefühl der Sinnlosigkeit angesichts des falschen Lebens empfindet und auf der ständigen Suche nach dem Leben ist, das von ihm als wirklich empfunden wird, selbst wenn es, zum Beispiel durch Verhungern, zum Tode führt.

Bei den weniger stark ausgeprägten Spaltungen gibt es in der geheimen Welt der inneren Beziehungen, die das wahre Selbst entwickelt, Objekte, und diese Objekte sind entstanden, weil dem Stadium des theoretischen ersten Stillvorgangs ein gewisser Erfolg beschieden war. Mit anderen Worten: Wenn diese Krankheit weniger stark ausgeprägt ist, haben wir es nicht mit dem primären Spaltungszustand zu tun, sondern mit sekundär organisierten Spaltungsvorgängen, mit einer Regression aufgrund von Schwierigkeiten, die in einem späteren Stadium der emotionalen Entwicklung aufgetreten sind.

Mit Hilfe des Diagramms, das den Extremfall darstellt, kann man die Implikationen dieser Betrachtungsweise der frühen emotionalen Entwicklung mühelos illustrieren; das, was wir hier sehen, läßt sich dann auf die Entwicklungsaufgaben des durchschnittlichen, normalen Menschen und die Schwierigkeiten, die ein unauflöslicher Bestandteil des Lebens selbst sind, anwenden.[3]

[3] [Eine andere Version des vorangegangenen Textes fand sich auf einem separaten Blatt des Typoskripts, versehen mit dem Hinweis, es an dieser Stelle in den Text einzufügen. Diese Fassung lautet:]
»Wenn die Anpassung zu gewissem Grad scheitert oder chaotisch ist, entwickelt der Säugling zwei verschiedenartige Beziehungesformen. Bei der einen handelt es sich um eine stumme und geheime Beziehung zu einer fast ausschließlich persönlichen und intimen inneren Welt subjektiver Phänomene, und nur diese Beziehung wird als real empfunden. Die andere Beziehung ist die Beziehung eines falschen Selbst zu einer nur schattenhaft wahrgenommenen, äußeren oder verinnerlichten Umwelt. Die erste Beziehung ist von Spontaneität und Reichtum erfüllt, während die zweite auf Willfährigkeit beruht und aufrechterhalten wird, um Zeit zu gewinnen, bis die erste Beziehung eines Tages vielleicht doch noch zu ihrem Recht kommen wird. Überraschend leicht kann dem klinischen Beobachter das Unwirkliche an der willfährigen Hälfte des Selbst entgehen, die das schizophrene Kind als Überlebenstechnik einsetzt.

Die Schwierigkeit besteht darin, daß die Impulse, die Spontaneität und die Gefühle, die als real empfunden werden, sämtlich in eine Beziehung eingebunden sind, die sich der Mitteilbarkeit (in extremem Grad) verschließt. Dagegen ist die andere Hälfte der gespaltenen Persönlichkeit, das willfährige falsche Selbst, für alle Welt ohne weiteres zugänglich und leicht zu manipulieren.«

Es ist aufschlußreich, die Arbeit des Künstlers zu betrachten und sie im Rahmen der hier skizzierten Thematik zu beschreiben. Unter diesem Aspekt betrachtet, kann man bei den Künstlern zwei Persönlichkeitstypen unterscheiden. Der eine verläßt sich bei seiner Arbeit zunächst einmal auf das falsche Selbst, jenes Selbst, dem es nur allzu leicht fällt, einen Ausschnitt der äußeren Realität exakt abzubilden. Diese Fähigkeit macht sich der Künstler zunutze, und was wir dann als nächstes sehen, ist der Versuch seines wahren Selbst, die erste, exakte Nachbildung zu den primitiven Phänomenen, die die Lebendigkeit seines geheimen, wahren Selbst ausmachen, in Beziehung zu setzen. Wenn ihm dies gelingt, hat er nicht nur etwas geschaffen, das für andere wiedererkennbar ist, sondern zugleich auch ein Werk, das einen individuellen Ausdruck seines wahren Selbst darstellt; das vollendete Produkt ist wertvoll, weil wir den Kampf anerkennen und würdigen können, der in dem Künstler stattgefunden hat, indem er die ursprünglich getrennten Anteile miteinander vereinte. Wenn das technische Geschick mit einem Künstler »durchgeht«, sprechen wir von »geschliffener Virtuosität«.

Im Gegensatz dazu beginnt der Künstler, der eher dem zweiten Persönlichkeitstyp zuzuordnen ist, seine Arbeit mit groben Darstellungen der geheimen Selbstphänomene oder seiner persönlichen Lebendigkeit, die für ihn selbst bedeutungsvoll sind, für andere aber zunächst keine Bedeutung haben. In diesem Fall besteht die Aufgabe des Künstlers darin, seine zutiefst persönlichen Darstellungen anderen mitteilbar zu machen, und damit ihm dies gelingt, muß er sich selbst zu gewissem Grad verraten. Er empfindet all seine Werke, ungeachtet der Bewunderung, die Kenner ihnen entgegenbringen, als mißlungen; es kann sogar sein, daß sich der Künstler völlig zurückzieht, wenn sie allzu große Anerkennung finden, weil er das Gefühl hat, einen Verrat an seinem wahren Selbst begangen zu haben. Die entscheidende Leistung auch dieses Künstlers besteht in seinem Bemühen, wahres und falsches Selbst miteinander zu vereinen. Der Künstler, den ich zuerst beschrieben habe, wird von Menschen bewundert, die das Bedürfnis haben, ihren primitiven Impulsen näherzukommen, während der andere die Bewunderung jener Menschen weckt, die innerlich zurückgezogen sind und es als Erleichterung empfinden, festzustellen, daß grundlegend persönliche und zutiefst geheime Anteile zu einem gewissen Grad (aber nicht zu sehr) mitteilbar sind.

Primäre Kreativität

Gibt es eine primäre Kreativität, oder gibt es sie nicht? Oder, anders gefragt, kann der Mensch nur etwas projizieren, was er zuvor introjiziert hat, oder (um eine andere Terminologie zu verwenden) nur das ausscheiden, was er sich zuvor einverleibt hat?

Wie lautet die Antwort auf die Frage nach dem Ursprung der Kreativität? Betrachten wir zum Beispiel den Säugling: Leistet er in der theoretischen ersten Stillsituation keinen eigenen Beitrag?

Solange wir nicht klüger sind, muß ich davon ausgehen, daß es ein kreatives Potential gibt und das Baby imstande ist, in der theoretischen ersten Stillsituation einen eigenen Beitrag zu leisten. Wenn die Mutter sich dem Säugling hinreichend gut anpaßt, glaubt das Baby, daß Brustwarze und Milch durch eine Geste, der ein Bedürfnis zugrunde lag, erschaffen wurden, durch eine Vorstellung, die auf dem Höhepunkt der anflutenden Triebspannung auftauchte. Meiner Ansicht nach sind diese Fragen für den Psychiater ebenso wie für den Kinderarzt in der klinischen Arbeit von erheblicher praktischer Bedeutung.

Wenn es wirklich ein kreatives Potential gibt, dann müssen wir annehmen, daß es – neben der Projektion introjizierter Anteile – in jeder produktiven Leistung zutage treten wird; dem Betrachter vermittelt es sich weniger durch die Originalität des Geschaffenen; vielmehr spürt er, daß das schöpferische Individuum sich selbst und sein Objekt als wirklich erlebt und dieses Gefühl der Wirklichkeit zum Ausdruck gebracht hat.

Die Welt wird von jedem Menschen neuerschaffen, und jeder Mensch nimmt diese Aufgabe spätestens zum Zeitpunkt der Geburt und des theoretischen ersten Stillens in Angriff. In dem Augenblick, in dem der Säugling bereit ist, etwas zu erschaffen, wird ihm die Mutter, die sich seinen Bedürfnissen aktiv anpaßt, etwas anbieten, und dieses Angebot wird die kreative Leistung des Säuglings weitgehend bestimmen; wenn der Säugling sich jedoch nicht in kreativer Bereitschaft befindet, bleiben die von der Mutter dargebotenen Details bedeutungslos.

Wir wissen, daß die Welt schon vor dem Säugling vorhanden war, der Säugling aber weiß dies nicht und hat zunächst die Illusion, das, was er findet, selbst erschaffen zu haben. Diese Situation kann sich jedoch nur dann entwickeln, wenn die Mutter hinreichend gut auf den Säugling eingeht. Wir haben die primäre Kreativität hier im Hinblick auf das früheste Säuglingsalter diskutiert; im Grunde jedoch handelt es sich um ein Problem, das nie an Bedeutung verliert, solange das Individuum lebt.[4]

Nach und nach entwickelt das Individuum ein intellektuelles Verständnis für die Tatsache, daß es die Welt bereits gab, bevor es selbst geboren wurde, das Gefühl aber, sie selbst erschaffen zu haben, bleibt bestehen.

Ich messe diesem Teil der Untersuchung der menschlichen Natur besonderes Gewicht bei. Bestimmte Aspekte, die auf den ersten Blick zusammenhanglos erschienen, treffen hier zusammen:

A. Die praktische Frage der Betreuung von Mutter und Säugling in den ersten Stunden und Tagen nach der Geburt des Babys (Pädiatrie).
B. Allgemeine Aspekte des Verhältnisses zwischen erregten körperlicher Beziehungen und nicht erregten, ruhigen Beziehungen, einschließlich der Probleme, die mit der Ehe zusammenhängen.
C. Das philosophische Problem der Bedeutung des Wortes »real«.
D. Die religiöse wie auch künstlerische Betonung der Illusion als Wert an sich.
E. Die Unwirklichkeitsgefühle schizoider Menschen und schizophren Erkrankter.
F. Das Beharren des Psychotikers auf der Realität des Nicht-Realen und das Beharren des antisozialen Kindes auf der Wahrheit des

[4] *Notiz zur Überarbeitung:* Verweis auf das Spiel, den Raum der kulturellen Erfahrung usw.

Unwahren und des Nicht-Vorhandenseins der (faktisch bestehenden) Abhängigkeit.

G. Die grundlegende Spaltung in der Schizophrenie, die durch eine hinreichend gute Säuglingsbetreuung in den frühesten Phasen der emotionalen Entwicklungen, in denen eine ganz sensible Anpassung an die Bedürfnisse erforderlich ist, verhindert werden kann.

H. Das Konzept der primären Kreativität sowie der ganz in sich selbst begründeten Originalität im Gegensatz zur Projektion von zuvor introjizierten (verdauten und bearbeiteten) Objekten und Phänomenen.

Die Bedeutung der Mutter

In gewissem Umfang trifft es zu, daß die Bedürfnisse eines Säuglings von jedem Menschen befriedigt werden können, der den Säugling liebt. Aus zweierlei Gründen jedoch ist die Mutter die richtige Person.

Ihre Liebe zu ihrem eigenen Baby wird wahrscheinlich aufrichtiger sein, weniger sentimental als die Liebe einer Ersatzmutter; die leibliche Mutter kann sich den Bedürfnissen des Säuglings in außerordentlichem Maß anpassen, ohne ihm seine Ansprüche zu verübeln. Die leibliche Mutter wird an all den kleinen Besonderheiten ihrer individuellen Versorgung des Babys festhalten und auf diese Weise eine einfache emotionale (das heißt auch physische) Umwelt für den Säugling schaffen. Ein Baby, das von mehreren Menschen oder auch nur von zwei Personen versorgt wird, befindet sich – selbst wenn die Betreuung nichts zu wünschen übrig läßt – zu Beginn seines Lebens in einer wesentlich komplizierteren Lage; die äußeren Bedingungen sind wesentlich unsicherer, so daß es bestimmte Dinge nicht mit derselben Selbstverständlichkeit voraussetzen kann, wenn die innere Situation durch auftauchende Wünsche kompliziert wird.

Die Vernachlässigung dieses Aspekts kann erhebliche Verwirrung auslösen. Es trifft durchaus zu, daß das Baby durch die Art und Weise der Betreuung, wie Anna Freud betont hat, von Anfang an entscheidend beeinflußt wird. Einfachheit und Kontinuität der Betreuung aber können nur von einer einzigen Person, die sich natürlich verhält, gewährleistet werden; und dies wird wahrscheinlich niemandem außer der leiblichen Mutter gelingen, es sein denn, daß eine geeignete Adoptivmutter die Versorgung des Babys wirklich von Anfang an übernimmt. Für gewöhnlich aber wird die Adoptivmutter nicht in jener spezifischen Weise auf die Mutterschaft eingestellt sein wie die leibliche Mutter, deren innerliche Verfassung sich im Laufe der neunmonatigen Vorbereitungszeit entwickeln konnte.

Den Müttern fällt es nicht leicht, mit anderen über ihre Gefühle zu sprechen, die ihre Erfahrungen auf den Entbindungsstationen und in Entbindungskliniken in ihnen wecken, obwohl sie sehr intensive Gefühle, und nicht immer Glücksgefühle, empfinden. Diese Intensität geht nach einigen Monaten zu gewissem Grad verloren; sobald die Geburtserfahrung noch länger zurückliegt, wissen die Mütter auch, daß zum betreffenden Zeitpunkt eine gewisse Tendenz bestanden hat, eine verfolgende Frauengestalt zu phantasieren, ja beinahe zu halluzinieren, so daß eine schlechte Erfahrung ihnen im Rückblick wie ein böser Traum erscheinen mag. Häufig aber sind die schlechten Erfahrungen nur allzu real, weil der besonderen Aufgabe der Mutter, ihr Baby mit der Welt bekanntzumachen, nur so wenig Verständnis entgegengebracht wird.

Wenn die Mütter jedoch während der Zeit, in der sie ihre Kinder zur Welt bringen, eine verständnisvolle Freundin haben, mit der sie Gespräche führen können, merken sie, daß sie eine Menge über die Hindernisse zu sagen haben, die es ihnen erschwerten, in ihrer eigenen Weise in einen Einigungsprozeß mit ihrem Kind zu gelangen.

Das Baby bei der Geburt

Zwischen den emotionalen Bedürfnissen eines ausgetragenen Babys und denen eines zu früh geborenen scheint ein Unterschied zu bestehen. Darüber hinaus dürfen wir annehmen, daß ein übertragener Säugling wahrscheinlich in einem Zustand der Frustration geboren wird. Unter dem Aspekt der emotionalen Bedürfnisse betrachtet, ist der richtige Geburtszeitpunkt zweifellos nach neunmonatiger Schwangerschaft erreicht, eine Tatsache, die ohne weiteres einleuchtet.

Wir müssen uns bei dem Pädiater entschuldigen, weil diese Überlegungen all die sorgfältige Arbeit, die er in bezug auf die Physiologie, Biochemie und Hämatologie des Neugeborenen sowie hinsichtlich der Ernährungsfunktion leistet, unberücksichtigt lassen. Tatsache ist, daß man (dank der Bemühungen des Kinderarztes) die körperliche Gesundheit in der Mehrzahl der Fälle als selbstverständlich voraussetzen kann; der Säugling kommt gesund zur Welt, aber die Betreuung des Kindes beginnt nun erst. Bevor die Gefahr von körperlichen Krankheiten und Beeinträchtigungen nicht aus dem Weg geräumt worden war, konnte man die Entwicklung des Säuglings nicht in Ruhe untersuchen. Heute ist uns klar, daß die gesunde Entwicklung keine Frage der Gewichtszunahme, sondern eine Frage der emotionalen Entwicklung darstellt. Die Untersuchung der emotionalen Entwicklung ist, wie ich zu zeigen hoffe, eine umfangreiche und vielschichtige Angelegenheit.

Es ist nicht sinnvoll, in bezug auf das erste Stillen von dem Verlauf und der Beendigung einer Trieberfahrung zu sprechen und dabei das Individuum, das die Erregung erlebt, unberücksichtigt zu lassen. Zu Beginn kann der Säugling weder die Erfahrung als solche wahrnehmen noch die Folgen triebgesteuerter Vorgänge in vollem Umfang in sein Selbst integrieren. Ein nicht-erregter Zustand wurde durch einen Zustand der Erregung unterbrochen. Der ruhige Zustand geht dem erregten zweifellos voran und läßt eine eigene Untersuchung gerechtfertigt erscheinen.

Wenn wir annehmen, daß dem Säugling im Mutterleib und durch die allgemeine Betreuung nach der Geburt eine zufriedenstellende (physische) Fürsorge zuteil wurde, setzen wir die Entwicklung dieses Ruhezustands bereits weitgehend voraus. Neue Einsichten können wir erzielen, indem wir die Folgen einer unzulänglichen körperlichen Fürsorge untersuchen und anhand der so gewonnenen Beobachtungen Rückschlüsse auf die (über die Befriedigung der Triebansprüche hinausgehenden) Auswirkungen einer erfolgreichen Betreuung ziehen.

Die Philosophie des »Realen«

Seit jeher haben die Philosophen sich die Frage nach der Bedeutung des Wortes »real« gestellt und mit ihrer Beantwortung geistige Traditionen begründet:

»Dieser Baum und dieser Stein
hören auf zu sein
wenn kein Blick sie würdigt«

beziehungsweise

»Dieser Baum und dieser Stein
werden unverändert bestehen bleiben,
so wie dein Auge sie gesehen hat ...«

Nicht jedem Philosophen ist bewußt, daß dieses Problem, mit dem alle Menschen zu ringen haben, auch die erste Beziehung zur äußeren Realität in der theoretischen ersten Stillsituation bzw. jeden theoretisch angenommenen ersten Kontakt kennzeichnet.

Ich möchte es folgendermaßen formulieren: Einigen Babys ist das Glück vergönnt, eine Mutter zu haben, die sich ihrer Bedürftigkeit von Anfang an aktiv und hinreichend gut angepaßt hat. Dies ermöglicht ihnen die Illusion, das, was sie erschaffen (halluziniert) haben, tatsächlich zu finden. Wenn diese Babys die Fähigkeit erworben haben, in Beziehungen zu ganzen Personen zu leben, können sie noch einen Schritt weitergehen, um sich schließlich des fundamentalen Alleinseins des Menschen bewußt zu werden. Wenn es erwachsen ist, wird ein solches Baby dann sagen können: »Ich weiß, daß es keinen direkten Kontakt zwischen der äußeren Realität und mir selbst gibt, nur die Illusion eines Kontaktes, etwas, was zwischen mir und der Außenwelt liegt[5] und mir gute Dienste leistet, wenn ich nicht müde bin. Mir kann es völlig gleichgültig sein, daß darin ein philosophisches Problem enthalten ist.«

[5] Winnicott bezeichnet diese Illusion eines Kontakts als »midway-phenomenon«. [A.d.Ü.]

Für Babys, die etwas weniger glückliche Erfahrungen machen, ist die Vorstellung, daß es keinen direkten Kontakt zur äußeren Realität gibt, quälend. Sie fühlen sich beständig von einem Verlust der Fähigkeit, Beziehungen aufrechterhalten zu können, bedroht. Für sie wird das philosophische Problem auf Dauer zu einer lebenswichtigen Frage, einer Frage von Leben und Tod, Sattwerden oder Verhungern, Liebe oder Isolation.

Babys, die noch unglücklichere Erfahrungen machen und durch die Welt, die sie kennengelernt haben, verwirrt worden sind, wachsen ohne die Fähigkeit auf, sich in der Illusion eines Kontakts mit der äußeren Realität zu wiegen, oder haben sie nur in derart unzulänglichem Maß entwickelt, daß sie bei jeder Frustration versagt und eine schizoide Erkrankung die Folge ist.

2 Integration

Beim Formulieren einer psychologischen Theorie läuft man allzu leicht Gefahr, die Integration der Persönlichkeit als gegeben vorauszusetzen. Wenn man aber die frühen Entwicklungsstadien des menschlichen Individuums untersuchen will, muß man sich vor Augen halten, daß die Integration bereits eine Entwicklungserrungenschaft darstellt. Zweifellos gibt es eine biologische Tendenz zur Integration, dennoch aber bleiben psychologische Untersuchungen der menschlichen Natur, die sich allzusehr auf biologische Aspekte des Wachstums konzentrieren, letztlich unbefriedigend.

In der klinischen Psychiatrie sind wir mit dem Prozeß der Desintegration, einem aktiven Rückgängigmachen der Integration, vertraut; dieser Vorgang wird durch die mit der Integration verbundenen Ängste ausgelöst und erfüllt möglicherweise die Funktion einer Abwehr. Die direkte Untersuchung der Desintegration kann im Hinblick auf das Verständnis des Integrationsprozesses jedoch irreführend sein.

Es ist erforderlich, einen Zustand der Nicht-Integration zu postulieren, aus dem sich die Integration entwickeln kann. Der Säugling, den wir uns als menschliche Einheit vorzustellen pflegen, die sicher im Mutterleib geborgen ist, kann, unter dem Aspekt der emotionalen Entwicklung betrachtet, noch nicht als Einheit verstanden werden. Wenn wir [dies] aus der Sicht des Säuglings untersuchen (obwohl es den Säugling, der einen bestimmten Blickwinkel einnehmen könnte, als solchen noch gar nicht gibt), ist die Nicht-Integration mit einem Nicht-Gewahrsein verbunden.

Die Theorie setzt bei einem unintegrierten Zustand an[1], einem Mangel an sowohl räumlicher wie auch zeitlicher Ganzheit. In diesem Stadium gibt es kein Gewahrsein. Sobald wir von einer *An-*

[1] Diesen Überlegungen liegt Edward Glovers Konzept der »Ich-Kerne« zugrunde; gleichwohl sollte der Leser sich Glovers eigenes Werk anschauen, anstatt sich auf meine subjektive Wiedergabe zu verlassen, da es nicht meine Absicht ist, seinen Beitrag eingehend zu erörtern.

sammlung von Impulsen und Empfindungen sprechen, haben wir uns von den ersten Anfängen, in denen sich (wie man vielleicht sagen könnte) der Schwerpunkt des Selbst mit jedem neuen Impuls oder jeder neuen Empfindung verlagert, bereits ein Stück weit entfernt. Diese Anfänge sind mit Sicherheit zu irgendeinem Zeitpunkt vor der termingerechten Geburt zu finden.

Momente oder kürzere Phasen der Integration erwachsen aus dem nicht-integrierten Zustand, erst nach und nach jedoch kann die Integration wirklich als dauerhafter Zustand erreicht werden. Unterstützt wird der Integrationsprozeß durch innere Faktoren, zum Beispiel durch Triebbedürfnisse oder aggressive Regungen, denen jeweils eine Bündelung aller Selbstanteile vorausgeht. In solchen Augenblicken können wir vom beginnenden Gewahrsein sprechen, weil es in diesen Momenten ein wahrnehmungsfähiges Selbst gibt. Gefördert wird die Integration auch durch die Fürsorge der Umwelt. Psychologisch formuliert, zerfällt das Selbst des Säuglings in Einzelteile, wenn es nicht zusammengehalten wird, und körperliche Fürsorge ist in diesen Phasen zugleich psychische Fürsorge.

Da die Mutter sich empathisch in ihr Baby einfühlen kann, weiß sie, daß sie sich Zeit lassen muß, wenn sie es auf den Arm nehmen will. Zunächst muß sie das Baby auf die bevorstehende Veränderung vorbereiten, um es dann im rechten Augenblick emporzuheben; darüber hinaus müssen wir berücksichtigen, daß die Aktivität der Mutter durch einen Beginn und ein Ende gekennzeichnet ist, denn das Baby wird von einem Ort zum nächsten befördert, etwa vom Kinderbett an die Schulter der Mutter.

Wenn sich das Selbst konsolidiert und das Individuum die Fähigkeit erworben hat, die Umwelt-Fürsorge zu inkorporieren und Erinnerungen an sie festzuhalten, so daß es auch eine gewisse Selbst-Fürsorge übernehmen kann, gewinnt der Zustand der Integriertheit nach und nach an Stabilität. Dementsprechend wird die Abhängigkeit geringer. Sobald der integrierte Zustand sicherer verankert ist, bezeichnen wir das Gegenteil der Integration angemessener mit dem Begriff Desintegration statt mit dem Wort Nicht-Integration. In späteren Phasen lassen sich übertrieben ausgeprägte Formen der Selbst-Fürsorge beobachten, die in diesem Fall als Abwehr gegen eine durch das Versagen der Umwelt drohende Desintegration organisiert wird. Unter dem Begriff Umweltversagen verstehe ich die Unfähigkeit, das Kind sicher zu halten, eine Unfähigkeit, die das Individuum zum betreffenden Zeitpunkt nicht zu bewältigen vermag.

Die Desintegration kann als Abwehr gegen die ungeheure Qual organisiert werden, die verschiedenartige, mit dem Zustand der vollen Integration verbundene Ängste auslösen. Eine Desintegration dieser Art wird später möglicherweise zur Grundlage eines pathologischen Chaos-Zustands, der ein sekundäres Phänomen darstellt und nicht unmittelbar mit dem primären Chaos des menschlichen Individuums zusammenhängt.

Um die praktische Relevanz dieser theoretischen Prinzipien zu illustrieren, ist es hilfreich, an den »Humpty Dumpty«-Kinderreim und die Gründe für seine allgemeine Beliebtheit zu erinnern. Er bringt ganz offenkundig ein generelles, dem Bewußtsein nicht zugängliches Gefühl zum Ausdruck, nämlich das Gefühl, daß dem Zustand der Integration jederzeit Gefahr droht. Vielleicht ist der Kinderreim so beliebt, weil er die Integration der Persönlichkeit als Entwicklungserrungenschaft anerkennt.

Zur Beschreibung der ersten, aus dem nicht-integrierten Zustand hervorgehenden Integrationen habe ich Begriffe aus der Arithmetik verwendet. Es ist fraglich, ob die Ich-Kerne des Individuums sich zu einer Einheit summieren oder aber nicht. Mitunter läßt sich in einer Behandlung nachweisen, daß eine Hemmung der normalen, einfachen arithmetischen Fähigkeiten sich ursprünglich aus der Unfähigkeit des betreffenden Kindes herleitet, das schlichte Konzept »Eins« zu verstehen, die Einheit, die nur einen Sinn ergeben kann, wenn sie letztlich das Selbst repräsentiert. Es ist bekannt, daß die Unfähigkeit, einfache arithmetische Aufgaben zu lösen, keineswegs automatisch auf ein Unvermögen schließen läßt, außerordentlich komplexe mathematische Überlegungen abstrakter Form zu entwickeln; möglicherweise besteht zwischen einer übertriebenen Neigung zu abstraktem mathematischen Denken und einer Hemmung der Fähigkeit, einfache Additionen und Subtraktionen zu bewältigen, sogar ein Zusammenhang.

Diese theoretischen Überlegungen erklären zu gewissem Grad, weshalb Liebe und Haß und sogar der reaktive Zorn von Nutzen sein können, wenn diese Gefühle ungehemmt und im Augenblick ihrer stärksten Intensität zum Ausdruck gebracht werden. Im integrierten Zustand fühlt sich das Individuum gesund, während der drohende Verlust der einmal erworbenen Integration als ein Verrücktwerden empfunden wird. Im Hinblick auf die mit ihnen einhergehende Integration sind die Augenblicke rückhaltloser Selbstäußerung wertvoll. Eng verbunden mit diesem Problem der neuerworbenen Integration, der vorangegangenen Nicht-Integration und der in der Zukunft drohenden Desintegration ist eine Übergewichtung der Hautempfindungen, eine dramatische Bedeutungssteigerung der körperlichen Fürsorge und eine Überbetonung der Fähigkeit zur Selbst-Fürsorge oder zum Selbsthalten, die auf der Erinnerung an widersprüchliche Erfahrungen beruht – der Erinnerung, gehalten zu werden, und der Erinnerung, nicht hinreichend gut gehalten zu werden.

Im Leben des normalen Säuglings muß die Ruhe so beschaffen sein, daß sie Entspannung gewährt und eine Regression zur Nicht-Integration erlaubt. Während das Selbst nach und nach an Stärke und Komplexität gewinnt, wird diese Regression zur Nicht-Integration zunehmend als schmerzvoller Zustand, als »wahnsinnige« Desintegration, empfunden. Somit gibt es in der Entwicklung des Säuglings ein Zwischenstadium, in dem das Baby, dem zufriedenstellende Fürsorge zuteil wird, entspannen und in die Nicht-Integration zurückkehren kann und in der Lage ist, das damit verbundene Gefühl des »Wahnsinns« zu ertragen (aber eben nur zu ertragen). In der daran anschließenden Phase erfolgt ein weiterer Schritt in Richtung Unabhängigkeit; gleichzeitig geht die Fähigkeit, in den Zustand der Nicht-Integration zurückzukehren, unwiderruflich verloren – der Wahnsinn oder die besonderen Bedingungen einer Psychotherapie bilden hier allerdings eine Ausnahme. Im Anschluß an diese Phase ist der Verlust der Integration nicht mehr als Nicht-Integration zu bezeichnen, sondern als Desintegration.

An dieser Stelle können wir uns der Frage zuwenden, wann man ein Baby besser in den Arm nehmen oder in sein Bett legen sollte. Natürlich muß das Baby beide Erfahrungen machen. Gleichwohl kann man sagen, daß ein Baby sogar Vertrauen in die lebendige Beziehung entwickeln kann, wenn es »perfekt« gehalten wird (und dies ist oft der Fall, weil Mütter wissen, wie sie ihre Babys halten müssen), so daß es sich in den Armen seiner Mutter der Nicht-Integration überlassen kann. Es gibt keine Erfahrung, die bedeutungsvoller wäre. Häufig jedoch ist das Halten unbeständig oder sogar von Angst erfüllt (die Mutter ist übervorsichtig, weil sie fürchtet, das Kind fallen zu lassen); möglicherweise erfolgt es auch unter großer Anspannung (Zittern der Mutter, erhitzte Haut, beschleunigter Herzschlag usw.), und in diesem Fall kann das Baby es sich nicht leisten, zu entspannen. Die Entspannung stellt sich dann erst mit der Erschöpfung ein. Es müssen jedoch auch Vorkehrungen getroffen werden, damit das Baby aus dem Zustand der Entspannung wieder zurückkehren kann (Re-Integration).

Bestimmte Faktoren dieser Art ermöglichen es manchen Säuglingen, mit der Flaschenernährung gut zu gedeihen, nachdem sich das Stillen als unmöglich erwiesen hat. Von der Art und Weise, wie die Mutter ihr Baby hält, hängt so vieles ab, und ich möchte betonen, daß das richtige Halten nichts ist, was man ihr beibringen könnte; wir können sie nur unterstützen, indem wir ihr zeigen, daß sie sich auf unsere Gestaltung der Rahmenbedingungen verlassen kann, und indem wir ihr Gelegenheit geben, ihre eigenen, natürlichen Fähigkeiten ungehindert zu entfalten.

Ganz zu Anfang kann der Säugling jegliche Kleidung als sehr lästig empfinden. Unmittelbar nach der Geburt ist die Haut extrem sensibel. Deshalb sollte es in diesem frühen Stadium eigentlich möglich sein, dem Säugling und seiner Mutter Gelegenheit zu geben, ihren durch die Geburt unterbrochenen körperlichen Kontakt nackt, ohne störende Bekleidung, fortsetzen zu können; meines Wissens hat man sich mit dieser Thematik noch nicht eingehend beschäftigt. Entsprechende Untersuchungen könnten sich unmittelbar an der Versorgung frühgeborener Säuglinge orientieren: diese pädiatrischen Erfahrungen zeigen, wie wertvoll es für das Gedeihen der Babys ist, wenn sie nackt im Inkubator liegen.[2] Tatsache ist, daß Integration und Erlan-

[2] Mary Crosse: Birmingham. [Eine Pionierin der Neonatologie.]

gen der Einheit der Persönlichkeit bedeutsame neue Entwicklungen nach sich ziehen. Integration bedeutet Verantwortungsfähigkeit, und da die Integration mit dem Gewahrsein verbunden ist, mit dem Ansammeln von Erinnerungen und der Verbindung von Vergangenheit, Gegenwart und Zukunft, könnte man sie fast als Beginn des psychischen Lebens des Menschen betrachten. Meine Darstellung der depressiven Position in der emotionalen Entwicklung greift das Thema an diesem Punkt auf. Leider gibt es zahlreiche Widrigkeiten, welche die emotionale Entwicklung eines Säuglings beeinträchtigen können, noch bevor seine Persönlichkeit zu einer Einheit geworden ist, so daß viele Säuglinge die sogenannte »depressive Position« und die mit ihr verbundenen, wirklichen menschlichen Herausforderungen niemals erreichen.

Wenn (in einem Fall) die Betonung auf *Integration durch gute Säuglingsbetreuung* liegt, wird die Persönlichkeit vermutlich stabil verankert sein. Wenn die Betonung auf Integration durch *Impuls und Trieberleben* sowie durch Zorn liegt, der sich weiterhin in Verbindung mit dem Begehren behauptet, dann wird das Individuum wahrscheinlich eine interessante, sogar aufregende Persönlichkeit entwikkeln. Bei einer gesunden Entwicklung gibt es für beide Möglichkeiten ausreichend Raum; ihre Kombination bedeutet nichts anderes als Stabilität. Wenn eine dieser beiden Möglichkeiten nur unzureichend entwickelt ist, kann sich die Integration niemals wirklich konsolidieren oder muß durch rigide Maßnahmen aufrechterhalten werden, indem sie übergewichtet und massiv verteidigt wird, so daß sie keine Entspannung, keine erholsame Nicht-Integration zuläßt.

Möglich ist auch eine dritter Entwicklungsweg; er führt zu einer frühen Integration, die vorwiegend durch exzessives *Reagieren auf Übergriffe* zustande kommt. Sie stellt ein Resultat unzulänglicher Fürsorge dar und soll in einem späteren Kapitel untersucht werden. Eine solche Entwicklung zur Integration kostet einen hohen Preis, weil nämlich Übergriffe ständig erwartet und äußere Einwirkungen sogar benötigt werden. Diese nicht ungewöhnliche Situation erweist sich als sehr frühe Grundlage einer paranoiden (nicht ererbten) Disposition.

Je weiter die Entwicklung des Kindes voranschreitet, desto angemesser ist es, den Verlust der Integration mit dem Begriff Desintegration zu beschreiben, anstatt von einer Nicht-Integration zu sprechen. Die Desintegration ist ein aktiver Abwehrvorgang, der sich ebenso gegen die Nicht-Integration wie auch gegen die Integration richten kann. Die Desintegration verläuft entlang den Spaltungslinien, die durch die Organisation der inneren Welt und die Kontrolle innerer Objekte und Kräfte vorgegeben sind. In der klinischen Arbeit läßt sich die Desintegration in verschiedenen Graden und Formen beobachten; sie kann selbst im schweren psychotischen Zusammenbruch stabil organisiert sein. Die Nicht-Integration begegnet uns nur im Entspannungszustand gesunder Menschen und in der tiefen Regression, die in einer Psychotherapie erreicht werden kann; hier übernimmt der Therapeut stellvertretend für den Patienten die Organisation der Abwehr, die durch die hochspezialisierten physischen und emotionalen Bedingungen der analytischen Situation repräsentiert wird.

In diesem besonderen Rahmen der Psychotherapie kann man die normale Situation zu Beginn des Säuglingsalters besser untersuchen als durch die direkte Säuglingsbeobachtung.

Eine interessante Beobachtung läßt sich in bezug auf die Konsequenzen des abgeschlossenen Integrationsprozesses treffen: Die Integration ist mit der Erwartung, von außen angegriffen zu werden, verbunden. Dies gilt in höherem Maß für integrierte Zustände, die das Individuum erst zu einem späten Zeitpunkt erreicht, als für die frühen Momente der Integration beim normalen Säugling. In dem Augenblick, in dem die verschiedenen Anteile des Selbst zueinander finden und die äußere Welt als getrennt wahrgenommen wird, entsteht ein Zustand, den man als paranoid bezeichnen könnte. In solchen Momenten ist es wichtig, daß die mütterliche Fürsorge als schützender Puffer zwischen das integrierte Individuum und die von ihm als solche noch nicht anerkannte äußere Welt tritt. Zu einem späten Zeitpunkt, d.h. nicht im normalen, sehr frühen Entwicklungsverlauf, gehen integrierte Zustände leicht mit defensiven Attacken einher, die dann möglicherweise als Triebimpuls mißverstanden werden. Diese

Angriffe zu Abwehrzwecken können den genuinen Triebimpuls, der ein Resultat erfolgreicher Integration darstellt, im Laufe der Entwicklung verdrängen. Da Momente der Integration in der Psychotherapie älterer Kinder oder sogar Erwachsener extrem wichtig sein können, muß der Therapeut die Auswirkungen der Integration umfassend verstehen; in der Praxis ist es manchmal nur kurzfristig notwendig, daß er sich als schützender Puffer zwischen die nicht anerkannte äußere Welt und das neu integrierte Individuum stellt. Wenn der Therapeut in der Lage ist, sich in diesem Augenblick genauso zu verhalten, wie es der Mutter eines normalen Babys in der frühen Betreuungsphase möglich ist, dann besteht keine Notwendigkeit, das paranoide Muster zu organisieren, so daß das Individuum einen genuinen Triebimpuls entwickeln kann, d. h. einen Impuls, der eine biologische Grundlage und somit einen anderen Charakter hat als der Angriff zu Abwehrzwecken, der nicht angeboren ist und auf Angst beruht.

In der klinischen Arbeit erhält dieser Punkt eine praktische Bedeutung, wenn es darum geht, in einem bestimmten Fall anzuerkennen, daß ein paranoides Verhaltensmuster – d. h. die Tendenz, den Angriff als Abwehr einzusetzen – trotz seines pathologischen Charakters ein positives Element, nämlich eine momentane Integration, in sich birgt.

Diese Überlegungen scheinen mir der von Lydia Jackson vertretenen Therie sehr nahe zu kommen.[3]

[3] Jackson, Lydia (1954): Aggression and its Interpretation.

3 Der Einzug der Psyche in den Körper

Körpererleben

Wir gehen mit größter Selbstverständlichkeit davon aus, daß die Psyche ihren Platz im Körper hat, und vergessen dabei, daß auch dieses Wohnen der Psyche im Körper einen Entwicklungsschritt darstellt, eine Errungenschaft, die keineswegs allen Menschen zuteil wird. Bei manchen Menschen erhält dieser Prozeß auch ein übertriebenes Gewicht, weil er von Eltern erzwungen wird, die auf die akrobatischen Leistungen ihres Säuglings im Gymnastikkurs ungeheuer stolz sind. Selbst Menschen, die ganz in ihrem Körper zu leben scheinen, entwickeln mitunter die Vorstellung, als reiche ihre Existenz ein wenig über die Hautgrenze hinaus; jener Teil des Selbst, der nicht vom Körper umgrenzt wird, scheint dann wie eine Art Ektoplasma empfunden zu werden. Im entgegengesetzten Fall, nämlich der Hysterie, kann sich ein Zustand entwickeln, in dem die Haut überhaupt nicht zur Persönlichkeit zu gehören scheint und vom Patienten als taub und bedeutungslos empfunden wird.

Die Haut ist grundlegend und unübersehbar der bedeutendste Faktor in dem Prozeß der eindeutigen Verankerung der Seele *im Körper* und ihrer festen Verknüpfung *mit dem Körper*. Pflege und Stimulierung der Haut sind wichtige Bestandteile der Säuglingsbetreuung; sie begründen ein gesundes Leben im Körper, ebenso wie das Halten die Integration fördert. Während eine hypertrophe Entwicklung intellektueller Prozesse dem Erwerb der psycho-somatischen Einheit eher hinderlich ist, kann das Erleben der Körperfunktionen, Hautempfindungen oder der Muskelerotik diese Entwicklung fördern. Die körperliche Verankerung der Psyche geht, so könnte man sagen, zu gewissem Grad verloren, wenn Triebversagungen ein Gefühl der Hoffnungslosigkeit oder Sinnlosigkeit hervorrufen, so daß jeder Mensch Phasen zu ertragen hat, in denen zwischen Psyche und Soma keine Verbindung mehr besteht. Dieser Zustand kann zu gesundheitlichen Entgleisungen aller Grade führen. Den Vorstellungen, die Menschen sich von

Gespenstern, körperlosen Geistern, machen, liegt der Verlust der körperlichen Verankerung der Psyche zugrunde, und der Nutzen der Gespenstergeschichten besteht darin, daß sie unsere Aufmerksamkeit auf das immer labile Miteinander von Psyche und Soma lenken.

Die Theorie findet nicht nur in der klinischen Untersuchung und Behandlung von Hautstörungen direkte Anwendung, sondern ermöglicht auch das Verständnis einer Vielzahl allgemeiner psychosomatischer Störungen. Eine psycho-somatische Störung ist auf zahlreiche Ursachen zurückführen; die Ursache, die gewöhnlich nicht berücksichtigt wird, ist dabei womöglich die wichtigste. In Diskussionen über die Psychologie psycho-somatischer Störungen wird der Gewinn, den die Verankerung eines psychischen Aspekts in einem bestimmten Körperteil für den Patienten hat, in der Regel mit keinem Wort erwähnt. Hinter psycho-somatischen Störungen sind psychotische Ängste verborgen, selbst wenn in zahlreichen Fällen hypochondrische oder neurotische Faktoren eindeutig im Vordergrund stehen.

Die Einheit von Körper und Psyche ist nicht angeboren. Aus unserer Sicht setzt die Psyche den Körper voraus, weil die Psyche auf der Funktionsfähigkeit des Gehirns beruht und aus der imaginativen Bearbeitung und Ausgestaltung von Körperfunktionen hervorgeht. Unter dem Blickwinkel des sich entwickelnden Individuums betrachtet, gibt es jedoch keine solche angeborene Aufeinanderfolge von Körper und Selbst, und dennoch setzt Gesundheit voraus, daß sie sich allmählich entwickelt, damit das Individuum sich mit dem, was genaugenommen nicht das Selbst ist, identifizieren kann. Nach und nach arrangiert sich die Psyche mit dem Körper, so daß beim gesunden Menschen schließlich die Körpergrenzen mit den Grenzen der Psyche übereinstimmen. Der Kreis, den ein dreijähriges Kind malt und als »Ente« bezeichnet, stellt sowohl die Persönlichkeit der Ente als auch ihren Körper dar. Dieser Entwicklungsschritt geht mit der Entwicklung der Fähigkeit, »ich« zu sagen, einher. Wir wissen, daß viele Menschen gar nicht erst soweit kommen oder aber das, was sie schon einmal erreicht haben, wieder verlieren.

Ein Großteil dessen, was ich über die »Integration« geschrieben habe, gilt auch für das Einwohnen der Psyche im Körper. Dieses Miteinander wird durch ruhiges und erregtes Erleben auf je charakteristische Weise beeinflußt. Unterstützung erfährt die Entwicklung der psycho-somatischen Einheit aus zwei Richtungen, nämlich sowohl durch persönliche Faktoren als auch durch Umwelteinflüsse – durch die subjektive Wahrnehmung von Impulsen, Hautsensationen, Muskelerotik und Trieben einschließlich der Erregung der ganzen Person ebenso wie durch körperliche Versorgung und befriedigendes Eingehen auf Triebforderungen. Besonderes Gewicht können wir in diesem Zusammenhang körperlichen Aktivitäten, und zwar vor allem spontanen Aktivitäten, beimessen. Jeder, der kleine Kinder zu betreuen hat, weiß heute, wie wichtig es für den Säugling ist, nach Herzenslust strampeln zu dürfen, ohne durch lästige Kleidung behindert zu werden. Darüber hinaus ist bekannt, daß Wickeltechniken die Persönlichkeitsentwicklung beeinflussen.[1]

Als schwerwiegende Folge von Triebversagungen ist insbesondere die Lockerung oder der Verlust der Bindung zwischen Psyche und Körper zu betrachten. Bei ruhiger (nicht erregender) Betreuung durch die Umwelt jedoch kann diese Beziehung im Laufe der Zeit wiederhergestellt werden.

In der Erwachsenenpsychiatrie beschreibt der Begriff »Depersonalisierung« den Verlust der Verbindung von Psyche und Soma. Man kann diesen Begriff auch für einen klinischen Zustand benutzen, der sich bei normalen Kindern recht häufig beobachten läßt, einen Zustand, der gewöhnlich als »Gallenkolik« bezeichnet wird, auch wenn er nicht unbedingt mit Erbrechen einhergeht; das Kind wirkt vorübergehend völlig entkräftet, ist leichenblaß und keinem Kontakt zugänglich – nach wenigen Minuten oder Stunden jedoch ist es wieder auf den Beinen und vollkommen ausgeglichen, mit normalem Muskeltonus und warmer Haut.

[1] Gorer, G., und J. Rickman (1949): [The People of Great Russia: A Psychological Study].

Paranoia und Naivität

Es ist zuweilen aufschlußreich, zwei Extreme miteinander zu vergleichen. In der normalen Entwicklung beruhen Integration und psychosomatische Einheit sowohl auf persönlichen Faktoren, nämlich der Wahrnehmung aktiver Körperfunktionen, als auch auf der Betreuung durch die Umwelt. Manchmal jedoch treten die subjektiven Faktoren in den Vordergrund und manchmal die Umwelteinflüsse.

Dominiert das erstgenannte Extrem die Entwicklung, so wird der Säugling durch die Erwartung von Verfolgung beherrscht. Dabei stellt die Integration des Selbst einen Akt der Feindseligkeit gegenüber dem Nicht-ICH dar; die Rückkehr in den Ruhezustand ist keine Rückkehr an einen Erholungsort, weil dieser Ort sich in der Zwischenzeit verändert hat und gefährlich geworden ist. Insofern liegt hier eine sehr frühe Quelle der paranoiden Disposition – sehr früh, aber nicht ererbt oder wirklich konstitutionell bedingt.

Im zweiten Extremfall der Entwicklung wird die Integration des Selbst in erster Linie durch die Betreuung der Umwelt hergestellt: Man könnte sogar sagen: Das Selbst ist »integriert worden«. Eine Verfolgungserwartung spielt so gut wie keine Rolle, statt dessen wird einer Naivität der Boden bereitet, einer Unfähigkeit, Verfolgung zu erwarten, und einer unwiderruflichen Abhängigkeit von einer guten Versorgung durch die Umwelt.

Der Normalfall, der zwischen den beiden Extremen liegt, erlaubt sowohl die Erwartung einer Verfolgung als auch die Wahrnehmung, daß eine fürsorgliche Umwelt vor Verfolgung schützt.

Auf dieser Grundlage entwickelt das Individuum allmählich die Fähigkeit, die Umweltfürsorge durch eine Selbst-Fürsorge zu ersetzen, so daß es in einem Maß unabhängig werden kann, das in den beiden Extremfällen, der Naivität und der paranoiden Haltung, nicht möglich ist.

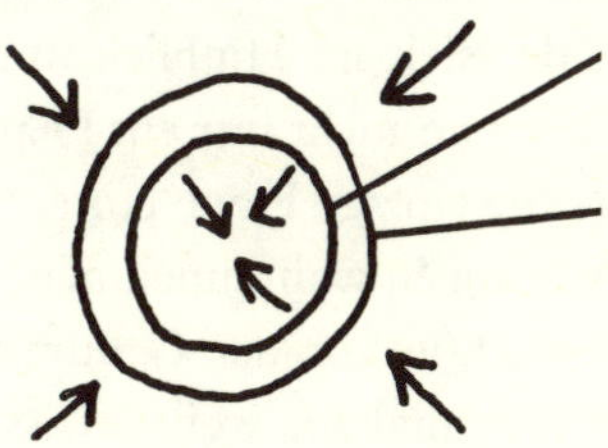

4 Die frühesten Zustände

Diagramm des Systems »Umwelt-Individuum«

Es ist möglich, ein noch früheres Stadium in der individuellen Entwicklung zu untersuchen, wenn wir uns erneut einer anderen Darstellungsmethode bedienen. Wir können mit einem Diagramm arbeiten. In den Phasen, die wir nun betrachten werden, ist die Umwelt von größter Bedeutung, so daß man sie weder in der Theorie noch in der Praxis unberücksichtigt lassen kann.

Alles, was im folgenden gesagt wird, muß auf den Säugling unmittelbar vor und nach einer termingerechten Geburt anwendbar sein. Wir sind nicht gezwungen, einen genauen Zeitpunkt zu bestimmen, an dem der Fötus zu einer Person wird, die psychologisch untersucht werden kann, mit einiger Sicherheit aber dürfen wir sagen, daß ein übertragenes Kind durch gewisse Anzeichen zu erkennen gibt, daß es zu lange im Mutterleib gewesen ist, während man bei einem frühgeborenen Kind beobachten kann, daß es zu menschlichem Erleben noch kaum in der Lage ist. Der Geburtstermin, der für den Säugling unter psychologischem Aspekt betrachtet der richtige ist, wird mehr oder weniger mit dem Zeitpunkt übereinstimmen, zu dem er auch in physischer Hinsicht angemessen auf die Geburt vorbereitet ist, nämlich nach neun Monaten intra-uterinen Lebens.

Die Auswirkungen des Geburtsvorgangs selbst sollen im nächsten Kapitel untersucht werden. Zunächst müssen wir eine Sprache finden, die einem kurz vor dem Geburtstermin stehenden Fötus gerecht wird, denn unsere Untersuchung der Folgen des Geburtstraumas für das Individuum ist auf eine Grundlage angewiesen, einen Beobachtungsansatz, der sich im Hinblick auf den menschlichen Fötus als sinnvoll erweist und nicht nur ein Phantasiekonstrukt des Psychologen darstellt. Die einzige Frage lautet: In welchem Alter beginnt der Mensch, Erfahrungen wahrzunehmen? Wir müssen davon ausgehen, daß das Baby schon vor der Geburt fähig ist, körperliche Erinnerungsspuren festzuhalten, weil gewisse Anzeichen dafür sprechen, daß bereits von einem vorgeburtlichen Zeitpunkt an keine Erfahrung, die es macht, mehr verloren geht. Jeder weiß, daß Babys im Mutterleib Bewegungen vollführen, die zunächst den Schwimmbewegungen eines Fisches gleichen. Müttern sind diese überaus wichtigen Aktivitäten wohlvertraut, so daß sie um den sechsten Monat herum auf die ersten Bewegungen warten. Irgendwann entwickelt der Fötus vermutlich auch die Fähigkeit, Empfindungen wahrzunehmen; auf jeden Fall ist es möglich und sogar wahrscheinlich, daß er über ein zentrales System verfügt, das diese Erfahrungen normalerweise registrieren kann.

Ich möchte für das normale Baby vor und nach der Geburt einen bestimmten Seinszustand postulieren. Dieser Zustand gehört zum Säugling und ist nicht derjenige des Beobachters. Kontinuität des Seins ist Gesundheit. Betrachten wir zum Vergleich eine Seifenblase: Man kann sagen, daß sie eine *Kontinuität der Existenz* besitzt, wenn der von außen erfolgende Druck mit dem Innendruck übereinstimmt, und wenn es sich um ein Baby handeln würde, würden wir dieses Baby als »Lebewesen« bezeichnen. Wenn jedoch der Druck, der von außen auf die Seifenblase einwirkt, größer oder geringer ist als der Innendruck, dann muß sie *auf eine Einwirkung von außen [impingement] reagieren.* Sie verändert sich, und zwar in Reaktion auf Veränderungen in der Umwelt, nicht aufgrund ihres persönlichen, impulsiven Erlebens. Auf den Menschen bezogen, bedeutet dies, daß sein kontinuierliches Sein eine Unterbrechung erfährt, d. h., die Reaktion auf eine Einwirkung von außen tritt an die Stelle des Seins. Sobald diese Einwirkung beendet ist, findet auch keine Reaktion mehr statt; statt reagieren zu müssen, kann der Säugling in den Zustand des Seins zurückkehren. Mit Hilfe dieser Darstellung können wir uns meiner Ansicht nach nicht nur in das intra-uterine Leben einfühlen, ohne unsere Phantasie dabei zu überfordern; sie kann auch als extreme Vereinfachung hochkomplexer Phänomene des Lebens auf jeder späteren Altersstufe dienen.

1

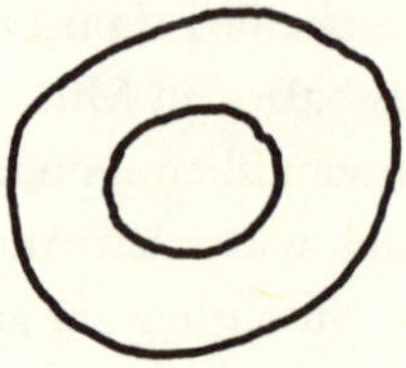

Diagramm 1 illustriert die absolute Isolation des Individuums als Bestandteil der Einheit, die das System »Umwelt-Individuum« zunächst darstellt.

Hier erhebt sich nun die Frage: Wie wird ein Kontakt hergestellt? Wird er aus dem Lebensprozeß des Individuums hervorgehen oder aber aus den unruhigen Bewegungen der Umwelt resultieren?

Nehmen wir an, daß die aktive Anpassung nahezu vollkommen ist. Das Ergebnis ist im folgenden Diagramm abgebildet:

2

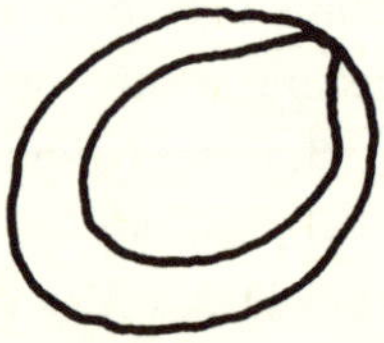

Die Bewegungen des Individuums selbst (vielleicht eine tatsächliche körperliche Aktivität, etwa eine Bewegung des Rückgrats oder der Beine im Mutterleib) treffen auf die Umwelt. Aus wiederholten Begegnungen dieser Art entwickelt sich ein Beziehungsmuster.

In einem weniger glücklichen Fall resultiert das Beziehungsmuster aus einer Bewegung seitens der Umwelt, wie sie das 3. Diagramm darstellt:

3

Dieser Kontakt rechtfertigt die Bezeichnung »Übergriff«. Das Individuum reagiert auf diese Einwirkung, die unvorhersehbar ist, weil sie nichts mit dem Lebensprozeß des Individuums selbst zu tun hat. Aus wiederholten Übergriffen entwickelt sich ebenfalls ein Beziehungsmuster, dessen Resultat sich gravierend von dem des zuvor beschriebenen Musters unterscheidet. Während die angesammelten Erfahrungen im ersten Fall als Bestandteil des Lebens und als real empfunden werden, unterbricht im zwei-

4 

ten Fall die Reaktion auf die Einwirkung von außen das Gefühl des Seins, das Gefühl, wirklich zu leben; es kann nur durch Rückkehr in die ruhige Isolation wiedererlangt werden (4).

Mit diesen einfachen Diagrammen läßt sich zeigen, daß Umwelteinflüsse bereits in sehr frühem Alter darüber entscheiden können, ob ein Mensch neugierig nach Erfahrungen suchen oder aber sich von der Welt zurückziehen wird, wenn er sich vergewissern will, daß das Leben lebenswert ist. Es ist möglich, daß Starrheit und mangelnde Anpassungsfähigkeit der Mutter (bedingt durch ihre eigene Angst oder ihre depressive Stimmung) sich dem Säugling auf diese Weise bereits vermitteln, noch bevor er geboren wird.

Ausgehend von diesem Postulat des Seins, der Kontinuität des Seins, der Unterbrechung dieser Kontinuität durch Reaktionen auf Einwirkungen von außen und der anschließenden Rückkehr ins Sein können wir nun eine weitere Aussage formulieren: Irgendwann vor der Geburt beginnt der Säugling, sich an Unterbrechungen der Kontinuität zu gewöhnen, so daß er sie, vorausgesetzt, daß sie nicht zu gravierend sind oder sich über einen allzu langen Zeitraum erstrecken, zu ertragen vermag. In physischer Hinsicht bedeutet dies, daß das Baby Veränderungen des Drucks, der Temperatur und anderen einfachen Umweltphänomenen nicht nur ausgesetzt gewesen ist, sondern sie auch registriert und begonnen hat, Möglichkeiten zu entwickeln, um angemessen auf sie reagieren zu können. Der Beobachter weiß natürlich, daß die Umwelteinflüsse in ihren Auswirkungen ebenso bedeutsam sind, wenn sie schlicht die Kontinuität des Seins gewährleisten oder im anderen Fall einen Übergriff darstellen und die Kontinuität durch Reaktionen unterbrochen wird; für das Kind jedoch gibt es keinen Anlaß, sich der Umgebung bewußt zu werden, wenn sie hinreichend gut ist, denn die hinreichend gute Umgebung ist, wie wir nicht vergessen dürfen, von der natürlichen Entwicklung des Menschen, der gerade zu leben beginnt, nicht zu unterscheiden.

Alle bisherigen Versuche, die Psychologie der sehr frühen Stadien der menschlichen Entwicklung zu untersuchen, wurden erschwert und erwiesen sich als nutzlos, weil die Psychologen es unterließen, die hinreichend gute Umwelt zu berücksichtigen, die vom Säugling selbst kaum wahrgenommen wird, für seine Entwicklung aber unverzichtbar ist. Diese Überlegung findet zuweilen sogar in einer ganz normalen psychoanalytischen Behandlung Anwendung. Als Beispiel nenne ich einen Patienten, der an einem bestimmten Punkt seiner Analyse, während er auf der Couch lag, sagte:

> »Gerade eben sah ich ein Bild vor Augen, wie ich mich zusammengekauert immer um mich selbst drehte.«
> Sofort versetzte ich den zusammengekauerten Säugling in eine Umwelt und sagte zu meinem Patienten: »Wenn Sie mir das erzählen, weisen Sie indirekt auch auf etwas hin, von dem Sie nichts wissen konnten, nämlich auf die Existenz eines Mediums, wie ich es nennen würde.« (Natürlich dachte ich dabei sowohl an die physische Situation im Mutterleib als auch an die psychische Umwelt.) Der Patient antwortete: »Mir ist klar, was Sie meinen, wie das Öl, in dem sich ein Rad dreht.« (Analogie zu einem Getriebe oder dem Kronrad einer Uhr.)
> Da ich einen Sinn in diesem momentanen Rückzug erkannte, konnte er in der Analyse zu einer kurzen, sehr wertvollen Regression werden, die gewaltige Veränderungen zur Folge hatte und es dem Patienten u. a. ermöglichte, sich in neuer Weise mit der äußeren Realität auseinanderzusetzen.

Diese einfache graphische Darstellung eines Mediums, welches das Individuum umhüllt, ist für die Bezugsperson, die für dieses Individuum die Umwelt repräsentiert, von grundlegender Wichtigkeit. Es ist auf alle Formen der Säuglingspflege und Kindererziehung ebenso wie auf die Betreuung körperlich und geistig kranker Menschen anwendbar.

Grundsätzlich ist festzuhalten, daß die aktive Anpassung der Mitwelt an die einfachen Bedürfnisse (der Trieb hat seinen zentralen Stellenwert noch nicht erlangt) es dem Individuum ermöglicht, zu SEIN, ohne sich der Umwelt bewußt werden zu müssen. Darüber hinaus können wir sagen, daß unzulängliche Anpassung die Kontinuität des Seins unterbricht, Reaktionen auf die Übergriffe seitens der Umwelt erzwingt und so einen Zustand hervorruft, der Kreativität unmöglich macht. Der primäre Narzißmus oder der Zustand, der einer bewußten Anerkennung der Umwelt *vorausgeht*, ist der einzige Zustand, in dem das Individuum sich seine Umwelt selbst erschaffen kann.

Wirkung der Schwerkraft

Es gibt noch einen wichtigen Nebenaspekt, der für die Betreuung kleiner Kinder sowie für die Pflege sehr kranker, psychotischer Patienten, die entweder aufgrund ihrer Krankheit oder im Laufe der Behandlung dieser Krankheit regrediert sind, eine Rolle spielt, nämlich das erste Erleben der Schwerkraft.

Wir müssen ein Stadium im intra-uterinen Leben postulieren, in dem die Schwerkraft noch keine Rolle spielt; Liebe oder Fürsorge können nur körperlich ausgedrückt und registriert werden, als gewissermaßen allumfassende Umweltanpassung. Eine der durch die Geburt bedingten Veränderungen bewirkt, daß der neugeborene Säugling sich auf etwas völlig Neues einstellen muß, nämlich auf die Erfahrung, emporgehoben statt ringsum gehalten zu werden. Er wird sozusagen nicht mehr von allen Seiten geliebt, sondern nur noch von unten. Mütter wissen dies zu berücksichtigen, indem sie ihre Babys so halten, daß diese sich ringsum geborgen fühlen, und sie vielleicht in Windeltücher wickeln, die einen festen Halt bieten; sie versuchen, dem Baby Zeit zu geben, sich an das neue Phänomen zu gewöhnen. Der Vorstellung, ins Unendliche zu fallen oder in unermeßliche Höhen emporgehoben zu werden, liegt die Unfähigkeit der Mutter zugrunde, dem Baby diesen Übergang von einem Leben in der Schwerelosigkeit zum Leben mit der Schwerkraft durch einfühlsame Anpassung zu erleichtern. Die Symptomatik älterer Menschen zeigt deutlich, daß dieser Wechsel der Lebensbedingungen vom Säugling mitunter so empfunden wird, als werde er nicht länger geliebt, sondern sei der Vernachlässigung ausgesetzt.

5 Ein primärer Zustand des Seins: Prä-primitive Stadien

Der ursprüngliche Zustand ist die Nicht-Integration; zwischen Körper und Psyche besteht keine Verbindung, und es gibt keinen Platz für eine NICHT-ICH-Realität. Dies ist, theoretisch betrachtet, der primäre Zustand, unstrukturiert und planlos. In der Praxis sieht es anders aus, denn dem Säugling wird Fürsorge zuteil, d. h., er wird geliebt, und diese Liebe wird ihm körperlich vermittelt. Die Anpassung an seine Bedürfnisse ist nahezu vollkommen.

Je weiter wir die frühesten Wurzeln der emotionalen Entwicklung zurückverfolgen, desto größer wird die Abhängigkeit, der wir begegnen. In der ersten Phase ist die Abhängigkeit von der Umwelt so absolut, daß es keinen Sinn ergibt, sich das neugeborene menschliche Individuum als abgegrenzte Einheit vorzustellen. Die Einheit besteht in diesem Stadium aus dem *System Umwelt-Individuum* (oder wie immer man es nennen mag), und das Individuum ist nur ein Bestandteil dieser Einheit. In diesem sehr frühen Stadium ist es auch nicht logisch, von einem Individuum zu sprechen, und zwar nicht nur deshalb, weil die Abhängigkeit so groß ist oder das Individuum noch gar keine Umwelt wahrzunehmen vermag, sondern auch, weil es noch kein individuelles Selbst gibt, das zwischen ICH und NICHT-ICH unterscheiden könnte.

Wenn wir dieses frühe Stadium betrachten, sehen wir eine Mutter und ein Baby, das sich in ihrem Leib entwickelt oder von ihr im Arm gehalten wird oder ihre Fürsorge in irgendeiner anderen Form erfährt. Aber wenn wir die Situation mit den Augen des Säuglings zu betrachten versuchen, so haben wir noch gar kein Stadium erreicht, das es uns erlauben würde, überhaupt einen Blickwinkel einzunehmen. Dennoch ist die gesamte künftige Entwicklung im Keim bereits angelegt, und die Kontinuität der Erfahrung des Seins ist entscheidend für die künftige Gesundheit des Babys, das einmal zu einem Individuum heranwachsen wird.

Wie können wir uns den Zustand des menschlichen Individuums

zu Beginn des Lebens, wenn das Sein aus dem Nicht-Sein hervorgeht, vorstellen? Welche Grundlage hat die menschliche Natur, wenn wir sie im Hinblick auf die individuelle Entwicklung betrachten? Wie ist der Urzustand beschaffen, in den jedes Individuum, wie alt es auch sein und über welche Erfahrungen es verfügen mag, zurückkehren kann, um von neuem zu beginnen?

Man kann diesen Zustand nicht beschreiben, ohne zugleich ein Paradoxon zu formulieren. Zu Beginn des Lebens ist der Säugling absolut allein. Gleichzeitig aber ist dieses Alleinsein nur unter der Bedingung maximaler Abhängigkeit möglich. In dieser Anfangsphase bleibt das kontinuierliche Sein des neuen Individuums ohne Bewußtsein für die Umwelt und für die Liebe der Umwelt; als Liebe bezeichnen wir (in diesem Stadium) eine aktive Anpassung, die so beschaffen ist, daß die Kontinuität des Seins nicht durch Reaktionen auf äußere Einwirkungen oder Übergriffe gestört wird.

Dieses fundamentale und angeborene Alleinsein, aus dem das Leben seinen Anfang nimmt, kann später in seiner ursprünglichen Form nie wieder erreicht werden. Dennoch aber bleibt lebenslang eine grundlegende, unveränderliche und tief im Individuum wurzelnde Einsamkeit bestehen, in der es sich der Bedingungen, die für den Zustand des Alleinseins unverzichtbar sind, nicht bewußt ist.

Der Wunsch, dieses Alleinsein zu erreichen, wird durch Ängste unterschiedlicher Art eingeschränkt und ist bei gesunden Menschen in ihrer Fähigkeit verborgen, in der sorgenden Gegenwart eines Selbstanteils, der speziell der Selbst-Fürsorge vorbehalten bleibt, allein zu sein.

Der Zustand, der dem Alleinsein vorausgeht, ist ein Zustand des Unlebendigseins, und hinter dem Wunsch, tot zu sein, verbirgt sich gewöhnlich der Wunsch, nicht zu leben. Im Augenblick des ersten Erwachens entsteht im menschlichen Individuum zugleich die Vorstellung, daß es einen ruhigen Zustand des Nicht-Lebens gibt, der durch eine extreme Regression in friedvoller Weise wiedererlangt werden kann. Der Tod ist in unserer Vorstellung im Grunde gleichbedeutend mit diesem Urzustand, der *dem Lebendigwerden vorausgeht*, dem Zustand, in dem das Individuum wirklich allein ist, lange bevor ihm seine Abhängigkeit überhaupt bewußt wird. Das Leben des Individuums umfaßt die Zeitspanne zwischen zwei Zuständen des Nicht-Lebens. Der erste dieser beiden Zustände, aus dem sich das Lebendigsein entwickelt, beeinflußt die Vorstellungen, die der Mensch in bezug auf den anderen Zustand des Unlebendigseins, nämlich den Tod, hegt.

Freud hat von dem anorganischen Zustand gesprochen, aus dem sich jedes Individuum entwickelt und in den es zurückkehrt; diese Überlegung legte er dann seiner Theorie des Lebens- und Todestriebs zugrunde. Es ist ein Beweis für seine Genialität, daß er diese offenkundige Wahrheit aussprach. Mir jedoch erscheint weder seine unmittelbare Anwendung dieser Erkenntnis noch die auf ihr beruhende Entwicklung einer Theorie des Lebens- und des Todestriebs überzeugend. Deshalb ist es meiner Ansicht nach erfolgversprechender, auf seine ursprüngliche Überlegung zurückzugreifen und die Konsequenzen, die er aus ihr zog, hintanzusetzen.

Ich möchte zwei Formulierungen, die auf den ersten Blick nichts miteinander zu tun haben, nebeneinanderstellen und bin mir der Widersprüchlichkeit ihrer Aussage bewußt; dem Beobachter ist klar, daß jedes menschliche Individuum als organische Materie aus anorganischer Materie hervorgeht und nach angemessener Zeit in diesen anorganischen Zustand zurückkehrt (selbst dies ist ohne jede Einschränkung nicht richtig, weil sich das Individuum aus einem Ovulum entwickelt, das selbst wiederum eine Vorgeschichte hat und aus all den Ovula hervorgegangen ist, die seit dem ersten Entstehen organischer aus anorganischer Materie vor Millionen von Jahren befruchtet wurden); aber aus der Sicht des Individuums und der individuellen Erfahrung (die seine Psychologie konstituiert) liegt seinem Lebendigwerden kein anorganischer Zustand zugrunde, sondern der Zustand des Alleinseins; dieser Zustand tritt auf, bevor Abhängigkeit überhaupt wahrgenommen werden kann; Abhängigkeit beruht in dieser Zeit auf absoluter Zuverlässigkeit; der primäre Zustand geht dem Trieberleben weit voraus, und noch später erst erwirbt das Individuum die Fähigkeit, Schuld zu erleben. Was wäre natürlicher, als daß es sich den Tod, der sich der Wahrnehmung entzieht, nach dem

Vorbild dieses Zustands, den es tatsächlich einmal durchgemacht hat, zu erklären versucht?

Der Säugling (oder Fötus) ist nicht in der Lage, über den Tod nachzudenken. Zweifellos aber muß jeder Säugling eine Fähigkeit besitzen, sich mit dem Alleinsein der Zeit vor der Abhängigkeit auseinanderzusetzen, denn er hat dieses Alleinsein durchlebt; an dieser Überlegung vermag auch die Unsicherheit bezüglich des Zeitpunkts, an dem der menschliche Säugling *zu sein* beginnt, nichts zu ändern.

Die Erkenntnis der dem Menschen zutiefst innewohnenden Erfahrung des Alleinseins vor der Abhängigkeit ist von ungeheurer Bedeutung. Freuds spätere Entwicklung der Theorie des Lebens- und Todestriebs setzt die Wahrnehmung des Todes, die Wahrnehmung des Unterschieds zwischen organischem und anorganischem Zustand und sogar der Destruktivität voraus; gleichzeitig unterläßt Freud jeden Hinweis auf die ursprüngliche Abhängigkeit – die eine doppelte ist, weil sie noch nicht wahrgenommen wird – und das allmähliche Gewahrwerden und Erfassen der Abhängigkeit. Somit läuft seine Theorie auf eine irrige Theorie des Todes als Schlußpunkt des Lebens hinaus, die zudem eine Theorie der Aggression konstituiert, die ebenso unzutreffend ist, weil sie zwei entscheidende Quellen der Aggression unberücksichtigt läßt: jene, die dem primitiven Liebesimpuls innewohnt (in dem Stadium, das nur die Reaktion auf Versagung, aber noch keine Besorgnis kennt), und jene, die aus der Unterbrechung des kontinuierlichen Seins durch Übergriffe, die Reaktionen erzwingen, erwächst. Vielleicht kann man dank der Entwicklung psychoanalytischer Theorien, die diese (und wahrscheinlich weitere) frühe Phänomene erklären, auf Freuds Theorie des Lebens- und Todestriebs verzichten; mir scheinen Freuds eigene Zweifel hinsichtlich ihrer Validität mittlerweile wichtiger geworden zu sein als die Theorie selbst. Es ist jedoch durchaus möglich, daß ich Freuds eigentliches Anliegen mißverstanden habe.

Wenn es berechtigt ist, von der Abfolge Alleinsein – Abhängigkeit im doppelten Sinn – Triebimpuls in einem Stadium vor der Besorgnis – Besorgnis und Schulderleben auszugehen, dann erscheint es mir überflüssig, einen »Todestrieb« zu postulieren. Wenn der primitive Liebesimpuls jedoch kein aggressives Element in sich birgt, sondern Wut nur durch Frustration ausgelöst wird und der Wechsel von Rücksichtslosigkeit zu Besorgnis infolgedessen unwichtig ist, dann sind wir auf eine andere Aggressionstheorie angewiesen und müssen das Todestrieb-Konzept erneut überprüfen.

Für einen Säugling, der am Beginn des Lebens steht, hat der Tod eine ganz bestimmte Bedeutung: Tod ist der Verlust des Seins aufgrund fortgesetzter Reaktionen auf Übergriffe seitens der Umwelt (nicht hinreichend gute Anpassung). Es ist überflüssig, weitergehende Spekulationen anzustellen und ein frühes infantiles Wissen um ein Nicht-Leben zu bemühen; dies wäre absurd, weil ein solches Wissen eine gewaltige Entwicklung voraussetzt, die, wie wir vermuten dürfen, noch nicht stattgefunden hat.

6 Chaos

Es ist nicht notwendig, einen Urzustand des Chaos zu postulieren. Chaos ist ohne Ordnung nicht denkbar; dementsprechend gibt es zu Beginn auch keine Dunkelheit, denn Dunkelheit ist ohne Licht nicht denkbar. Bevor jedes Individuum die Welt aufs neue erschafft, beginnt es in einem einfachen Zustand des Seins, mit dem dämmernden Gewahrwerden einer Kontinuität des Seins und einer Kontinuität des Existierens in der Zeit.

In der Geschichte der emotionalen Entwicklung eines Individuums entsteht Chaos zum erstenmal dann, wenn das Reagieren auf äußere Einwirkungen das Sein unterbricht; besonders groß ist die Gefahr, wenn solche Unterbrechungen sich über einen allzu langen Zeitraum erstrecken. Zunächst bedeutet Chaos die Beeinträchtigung des fortwährenden Seins; Erholung tritt ein, sobald die Kontinuität wiedererfahren werden kann. Wenn die Beeinträchtigung jedoch ein bestimmtes Maß überschreitet und, gemessen an früheren Erfahrungen des fortwährenden Seins, unerträglich ist, wird das Chaos aufgrund einfacher ökonomischer Gesetze in gewissem Umfang Bestandteil der Persönlichkeit des Individuums.

Bedeutung gewinnt das Chaos dann, wenn eine Art Ordnung wahrnehmbar wird. Es stellt eine Alternative zur Ordnung dar, und zu dem Zeitpunkt, an dem das Chaos vom Individuum als solches wahrgenommen werden kann, ist es selbst bereits zu einer Art Ordnung geworden, zu einem Zustand, der zuweilen organisiert wird, um Ängste, die mit der Ordnung verbunden sind, abzuwehren.

Im Verhältnis zu der Ordnung, die wir als Integration bezeichnen, gewinnt das Chaos eine neue Bedeutung. Die Nicht-Integration, der primäre Zustand, ist nicht chaotisch. Desintegration ist chaotisch, weil sie eine Alternative zur Ordnung darstellt; man kann sie als Abwehrorganisation archaischer Art bezeichnen, die sich gegen die mit der Integration verbundenen Ängste richtet. Gleichwohl ist die Desintegration kein Zustand, der sich unabhängig entfalten kann; in dem Maße, wie die Desintegration aufrechterhalten werden muß, muß die emotionale Entwicklung vorübergehend zum Stillstand kommen. Jede Form des Chaos intensiviert das mit den nachfolgenden Stadien verbundene Chaos, während die Erholung vom Chaos in einem frühen Stadium sich vorteilhaft auf die Erholung vom Chaos in den späteren Phasen auswirkt.

Zweifellos kann das in der Umwelt herrschende Chaos so groß sein, daß das Individuum gezwungen ist, Chaos als eine Form der Abwehr zu organisieren, die klinisch nur schwer von einem geistigen Defekt aufgrund mangelhafter Funktionsfähigkeit des Hirngewebes zu unterscheiden ist. In diesem Fall ist der Defekt das Resultat einer bereits sehr früh einsetzenden, dauerhaften Entwicklungsarretierung.

Das Chaos der inneren Welt stellt ein wesentlich späteres Phänomen dar. Im Kontext späterer Phänomene ist das Chaos der inneren Welt ein organisierter Zustand, der sich aus dem oralen Sadismus herleitet und mit dem Triebleben des Individuums zusammenhängt, das den Zustand der Einheit der Persönlichkeit bereits erworben hat und ein Innen und ein Außen besitzt. Die hypochondrische Angst geht mit diesem inneren Chaos einher, und die Depression (einer bestimmten Form) dient der magischen Kontrolle sämtlicher innerer Phänomene bis zu einer Wiederherstellung der inneren Ordnung.

Das Chaos in der äußeren Welt, das der depressive Patient heraufbeschwört, stellt einen Versuch des Individuums dar, zu zeigen, wie es in seinem Innern aussieht. Um solche Verhaltensweisen zu verhindern, entwickelt das Individuum möglicherweise ein zwanghaftes Bedürfnis nach äußerer Ordnung, wie es zum Beispiel bei der Zwangsneurose der Fall ist; zwangsneurotische Verhaltensweisen lassen jedoch immer auf ein inneres Chaos schließen, so daß die zwanghafte Ordnungsliebe nicht heilsam wirken kann, weil sie nur die äußerlichen Manifestationen des inneren Chaos betrifft, das durch sie verleugnet werden soll.

Zunächst also gibt es kein Chaos, weil es noch keine Ordnung gibt. Diesen Zustand kann man als Nicht-Integration bezeichnen. Chaos entwickelt sich in Beziehung zur Integration, und eine Rückkehr ins Chaos wird als Desintegration bezeichnet.

Die Abwehrzustände, die sich daran anschließend entwickeln, sind nicht chaotischer Natur, sondern beruhen auf Spaltungsvorgängen. Spaltungsvorgänge spielen in der Entwicklung eines jeden Menschen eine wichtige Rolle; sie müssen jedoch keine signifikante Bedeutung erlangen, wenn sie durch die Illusion, die die mütterliche Fürsorge ermöglicht, gedämpft werden. Ohne aktive, hinreichend gute Anpassung gewinnen die Spaltungsvorgänge einen signifikanten Stellenwert, was zu folgenden Resultaten führt:

A. Die Ursprünge des wahren Selbst, zu dem die Spontaneität gehört, bleiben omnipotent an die subjektive Welt gebunden und verborgen, und
B. das falsche Selbst nimmt eine auf Willfährigkeit beruhende Beziehung (ohne Spontaneität) zu dem, was wir als äußere Realität bezeichnen, auf.

Mit fortschreitender Entwicklung kann das Individuum die Spaltungen innerhalb der Persönlichkeit nach und nach aufheben, so daß wir den Mangel an Ganzheit nun als Dissoziation bezeichnen.

Das Erreichen einer Einheit der Persönlichkeit und der depressiven Position ermöglicht die Dramatisierung des Chaos, der Spaltungsvorgänge und Dissoziationen in der persönlichen inneren Welt, wobei die komplexen Resultate der persönlichen Trieberfahrungen in diese Dramatisierungen integriert werden.

Nachdem das Individuum den Zustand der Einheit erreicht hat, ist die Desintegration ein organisiertes Rückgängigmachen der Integration; es wird ausgelöst und aufrechterhalten durch unerträgliche, mit dem Erleben der Ganzheit verbundene Angst. Die Aufspaltung, die mit der Desintegration verbunden ist, verläuft analog den Spaltungslinien in der Struktur der inneren Welt oder analog den in der Außenwelt wahrgenommenen Spaltungen.

Der Begriff Dissoziation bezeichnet einen Zustand der relativ zufriedenstellend entwickelten Persönlichkeit, in dem zwischen den einzelnen Persönlichkeitsanteilen ein erhöhter Mangel an Zusammenhalt besteht. So ist es beispielsweise möglich, daß zwischen den Schlaf- und Wachzuständen keine Verbindung durch erinnerte Träume stattfindet. Es gibt eine normale (zeitliche) Dissoziation zwischen dem Leben eines dreijährigen Kindes und dem Leben desselben Kindes, wenn es ein paar Jahre älter geworden ist. Unter Umständen kommt die Dissoziation in einer Tendenz zu »Fugue«-Zuständen zum Ausdruck oder in einer Neigung zu Phasen der Aktivität und Lebendigkeit, die dem Charakter nicht wirklich entsprechen und später nicht erinnert werden können.

Nun kann das Individuum die Verbindung zu den umfangreichen Organisationen lockern, die mit den primitiven Stadien des Seins verbunden sind, und ein Bewußtsein entwickeln, das durch das Unbewußte bereichert, aber auch vor Schwierigkeiten gestellt wird. Bestimmte Selbstanteile bleiben weiterhin unannehmbar, so daß nun eine spezifische Form des Unbewußten (verdrängte Bereiche im Unbewußten) entsteht.

Von Verdrängung sprechen wir, wenn Gefühle, Erinnerungen und Vorstellungen dem Bewußtsein einer mehr oder weniger gesunden Person verlorengehen; dieser Vorgang wird durch das unerträgliche Gequältsein ausgelöst, das mit der bewußten Wahrnehmung der Gleichzeitigkeit von Liebe und Haß und der Angst vor Vergeltung verbunden ist. Damit einher geht eine Triebhemmung. Die klassische Psychoanalyse setzt hier, bei der Verdrängung, an und lindert das Leiden des Patienten, indem sie ihn befähigt, sich seiner Konflikte bewußt zu werden und die Angst, die mit einer ungehemmten Triebäußerung verbunden ist, zu ertragen.

Wenn die Entwicklung zufriedenstellend verläuft, kann das Individuum lernen, zu täuschen, zu lügen, Kompromisse zu schließen, Konflikte als Tatsache zu akzeptieren und auf die extremen Perfektionsvorstellungen und die Idealisierung ihres Gegenteils zu verzichten, die das Dasein unerträglich machen. Die Kompromißfähigkeit ist kein Charakteristikum des seelisch Kranken.

Der reife Mensch ist weder so nett noch so unausstehlich wie der unreife. Das Wasser im Glas ist trübe, aber nicht ungenießbar.

7 Die Funktion des Intellekts

Zunächst gibt es nur das Soma, danach erst entwickelt sich die Psyche, die sich bei gesunder Entwicklung sukzessive im Soma verankert; früher oder später taucht ein drittes Phänomen auf, das als Intellekt, Geist oder Verstand bezeichnet wird.

Die Beziehung des Geistes zur menschlichen Natur läßt sich am besten untersuchen, indem man die einfache Psyche-Soma-Verbindung betrachtet und dabei eine hinreichend gute Umwelt voraussetzt.

Zunächst muß sich die Umwelt vollständig an die Bedürfnisse anpassen, damit der Zustand des Seins nicht durch das Reagieren auf Übergriffe unterbrochen wird. Bald jedoch ist eine vollkommene Anpassung nicht mehr nötig; ein allmähliches Anpassungsversagen ist nun hilfreich (und unvermeidlich). Der Intellekt hat begonnen, eine unzulängliche Anpassung (die ein bestimmtes Maß nicht überschreitet) zu erklären, zu tolerieren und sogar zu erwarten und ein gewisses Maß an Anpassungsversagen auf diese Weise wiederum in eine vollkommene Anpassung zurückzuverwandeln. Erfahrungen werden gespeichert, klassifiziert und zu einem Zeitfaktor in Beziehung gesetzt. Bereits lange bevor sich das Denken entwickelt hat – und das Denken setzt wohl die Sprache voraus –, mußte der Intellekt eine Funktion erfüllen, die sich von Säugling zu Säugling in hohem Maß unterscheidet, weil die Aufgaben, die der Verstand lösen muß, weniger durch angeborene Faktoren des Seins und Wachstums vorgegeben sind als vielmehr durch das Verhalten der Umwelt oder der Mutter, die den Säugling versorgt. Eine chaotische Säuglingsbetreuung (durch eine seelisch kranke Mutter) führt zu intellektueller Verwirrung und einer Art geistigen Defekts, während eine leichte Überforderung des Säuglings durch Anpassungsversagen in den frühen Phasen unter Umständen eine Überentwicklung des Intellekts und Verstandes zur Folge hat, von der das Individuum später sinnvoll profitieren kann, auch wenn dieser Zustand ein gewisses Maß an Instabilität mit sich bringt, weil er kein angeborenes, sondern ein reaktives Phänomen darstellt.

Im Extremfall wird die intellektuelle Überentwicklung, mit deren Hilfe eine unzulängliche Anpassung an Bedürfnisse erfolgreich verarbeitet werden kann, für die Ökonomie des Kindes so wichtig, daß der hypertrophe Intellekt zur Kinderfrau wird, die als Muttterersatz dient und das Baby im Selbst des Kindes versorgt. In einem solchen Fall erhält der Intellekt eine falsche Funktion zugewiesen, er führt ein verselbständigtes Dasein und beherrscht das Psyche-Soma, anstatt eine spezifische Funktion desselben darzustellen. Das Resultat mag Lehrer und Eltern, denen eine solche Gescheitheit gefällt, befriedigen. Der Psychiater jedoch kennt auch die damit verbundenen Gefahren und weiß, daß ein Individuum mit dieser Entwicklungsgeschichte alles, was ihm begegnet, als unwirklich empfindet. Diese Betrachtungsweise der Funktion und Verwendung des Intellekts muß sich mit der Untersuchung der intellektuellen Kapazitäten verbinden, die auf der – weitgehend durch das Erbgut vorgegebenen – Beschaffenheit des Gehirns beruhen. Dieser Aspekt des Intellekts kann mit Hilfe der üblichen Intelligenztests, in deren Entwicklung man in den vergangenen Jahren große Sorgfalt und beträchtlichen Einfallsreichtum investiert hat, untersucht werden. Die Persönlichkeit eines Menschen oder sein emotionales Wachstum läßt sich mit solchen Tests jedoch nicht beurteilen.

8 Innerer Rückzug und Regression

In den Abschlußphasen einer Psychotherapie, in der eine an die analytische Situation gebundene Regression stattgefunden hat, die innerhalb des professionellen Behandlungssettings entwickelt und gehalten werden konnte, wird deutlich, daß zwischen einer solchen Regression und dem gewöhnlichen Rückzug ein enger Zusammenhang besteht. Der innere Rückzug ist ein häufig zu beobachtendes Phänomen. Unter ungünstigen Bedingungen wird er in feindseliger Weise organisiert, so daß man ihn als eine Art Trotzen oder Eingeschnapptsein bezeichnen könnte.

Es ist hilfreich, sich den Rückzug als Zustand vorzustellen, in dem die betreffende Person (Kind oder Erwachsener) einen regredierten Teil des Selbst fürsorglich hält und pflegt, und zwar auf Kosten äußerer Beziehungen.

In einer Psychotherapie bietet ein solcher Augenblick, in dem sich der Patient innerlich zurückzieht, Gelegenheit zu differenzierten Beobachtungen, erfordert aber zugleich ein sorgfältiges Handeln seitens des Therapeuten. Wenn er rasch einspringt, um das Baby zu halten, kann der Patient selbst zum Säugling werden und dem Therapeuten die Fürsorge übertragen.

Der Rückzug dient als Schutzmaßnahme und ist als solche hilfreich; das Wiederauftauchen aus der Zurückgezogenheit verschafft jedoch keine Erleichterung, sondern ist mit Komplikationen verbunden. Im Gegensatz dazu hat die Regression eine heilsame Wirkung, da frühe Erfahrungen im regredierten Zustand korrigiert werden können und das Erleben und Anerkennen der Abhängigkeit mit der Erfahrung verbunden ist, zu einer wirklichen Ruhe zu finden. Sobald der Patient seine Unabhängigkeit zurückerlangt, kann er aus der Regression zurückkehren, und wenn der Therapeut diesen Prozeß geschickt handhabt, wird sich der Patient nach dieser Episode in einem besseren Zustand befinden als vorher. Die gesamten Entwicklungen sind freilich ebenso von der Fähigkeit des Patienten, zu vertrauen, abhängig wie von der Fähigkeit des Therapeuten, dieses Vertrauen zu rechtfertigen. Unter Umständen ist in der Behandlung eine lange Vorbereitungsphase erforderlich, in der sich eine vertrauensvolle Atmosphäre aufbauen kann.

Um in einer Psychotherapie zu einer wirklichen Regression gelangen zu können, muß es dem Patienten (gleichgültig welchen Alters) nach und nach gelingen, Umweltversorgung und Abhängigkeit nicht mehr bewußt wahrzunehmen, und das setzt voraus, daß der Therapeut sich seinen Bedürfnissen hinreichend gut anpaßt. Der Patient befindet sich nun in einem primär-narzißtischen Zustand, der in bestimmten Momenten einer Behandlung erreicht werden muß. Wenn er aus diesem Zustand zurückkehrt, benötigt der Patient den Therapeuten in zweierlei Hinsicht – er muß die in jeder Hinsicht schlimmste Rolle übernehmen, die man sich vorstellen kann, und die beste, d. h. die einer idealisierten Mutterfigur, die ihr Kind perfekt versorgt. Die allmähliche Erkenntnis des Patienten, daß es sich bei dem idealisierten Therapeuten und dem ungemein bösen Therapeuten um ein und dieselbe Person handelt, geht Hand in Hand mit einer allmählichen Akzeptanz des Guten und Bösen in seinem eigenen Selbst, mit der Anerkennung seiner Hoffnungslosigkeit sowie der hoffnungsvollen Anteile, der Einsicht in das, was unwirklich, und das, was wirklich ist, sowie der Akzeptanz all der anderen Extreme, die miteinander im Widerstreit liegen. Letztlich, wenn alles einigermaßen gut geht, steht am Ende eine Person vor uns, die menschlich und unvollkommen ist, in einer Beziehung zu einem Psychotherapeuten, der ebenfalls nicht vollkommen ist, weil er es ablehnt, sich über ein gewisses Maß und einen bestimmten Zeitraum hinaus perfekt zu verhalten.

Dieselben Vorgänge sind auch Teil der normalen Säuglingsbetreuung, aber man kann sie einfacher in der therapeutischen Situation untersuchen als durch die direkte Beobachtung von Mutter und Säugling.

9 Die Geburtserfahrung

Man kann mit Sicherheit behaupten, daß wir über die Auswirkungen des Geburtsvorgangs auf den Säugling, der geboren wird, nichts Genaues wissen. Es ist sogar schwer zu beweisen, ob es solche Auswirkungen überhaupt gibt. Viele Menschen würden behaupten, daß die Geburt keinen Einfluß auf den Säugling ausüben kann, weil er noch gar kein beeinflußbares menschliches Wesen darstellt. Ich vertrete hier die Ansicht, daß der Mutterleib nach neunmonatiger Schwangerschaft ein menschliches Wesen in sich birgt, das erfahrungsfähig ist, Körpererinnerungen registrieren und sammeln und sogar Abwehrmaßnahmen organisieren kann, um traumatische Erfahrungen (zum Beispiel die Unterbrechung des fortwährenden Seins durch das Reagieren auf Übergriffe seitens einer nicht angepaßten Umwelt) zu verkraften.

Dieser Auffassung zufolge kann man bei jedem Fötus zum Zeitpunkt einer termingerechten Geburt eine je individuelle Fähigkeit oder Unfähigkeit voraussetzen, den einschneidenden Wechsel vom Zustand des Nichtgeborenseins in den Zustand des Geborenseins zu bewältigen. Unter der Voraussetzung, daß man den Säugling als ein Wesen begreift, das in der Betrachtung zu berücksichtigen ist, muß man sich vergegenwärtigen, daß das Ausmaß, in dem er durch den Geburtsvorgang traumatisiert wird, ganz stark variiert.

Ich halte es bei dieser Untersuchung für notwendig, grundsätzlich von einer normalen Geburt auszugehen, d.h. einem Übergang vom Zustand des Nichtgeborenseins in den Zustand des Geborenseins, der nicht traumatisch ist.

Die Frage lautet: Was bedeutet »normale Geburt«, wenn man sie aus der Sicht des Säuglings betrachtet? Die normale Geburt ist durch drei entscheidende Merkmale charakterisiert: Erstens erlebt der Säugling eine einschneidende Unterbrechung der Kontinuität des Seins (z.B. aufgrund der veränderten Druckverhältnisse, die einen Übergriff darstellen), aber er hat bereits eine gewisse Fähigkeit entwickelt, die durch seine Reaktionen auf äußere Einwirkungen entstandenen

Lücken in der Kontinuität des Seins zu überbrücken. Zweitens hat der Säugling Erinnerungen an Empfindungen und Impulse aufgebaut, die Selbstphänomene darstellen, weil sie zu den Phasen gehören, in denen er nicht reagieren mußte, sondern ganz einfach sein konnte. Und drittens sind die mechanischen Aspekte des Geburtsvorgangs nicht allzu anomal, d. h. die Geburt erfolgt weder überstürzt, noch kommt es zu Verzögerungen. Unter diesen drei Voraussetzungen können wir uns eine Geburt vorstellen, d. h. einen Wechsel vom Zustand des Nichtgeborenseins in den Zustand des Geborenseins, der aus der Sicht des Säuglings *durch ihn selbst* herbeigeführt wird, weil er dank seiner biologischen Reife auf die Veränderungen angemessen vorbereitet ist; umgekehrt wäre eine Verzögerung mit negativen Auswirkungen verbunden. Damit meine ich, daß der Säugling eine Abfolge von Impulsen registriert und den zur Geburt führenden Prozeß als Teil seiner Wirkmächtigkeit erlebt. Wir wissen natürlich, daß seine Geburt durch Uteruskontraktionen eingeleitet wurde. *Aus der Sicht des Säuglings* wurden die Veränderungen, die zur Folge haben, daß sein Körper, im Normalfall mit dem Kopf voran, den Uterus verläßt und sich auf eine unbekannte und neue Position zubewegt, jedoch durch seinen eigenen Impuls ausgelöst. Sicherlich läge es auch noch im Bereich der Normalität, wenn der Säugling auf die verschiedenartigen, ihm bislang unbekannten Übergriffe in erheblichem Maß reagieren müßte, so daß die Kontinuität des Seins zwangsläufig immer wieder unterbrochen und seine Fähigkeit, diesen Unterbrechungen standzuhalten, aufs äußerste strapaziert wird. Wir müssen jedoch von der Möglichkeit einer Geburt ausgehen, die, aus der Sicht des Säuglings betrachtet, keinen allzu starken Übergriff darstellt, sondern durch die Bewegungs- und Veränderungsimpulse eingeleitet wird, die unmittelbar der eigenen Lebendigkeit des Kindes entspringen. Der Übergang des Säuglings von einem Zustand, in dem er nicht atmete, in den Zustand des Atmens wird gewöhnlich als Beispiel für die grundlegend traumatische Natur des Geborenwerdens und Geborenseins angeführt.

Ich bin jedoch der Ansicht, daß der normale Säugling, der immer wieder Gelegenheit hatte, sich von den Reaktionen auf Übergriffe zu erholen, und dessen biologische Reife die Aufnahme des Atmens erlaubt, dank dieser Bedingungen auf seinen ersten Atemzug bereits vorbereitet ist; ein übertragener Säugling kann tatsächlich schon zum Zeitpunkt der Geburt unter der verzögerten Atmungsaufnahme leiden, während dem frühgeborenen Säugling der *Wert* der Geburtserfahrung nicht in vollem Umfang zuteil wird.

Ein Sonderfall ist das Baby, das durch einen Kaiserschnitt zur Welt kommt; eine Untersuchung der Angstmuster dieser Menschen könnte, wie Freud selbst vermutete, durchaus interessante Streiflichter auf die Frage werfen, welche Bedeutung die Geburt für den Säugling hat.[1]

Ich gehe davon aus, daß eine normale Geburt weder überstürzt noch verzögert verläuft und ein Baby, das durch einen Kaiserschnitt geboren wird, es zwar in mancher Hinsicht leichter hat als andere Säuglinge, zugleich aber auch etwas verliert, weil ihm die normale Geburtserfahrung vorenthalten bleibt. Die wichtigste Variable ist die so häufige Verzögerung des Geburtsvorgangs, die darauf zurückzuführen ist, daß Mütter in unserer Gesellschaft erst recht spät anfangen, Kinder zu bekommen; in Verbindung mit zivilisationsbedingten Hemmungen und der Tatsache, daß der Kopf des menschlichen Säuglings verhältnismäßig groß ist, hat dies eine Situation zur Folge, die einen normalen Geburtsverlauf generell eher unwahrscheinlich macht. Geringfügige Verzögerungen, die die Fähigkeit des Säuglings, Verzögerungen zu ertragen, überfordern, müssen im Grunde sehr häufig auftreten, und klinisch gesehen findet man hier eine Basis für ein intellektuelles Interesse an der Zeit, der Zeiteinteilung und der Entwicklung des Zeitgefühls. Viele Menschen bewahren Körpererinnerungen an den Geburtsvorgang als besonders prägnantes Beispiel für Verzögerungen, die die Verständnisfähigkeit überfordern, weil der Säugling keinerlei vorangegangene Erfahrungen besitzt, an denen sich seine Reaktionen auf den durch eine Geburtsverzögerung konstituierten Übergriff orientieren könnten, und weil ihm jeder Maßstab fehlt, anhand dessen sich die Verzögerung einschätzen oder das

[1] Persönliche Mitteilung [Freuds] an John Rickman. [Siehe auch Freud (1905 d).]

Ergebnis voraussehen ließe. Es gibt keine Möglichkeit, dem Baby während eines verzögerten Geburtsverlaufs in irgendeiner Form zu vermitteln, daß die Sache nach einer halben Stunde überstanden sein wird, und infolgedessen ist das Baby einer unbegrenzten oder »unendlichen« Verzögerung ausgesetzt. Eine solche quälende Erfahrung begründet im Musikerleben eine besondere Gewichtung der formalen Aspekte des Werks, die dem Zuhörer von Beginn an eine Vorstellung vom Schluß nahelegen, ohne die Komposition in eine starre Grundstruktur zu zwingen. Musik ohne formale Gestaltung ist langweilig. Formlosigkeit erzeugt unendliche Langeweile in Menschen, die mit der spezifischen Art der Angst, die durch unbegreifliche, im Säuglingsalter erlebte Verzögerungen bedingt ist, besonders zu ringen haben. Musik mit klaren formalen Strukturen birgt, ganz abgesehen von ihren sonstigen Vorzügen, ein spezifisches Element der Beruhigung in sich.

Dies ist ein recht subtiles Beispiel, und es gibt viele Menschen, denen es nicht gelingt, die gestaltende Form als etwas Beruhigendes angesichts der Unendlichkeit zu empfinden. Sie müssen sich an einem handfesten, exakt nach der Uhr bemessenen Programm orientieren können, um nicht von Langeweile überwältigt zu werden. Die unendliche Verzögerung ist als recht natürlicher Bestandteil einer Geburt zu betrachten, die nicht völlig normal verläuft, so daß es für bestimmte Säuglinge besonders wichtig ist, Wahrscheinlichkeiten innerlich einzuschätzen zu lernen; nur so kann es ihnen gelingen, von den Geräuschen in der Küche auf eine bevorstehende Mahlzeit schließen oder sich Verzögerungen zu erklären, indem sie irgendwann begreifen, aus welchen Gründen ihre Mütter zuweilen unpünktlich sind.

Die Geburt ist mit dem entscheidenden Übergang vom Zustand des Nicht-Atmens zum Atmen verbunden. In meiner klinischen Arbeit konnte ich beobachten, daß Babys die Atmung der Mutter, die ihnen durch Bewegungen des Bauches oder durch rhythmische Veränderungen der Druckverhältnisse oder Geräusche vermittelt wird, unter bestimmten Bedingungen wahrnehmen und nach der Geburt mitunter das Bedürfnis haben, den Kontakt zu den physiologischen Funktionen der Mutter, insbesondere ihrer Atmung, wiederaufnehmen zu können. Aus diesem Grund ist es meiner Ansicht nach für manche Babys von Vorteil, wenn sie den direkten Körperkontakt (Haut an Haut) mit der Mutter erleben können und inbesondere die Möglichkeit haben, auf ihrem Bauch liegend die Bewegungen ihrer Atmung zu spüren und sich von ihrem Rhythmus tragen zu lassen. Für ein Baby, das gerade auf die Welt gekommen ist, hat die Atmung der Mutter vermutlich eine Bedeutung, während seine eigene, schnelle Atmung solange bedeutungslos bleibt, bis sie sich dem Rhythmus der Mutter anzugleichen beginnt. Es ist sicher, daß Säuglinge, ohne zu wissen, was sie tun, mit Rhythmen und Gegenrhythmen spielen, und bei sorgfältiger Beobachtung läßt sich mitunter feststellen, daß sie ihre Atmungsfrequenz auf die Herzfrequenz abstimmen (z. B. Einatmen und Ausatmen im Takt von vier Herzschlägen). Ein wenig später kann man beobachten, daß sie sich mit dem Unterschied zwischen der eigenen Atmungsfrequenz und derjenigen ihrer Mutter beschäftigen und dann vielleicht auch mit Beziehungen, denen eine verdoppelte oder verdreifachte Atmungsfrequenz zugrunde liegt.

Vielleicht können wir uns die Entwicklung folgendermaßen vorstellen: Intra-uterine Wahrnehmung der mütterlichen Atmung durch den Säugling – extra-uterine Wahrnehmung der mütterlichen Atmung durch den Säugling – Wahrnehmung seiner eigenen Atmung. Wenn in einem bestimmten Fall kein besonderer Grund besteht, die Atmung wahrzunehmen, bleibt sie zweifellos auf eine rein physiologische Funktion beschränkt; das Kind atmet und nimmt die Atmung wahr, ohne daß darüber noch irgend etwas gesagt werden muß, was von Interesse wäre; aber dies wäre nicht ohne weiteres als Normalfall zu betrachten, sondern Teil der Entwicklung eines geistig behinderten Kindes. Da jedoch die Menschen unendlich verschieden sind, kann es sein, daß die Atmung für zahlreiche Säuglinge im Grunde keine sehr wichtige Rolle spielt, weil für sie andere Interessen im Vordergrund stehen, z. B. eidetische Anschauungsbilder oder ihre auditiven oder kinästhetischen Entsprechungen.

Unserem Verständnis nach ist eine anomale Geburt, aus der Sicht des Säuglings betrachtet, eine verzögerte Geburt. Die meisten Komplikationen, die uns als erwachsenen Beobachtern bekannt sind, können für den Säugling, der geboren wird, völlig bedeutungslos sein. Wir haben jedoch Grund anzunehmen, daß das, was der Säugling tatsächlich wahrnimmt, auch katalogisiert wird, es sei denn, daß Verzögerungen und vielleicht auch kontraktionsbedingte Schmerzen allzu einschneidende Übergriffe darstellen oder sich über einen so langen Zeitraum erstrecken, daß die Kontinuität des Seins unterbrochen wird. Wenn man einmal davon absieht, daß der neugeborene Säugling gelegentlich aufgrund von Traumatisierungen des Gehirns zu Krampfattacken neigt, können Ohnmachtsanfälle oder »Blackouts«, wie man sie nennen könnte, auch ohne physische Ursache auftreten. Die Möglichkeit, daß sie die Grundlage zur Entwicklung von »Absencen«[2] in einem späteren Stadium darstellen können, ist dann in Erwägung zu ziehen. Es scheint, daß nur eine bestimmte Stärke des Geburtstraumas vom Säugling als Erfahrung gefaßt werden kann, und das Schlimmste liegt nicht so sehr in der schweren Komplikation, die zur Bewußtlosigkeit führt, als vielmehr in der quälenden Situation, immer wieder, ohne ausreichenden Druck, ein kleines Stück voranzukommen, aber nie entscheidende Fortschritte zu machen.

Wenn diese Darstellung, und sei es auch nur teilweise, zutrifft, dann besitzt das Wort »normal« zur Beschreibung eines neugeborenen Kindes eine sehr reale Bedeutung.

Die meisten Babys freilich befinden sich bei der Geburt nicht in einem völlig normalen Zustand und sind darauf angewiesen, daß die Mutter in den Frühphasen durch eine besonders sorgfältige Betreuung eine Umwelt schafft, die den intra-uterinen Bedingungen möglichst weitgehend entspricht. Es scheint, als ob Säuglinge nach der Geburt ein ganz normales Bedürfnis haben, ruhig gehalten zu werden. Vermutlich reagiert nicht nur die Haut sehr empfindlich auf Temperaturschwankungen und alles, womit sie in Berührung kommt; mit der gleichen Sensibilität wird der Säugling auch psychische Veränderungen registrieren.

Wahrscheinlich muß eine umsichtige Säuglingsbetreuung dem Baby unmittelbar nach einer besonders anstrengenden Geburt Gele-

[2] Leichte epileptische Anfälle. [A.d.Ü.]

genheit geben, sich für einen längeren Zeitraum dem denkbar einfachsten Zustand überlassen zu können, d. h. entweder gehalten oder doch so versorgt zu werden, daß es dem Halten möglichst nahe kommt. Ganz sicher kann die Vorstellung, daß man ein neugeborenes Baby nach der Geburt sofort einer Reinigungsprozedur unterziehen oder es gar baden müsse, unmöglich den Bedürfnissen aller Babys gerecht werden. Viele Babys brauchen zunächst eine gewisse Zeit, um sozusagen ihr Gleichgewicht wiederherzustellen oder das Gefühl des fortwährenden Seins zurückzugewinnen, anstatt auf Übergriffe reagieren zu müssen; erst danach können sie wieder eigene Impulse entwickeln und sogar zeigen, daß sie hungrig sind. Für die Mutter ist es von großer Bedeutung, ihr Baby gleich nach der Geburt zu sehen und auf ihrem Körper zu spüren, und manche Mütter legen darauf einen so großen Wert, daß sie eine Narkose als unerträglich empfinden, wenn sie nicht sofort, nachdem das Baby geboren ist, wieder aufwachen können. Es wäre jedoch auch nicht richtig zu sagen, daß *alle* Babys unmittelbar nach der Entbindung zur Kontaktaufnahme mit der Mutter bereit sind, weil viele Säuglinge Erfahrungen gemacht haben, von denen sie sich erst einmal erholen müssen. Vielleicht macht man sich nicht hinreichend bewußt, daß sowohl die Mutter als auch das Baby – unter der Voraussetzung, daß sein Gleichgewicht nicht übermäßig erschüttert wurde – von einigen Augenblicken ungestörter Berührung von Haut zu Haut, in denen sich die Atmungsbewegungen der Mutter auf den Säugling übertragen, ungemein profitieren können. Es kann durchaus sein, daß ein Baby zunächst einmal überhaupt kein Interesse an der Brust bekundet; allerdings scheint der Begriff »normal« alle möglichen Varianten zuzulassen.

Wenn man über die Beeinträchtigungen nachdenkt, die der Säugling durch die Geburt erleiden kann, sollte man sich meiner Ansicht nach nicht nur auf Traumatisierungen wie ein Zerreißen der Hirnhäute oder Einblutungen in das Ventrikelsystem konzentrieren. Diese physischen Traumata treten recht häufig auf, so daß der körperliche Zustand manchmal im Vordergrund steht, im Normalfall aber ist das physische Trauma nicht so gravierend, daß man sich über die emotionalen Bedürfnisse von Mutter und Babys hinwegsetzen dürfte.

Als besten Beweis dafür, daß die Geburtserfahrung tatsächlich eine Erfahrung darstellt oder daß, anders formuliert, der Säugling zum Zeitpunkt seiner Geburt bereits ein erfahrungsfähiges menschliches Wesen ist, betrachte ich das ungemeine Vergnügen, mit dem beinahe alle Kinder (und übrigens auch Erwachsene) sich an Aktivitäten und Spielen beteiligen, in denen sie diesen oder jenen Aspekt des Geburtsvorgangs agieren können. Auch dies zeigt, daß der Geburtsvorgang, sofern er normal verläuft, für den Säugling ein wertvolles Erleben ist, so daß einem Baby, das aufgrund einer Anästhesie der Mutter in nahezu bewußtlosem Zustand geboren wird, etwas vorenthalten bleibt.

Es gibt tatsächlich Psychologen, die selbst angesichts deutlicher Hinweise auf körperliche Erinnerungen an den Geburtsvorgang noch die Auffassung vertreten, daß der Säugling zum Zeitpunkt der Geburt kein erfahrungsfähiges Individuum sei. Mitunter versuchen sie diesen Widerspruch zu lösen, indem sie ein kollektives Unbewußtes postulieren, eine Art ererbter Geburtserinnerung, die auf den unzähligen Geburten der Vorfahren aufbaut. Nur allzu leicht aber kann die Theorie des kollektiven Unbewußten dazu dienen, von der hochinteressanten und bedeutsamen Entwicklung des Individuums und seiner Erinnerung an persönliche Erfahrungen abzulenken.

Es ist nicht sicher, ob Freud selbst der Überzeugung war, daß jeder Mensch sich Körpererinnerungen an seine eigene Geburt bewahrt, oder ob er eine Art kollektives Unbewußtes annahm, als er beschrieb, daß das Muster der Angst möglicherweise (jedenfalls zum Teil) auf die Geburtserfahrungen des betreffenden Individuums zurückzuführen sei. Vielleicht schwebte ihm anfangs tatsächlich eine Art Kollektivgedächtnis vor, später jedoch lenkte er die Suche nach den Ursachen der Angstentwicklung auf die Geschichte des Individuums selbst.

Wenn Säuglinge in diesem frühen Alter in der von mir angenommenen Weise Erfahrungen registrieren können, dann leuchtet ein, daß Verzögerungen des Geburtsvorgangs mitunter sehr unangenehme Erstickungsgefühle auslösen, vor allem dann, wenn die Nabelschnur gequetscht wird oder sich um den Hals gewickelt hat, so daß das Baby, noch bevor es seinen ersten Atemzug tun kann, bereits unter erheblichem Sauerstoffmangel leidet.

So schwierig diese Überlegungen sind, schaffen sie doch eine Grundlage zur Überprüfung der Ergebnisse, die sich durch eine sorgfältige Anamnese erzielen lassen. Gründliche Anamnesen, die gemeinsam mit den Müttern, denen die Fakten noch gegenwärtig sind, aufgenommen werden, zeigen, daß die Fähigkeit des Säuglings, ein Triebleben in Form eines ersten Stillversuchs aufzunehmen, (ungeachtet körperlicher Beeinträchtigungen) von Baby zu Baby deutlich variiert. Auch wenn man der unterschiedlichen Stillfähigkeit der Mütter, die von ihrer eigenen Psychologie, ihrer eigenen Geschichte sowie der Beschaffenheit ihrer Brüste und Brustwarzen abhängig ist, in vollem Umfang Rechnung trägt, ist es kaum wahrscheinlich, daß sich zwei verschiedene Säuglinge, wenn die Mutter und das Baby schließlich eine Beziehung anzuknüpfen beginnen, im gleichen Zustand befinden. Wir müssen die Bezeichnung »normal« dem Säugling vorbehalten, der im selben Augenblick bereit ist wie seine Mutter; dann können wir mit dem Begriff »anomal« sämtliche Grade der Störanfälligkeit beschreiben, die sich beobachten lassen und es einer Mutter häufig unmöglich machen, ein bestimmtes Baby zu stillen, obwohl sie bei ihren anderen Kindern keinerlei Schwierigkeiten hatte.

Es sieht so aus, als kämen manche Babys in einem paranoiden Zustand zur Welt, d.h. in einem Zustand, in dem sie erwarten, verfolgt zu werden. Es ist ungemein einfach zu behaupten, daß die paranoiden Babys eine entsprechende Disposition ererbt hätten oder sich ein konstitutioneller Faktor manifestiere. Aber bevor man so argumentiert, sollte man die Vorgeschichte des Säuglings untersuchen und dabei den Faktoren, die ihn an einer vollen Entfaltung seiner Fähigkeiten gehindert haben und auf seine Unreife zurückgeführt werden können, umfassend Rechnung tragen. Ich habe die Ursachen für eine angeborene, aber nicht ererbte paranoide Disposition beschrieben.

Wenn man bezweifelt, daß der Säugling in diesem frühen Stadium bereits als menschliches Wesen zu betrachten ist, bleibt einem keine andere Möglichkeit, als den konstitutionellen Faktor zu akzeptieren, denn es steht außer Frage, daß manche Babys von Anfang an sehr »schwierig« sind.

Beiträge zur psychoanalytischen Theorie – einer Theorie, die ja zunächst auf der Erforschung der Neurose bei erwachsenen Menschen beruhte – lassen häufig den Eindruck entstehen, als beginne das Leben für den Säugling mit seiner ersten Fütterung. Dies ist mit Sicherheit falsch, und deshalb ist jede Untersuchung zu begrüßen, die uns die Psychologie des Säuglings zum Zeitpunkt des ersten Stillens und zum Zeitpunkt der Geburt besser verstehen hilft. Wir müssen nicht alles sofort wissen. Die Frage lautet: Welche Methode ist zur Untersuchung der Psychologie des Säuglings am besten geeignet? Und die Antwort scheint auf der Hand zu liegen: die direkte Säuglingsbeobachtung. Hier ergeben sich jedoch beträchtliche Schwierigkeiten, denn man kann einen Säugling nur beobachten, indem man sich seinen Körper und sein Verhalten ansieht. Die überzeugendsten Untersuchungen über die Bedürfnisse der sehr frühen Kindheit beruhen wahrscheinlich auf Beobachtungen von Patienten, die im Laufe einer psychoanalytischen Behandlung regrediert sind. Was meine eigene Erfahrung betrifft, so habe ich am meisten aus der kontinuierlichen Regression und daran anschließenden Wiederaufnahme der Entwicklung gelernt, die ich bei Borderline-Patienten beobachten konnte, bei Personen also, die durch die Regression in der Behandlung zu ihrer eigentlichen Krankheit, einer Krankheit des psychotischen Typs, finden müssen. Noch kränkere Patienten, die nicht im stützenden Rahmen einer Psychotherapie regrediert sind, sondern einen völligen Zusammenbruch erlitten haben, sind hier weniger hilfreich; Rosens Studie zeigt jedoch, daß eine direkte Anwendung der Grundsätze, die sich in der Behandlung weniger kranker Personen als wirksam erwiesen haben, sogar bei völlig zusammengebrochenen psychiatrischen Patienten Fortschritte bewirken kann. Selbst wenn die von Rosen erzielten Ergebnisse nicht von Dauer wären, würden sie hinlänglich beweisen, daß die Untersuchung der Psychose nichts anderes zum Gegenstand hat als die psychische Entwicklung des Individuums in seinen frühesten Lebensphasen.

Man könnte dies auch anders herum formulieren und sagen, daß die Untersuchung der Frühstadien der individuellen emotionalen Entwicklung den Schlüssel zum Verständnis der psychischen Gesundheit – im Sinne des Freiseins von psychotischen Erkrankungen – liefern kann. Aus diesem Grund ist keine Untersuchung wichtiger als die Erforschung der frühen Phasen, in denen das Individuum und seine Umwelt aufs engste miteinander verbunden sind. Hier treffen die verschiedenen Disziplinen der allgemeinen wissenschaftlichen Forschung mit der psychiatrischen und psychotherapeutischen Diagnostik und Behandlung zusammen, aber auch mit der Philosophie, der wir den Mut verdanken, die menschliche Natur zu erforschen, um sie Schritt für Schritt besser verstehen zu lernen.

10 Umwelt

Wir können uns nun einer Untersuchung der Umwelt zuwenden.

Ein *reifes* Individuum wird seine Umwelt selbst mitgestalten und Verantwortung in ihr übernehmen. In einer Gesellschaft, die über einen genügend hohen Anteil reifer Individuen verfügt, sind die Voraussetzungen zur Entwicklung einer Demokratie gegeben. Wenn der Anteil der reifen Individuen einen bestimmten Prozentsatz unterschreitet, läßt sich die Demokratie nicht politisch verwirklichen, weil die gesellschaftlichen Verhältnisse dann von den unreifen Individuen dominiert werden, also von denen, die ihre eigene Individualität durch ihre Identifizierung mit der Gemeinschaft verlieren oder in ihrer Entwicklung nie über eine Abhängigkeitshaltung gegenüber der Gesellschaft hinausgelangt sind.

Wenn wir den *Heranwachsenden* beobachten, stellen wir fest, daß die Gruppe, mit der sich das Individuum ohne Verlust seiner eigenen Identität identifizieren kann, beständig größer wird. Grundlage der Beziehungen zu Gruppen ist das Familienleben, und wir wissen, wie vorteilhaft es für den Jugendlichen ist, wenn ihm sein Zuhause unverändert erhalten bleibt, so daß er es sowohl bekämpfen als auch verwenden kann; unter diesen Umständen kann er experimentieren und seine Erfahrungen mit anderen und größeren Gruppen sammeln, ohne seine Herkunftsgruppe zu verlieren – die Gruppe, die eine Vorgeschichte hat, weil sie schon in den prägenden Jahren vor der Latenzperiode existierte. Kinder in der *Latenzperiode* werden durch ein Zerbrechen des Familienlebens ungeheuer beeinträchtigt. In diesem Alter sollte man sie mit solchen Dingen nicht belasten; sie müssen die Umwelt als Selbstverständlichkeit voraussetzen können und Gelegenheit haben, Erfahrungen zu sammeln, die ihr Leben bereichern – sei es in Schule oder Ausbildung, bei kulturellen Aktivitäten, im Spiel und überhaupt allen Bereichen ihres persönlichen Erlebens.

Von besonderer Bedeutung ist die familiäre Situation für Jungen und Mädchen in jener sehr wichtigen Phase der emotionalen Entwicklung, die sie *vor der Latenzperiode* und nach dem Erwerb der

Fähigkeit, in interpersonalen Beziehungen mit ganzen Menschen zu leben, durchlaufen. Wenn das Familienleben auf einer zufriedenstellenden Bindung zwischen den Eltern beruht, kann das kleine Kind mit all den unterschiedlichen Aspekten der triangulären Situation ins reine kommen: Seine Triebe können sich ungehindert entfalten, es kann seine heterosexuellen wie auch seine homosexuellen Träume träumen und lernen, seine Fähigkeit zu hassen ebenso wie seine Fähigkeit zu ungemilderter Aggression und Grausamkeit in ihrem ganzen Ausmaß anzuerkennen. All diese Erfahrungen stellen sich im Laufe der Zeit ein, weil sein Zuhause und die Bindung zwischen seinen Eltern überleben, weil Geschwister zur Welt kommen und überleben oder vielleicht krank werden und sterben und weil die Eltern fähig sind, zwischen Realität und Phantasien zu unterscheiden.

Die familiäre Umgebung spielt in dieser Phase zwar eine sehr wichtige Rolle, ist aber nicht unentbehrlich. Genauer gesagt: Sie wird nach und nach immer weniger unentbehrlich, weil das Kind im Laufe der Zeit lernt, andere trianguläre Situationen, in denen es die Gefühle, zu denen es fähig ist, in vollem Umfang ausleben und tolerieren kann, als Ersatz zu verwenden. Sobald das Kind die Fähigkeit zu interpersonalen Beziehungen, also zu Beziehungen mit ganzen Personen, einmal erworben hat, kann es durchaus weiterhin zurecht kommen, auch wenn seine Familie zerbricht – vorausgesetzt, daß es einen Ersatz für sein Zuhause findet und ein allzu großes Durcheinander vermieden wird. Kinder können eher den Tod der Eltern ertragen oder verarbeiten als die Schwierigkeiten, die ihnen aus emotionalen Problemen zwischen den Eltern erwachsen. Es ist richtig, daß der Verlust des Zuhauses die emotionale Entwicklung eines Jungen oder Mädchen in der Phase der Präpubertät unweigerlich verzerren wird, gleichwohl aber hängt sehr vieles davon ab, wie die emotionale Entwicklung des Kindes bis zu diesem Zeitpunkt verlaufen ist. Die Beeinträchtigung könnte beispielsweise darin bestehen, daß ein älteres Kind, wenn die Familie zerbricht, für ein Baby die Rolle der Mutter übernimmt und diese Aufgabe zufriedenstellend erfüllt; es selbst zahlt dafür jedoch einen hohen Preis, denn eine derart große Verantwortung sollte eigentlich nicht auf solch schwachen Schultern lasten.

Denn das Kind bleibt ein Kind, das allerdings in gewisser Hinsicht durch die ihm zugefallenen Pflichten sogar bereichert werden kann. In dieser Phase entwickelt es gerade erst die Fähigkeit, sich auch einmal von seinen Eltern trennen zu können, ohne Schaden daran zu nehmen; wichtig ist es hier, zwischen solchen Trennungen zu unterscheiden, die das Kind mit Hilfe von triangulären Ersatzsituationen bewältigt – indem es z. B. eine Tante besucht –, und jenen Trennungen, durch die es aus den ihm vertrauten triangulären Situationen herausgelöst und in eine unpersönliche Umgebung versetzt wird, was beispielsweise bei einem Krankenhausaufenthalt der Fall ist. In diesem Alter hat das Kind nicht nur die Strukturen und Gewohnheiten seiner vertrauten Umwelt internalisiert, sondern auch ein eigenes, persönliches Erwartungsmuster entwickelt; man hat ganz zutreffend festgestellt, daß das Kind sich nach und nach eine »innere Umwelt« aufbaut, und diese innere Umwelt ermöglicht es ihm, je älter es wird, das Versagen der äußeren Umwelt zu ertragen und die emotionalen Rahmenbedingungen zu schaffen und mitzugestalten, nach denen es sich sehnt. Und noch etwas darf man nicht vergessen: Sobald das Kind in der Lage ist, sich in triangulären Ersatzsituationen wohlzufühlen, ist es an der Zeit, ihm Gelegenheit zu geben, diese neue Fähigkeit auch zu erproben. Grundlage seines Lebens ist nach wie vor die ursprüngliche trianguläre Situation, seine Beziehung zu beiden Eltern. Man kann davon ausgehen, daß ein zweijähriges Kind diese Phase, in der es sich trianguläre Ersatzsituationen zunutze machen kann, noch nicht endgültig erreicht hat; ganz sicher kann es ein Kind in diesem Alter noch nicht verkraften, aus den ihm vertrauten triangulären Situationen herausgelöst und in eine unpersönliche Umgebung versetzt zu werden.

Das Bedürfnis des Kleinkindes nach einer übersichtlichen emotionalen Umwelt ist der Grund, weshalb Eltern ihre Kinder bei einem Krankenhausaufenthalt täglich besuchen sollten – was in unserem Land erst seit einigen Jahren üblich ist. Man kann sagen, daß das zweijährige Kind, das all die komplexen Schwierigkeiten und Herausforderungen seiner bisherigen emotionalen Entwicklung unbeschädigt überstanden hat, einer unpersönlichen Betreuung noch nicht gewachsen ist, so daß es nicht ausreicht, das Kind im Krankenhaus in körperlicher Hinsicht gut zu versorgen; darum müssen – wenn ein Klinikaufenthalt aufgrund irgendeiner körperlichen Beeinträchtigung, die professioneller Behandlung bedarf, unumgänglich ist – entweder die Eltern ihre Beziehung zum Kind aufrechterhalten, während es sich im Krankenhaus befindet, oder man muß ihm Gelegenheit geben, eine trianguläre Ersatzbeziehung innerhalb der Einrichtung entwickeln zu können.

Ohne sich auf genaue Altersangaben festlegen zu müssen, kann man sagen, daß viele Kinder ungefähr mit fünf Jahren in der Lage sind, Erfahrungen außerhalb der eigenen Familie für sich zu nutzen, während ein Kind von zwei Jahren unweigerlich Schaden erleidet, wenn man es von seinem Zuhause – und damit meine ich die Lebenssituation, deren Grundlage die Einheit zwischen den Eltern ist – trennt.

Wenn wir uns dem Kind in einem *früheren Alter* – und auch hier sind exakte Angaben nicht notwendig – zuwenden, in dem die depressive Positon in der emotionalen Entwicklung sicher verankert wird, müssen wir die Umwelt in unsere Überlegungen miteinbeziehen. Je weiter wir zurückgehen, desto größere Bedeutung ist der Umwelt beizumessen. Schon das zweijährige Kind, das normal entwickelt ist und seine Beziehungen zu beiden Eltern in all ihrer Vielgestaltigkeit auslebt, macht uns die Notwendigkeit einer beständigen und hinreichend guten Umwelt deutlich. Wenn wir noch weiter zurückgehen und an die depressive Position denken, so können wir sagen, daß der Säugling dieses Stadium ohne die gleichbleibende Betreuung durch eine einzige Person *nicht bewältigen kann.* Hier geht es um eine Aufgabe, von der das Baby und seine Mutter bzw. ein Mutterersatz gleichermaßen betroffen sind. Die Mutter muß ständig verfügbar sein, damit die Situation eine Zeitstruktur erhält; aber es genügt nicht, wenn sie nur körperlich verfügbar ist. Sie muß darüber hinaus so »gut« sein, daß auch ihr Verhalten über längere Zeit hindurch beständig bleibt, und sie muß den Tag und all die folgenden Tage, die wir als Wochen und Monate bezeichnen, überleben, damit der Säugling ausreichend Gelegenheit hat, die mit seinen Triebimpulsen verbundenen Ängste immer wieder zu erleben, durchzuarbeiten und seine Beziehung zur Mutter nach der Phase des Durcharbeitens wiederaufzubauen. Babys können auch überleben, wenn niemand diese Funktion erfüllt, aber ihrer emotionalen Entwicklung wird etwas Lebenswichtiges fehlen. Die Folge sind nervöse Unruhe und eine mangelnde Fähigkeit zur Besorgnis, mangelnde Tiefe und die Unfähigkeit, konstruktiv zu spielen, und schließlich die Unfähigkeit zu arbeiten – ein Ergebnis, das sowohl für das Individuum selbst als auch für die Gesellschaft unbefriedigend bleibt.

Die besondere Aufgabe der Mutter oder Ersatzmutter, *den Säugling mit der äußeren Welt vertraut zu machen* und ihm die Illusion eines Kontakts mit ihr zu ermöglichen, wurde bereits beschrieben. Man könnte sagen, daß dieser Aspekt der mütterlichen Fürsorge nicht unbedingt als spezifische Funktion der leiblichen Mutter zu betrachten ist; wenn sie jedoch zufriedenstellend erfüllt wird, entwickelt der Säugling eine Fähigkeit, von der er sein ganzes Leben lang profitieren kann; im Gegensatz dazu liegt der Schwerpunkt in der depressiven Position auf der Fähigkeit zur Wiedergutmachung, und zwar zuvorderst gegenüber der eigenen Mutter. Es scheint, als setze diese ungemein sensible Anpassung an seine Bedürfnisse, die es dem Säugling überhaupt erst ermöglicht, seinen Kontakt mit der äußeren Realität unter günstigen Bedingungen aufzunehmen, eine Beziehung voraus, die sich wahrscheinlich nur dann entwickeln kann, wenn das Baby von der leiblichen Mutter versorgt wird.

Zu Beginn ist eine so hochgradige Anpassung erforderlich, daß sie nur von jemandem zu leisten ist, der sich auf diese Aufgabe vorbereiten konnte, und die natürliche Vorbereitung besteht in der neunmonatigen Schwangerschaft, in deren Verlauf die Mutter nach und nach die Fähigkeit entwickelt, sich mit dem Säugling in einem Maß zu identifizieren, wie es selbst ihr schon einige Wochen nach der Geburt nicht mehr möglich ist.

Eine Untersuchung der Faktoren, welche die Integration fördern und den Einzug der Psyche in den Körper ermöglichen, muß auch die Umwelt und die gesamte körperliche Fürsorge als Ausdruck der Liebe berücksichtigen. Wenn die Art des Umgangs mit dem Baby überhaupt in irgendeinem Bereich wichtiger ist als die persönliche Beziehung, dann trifft dies auf die körperliche Versorgung zu; die Notwendigkeit, daß die leibliche Mutter für das körperliche Wohlergehen des Babys sorgt, ist nicht ganz so groß. Mit anderen Worten: Wenn die Technik der Säuglingsbetreuung hinreichend gut ist, spielt die Frage, *wer* sich um das Kind kümmert, keine so wichtige Rolle. Andererseits darf man nicht vergessen, daß durch mehrere unterschiedliche Betreuungsformen für den Säugling eine verwirrende Situation entsteht; man könnte sagen, daß die Betreuungstechniken einer einzigen Person ziemlich genau jenes Maß an Variantenreichtum beinhalten, das ein Säugling in den sehr frühen Phasen verkraften kann, ohne verwirrt zu werden. Die Aufgabe, einen integrierten Zustand zu entwickeln und die Psyche sicher im Körper zu verankern, ist von einem Baby, das in einer Institution aufwächst, leichter zu bewältigen als die Kontaktaufnahme mit der Realität, während ihm zur Entwicklung der Fähigkeit zu Anteilnahme und Besorgnis, wie ich gezeigt habe, sämtliche Voraussetzungen fehlen. Die verschiedenen Aspekte der emotionalen Entwicklung hängen jedoch so eng zusammen, daß es in höchstem Maß unnatürlich ist, sie voneinander zu trennen.

Wenn man *noch weiter zurückgeht*, wird man in einen Zustand hineinversetzt, in dem das Individuum noch kein Zeitgefühl erworben hat, keine beständige Integration – auch wenn sich integrierte Zustände für bestimmte Momente entwickeln – und keine Fähigkeit, seine Abhängigkeit zu fühlen. Auch der Intellekt, der es ermöglichen würde, ein Anpassungsversagen zu verstehen, hat sich noch nicht entwickelt; ebensowenig ist der Säugling in der Lage, sich durch eine imaginative Bearbeitung und Ausgestaltung der Körperfunktionen, ihr psychisches Pendant, Erleichterung zu verschaffen. In diesen frühen Phasen sind gewaltige Kräfte am Werk, in erster Linie aber ist darauf hinzuweisen, daß all diese Kräfte deshalb so wichtig sind, weil sie in ihrer primitiven Roheit noch nicht gemildert werden können; es herrschen einfache ökonomische Faktoren, und falls bestimmte Bedingungen nicht vorhanden sind, sind bestimmte Störungen die zwangsläufige Folge. Wenn wir zu den frühesten Phasen zurückgehen, nähern wir uns der vollständigen Ununterscheidbarkeit von Individuum und Umwelt, jener Verschmolzenheit, auf die der Begriff »primärer Narzißmus« verweist. Zwischen dieser Verschmolzenheit und den interpersonalen Beziehungen liegt ein Übergangsbereich, der von sehr großer Bedeutung ist; zwischen der Mutter, die das Baby körperlich hält, und dem Baby selbst befindet sich ein Bereich, den wir anerkennen müssen und der sowohl zur Mutter als auch zu ihrem Baby gehört. Es ist verrückt, eine solche Auffassung zu vertreten, und dennoch muß man sich die Situation so vorstellen. Sie enthält eine enge Analogie zu der physischen Situation kurz vor der Geburt. Die Mutter trägt ein Baby in ihrem Innern. Der Leib birgt eine ganze Organisation in sich, die aus einem einzelnen befruchteten Ovulum hervorgegangen ist. Das Endometrium hat sich so verändert, daß es die Plazenta aufnehmen kann. Somit befinden sich zwischen der Mutter und dem Embryo die Fruchtblase, die Plazenta und das Endometrium. Ohne diesen Vergleich mit der physischen Situation auf die Spitze zu treiben, kann man sagen, daß sich zwischen der Mutter und dem Baby Gewebeschichten befinden, die absolut notwendig sind, bis sich ihre Trennung vollzieht. Diese Substanzen gehen der Mutter und dem Säugling mit der Geburt verloren. Als Beobachter können wir in dieser Phase, die so schwer zu beschreiben ist, problemlos verstehen, wo die Mutter endet und der Säugling beginnt. Wie dem auch sei, psychisch gesehen enthalten die Beziehungen eines Individuums einen wichtigen Aspekt, der die Feststellung rechtfertigt, daß selbst im intimsten Kontakt der Kontakt nicht vollständig ist, so daß im Tiefsten jedes Individuum für immer und ewig vollkommen isoliert bleibt. Wenn wir die physische Analogie betrachten, so trifft es zu, daß das Ovulum den Körper der Mutter gewissermaßen als Untermieter bewohnte, es war nicht Teil der Mutter, und nach der Befruchtung hat sich eine systematische Entwicklung hin zur Unabhängigkeit vollzogen; aus biologischer Sicht kann man sagen, daß die Mutter nichts von sich selbst verloren hat, als das Baby geboren wurde, außer jenem Teil des Endometriums, in den die Plazenta eingebettet war.

Ich habe das Wort »verrückt« verwendet, und das mit Absicht, weil in der Theorie des sich entwickelnden Individuums an jenem Punkt des Übergangs vom primären Narzißmus zu Objektbeziehungen an diesen intermediären Bereich ein doppelter Anspruch gestellt wird. Nachdem das Baby geboren ist, wird die Gewebeschicht, die zugleich verbindet und trennt, durch Objekte und Phänomene repräsentiert, die zwar wiederum Teil des Säuglings sind, ebenso aber auch zur Umwelt gehören. Nach und nach erst erwarten wir, daß das Individuum den Unterschied zwischen äußerer Realität und innerer psychischer Realität im Laufe seiner Entwicklung wirklich anzuerkennen lernt; ein Überrest der intermediären Phänomene bleibt im kulturellen Leben erwachsener Männer und Frauen nicht nur weiterhin erhalten, sondern begründet (in Gestalt der Religion, Kunst, Philosophie) den bedeutendsten Unterschied zwischen Menschen und Tieren.

All dem voraus geht der Zustand des *primären Narzißmus* oder der Zustand, in dem das, was wir als die Umwelt des Säuglings wahrnehmen, und das, was wir als den Säugling wahrnehmen, eine Einheit bilden. Hier ist die wenn auch umständliche Formulierung »System Umwelt-Individuum« angebracht. Die Umwelt, so wie wir sie kennen, bedarf keiner Erörterung, weil das Individuum keine Möglichkeiten besitzt, um sie wahrzunehmen – ja, selbst noch gar nicht vorhanden, von dem Umweltanteil der vollkommenen Einheit noch nicht getrennt ist. Erst die gesunde emotionale Entwicklung bewirkt, daß sich der Schwerpunkt des Seins allmählich auf jenen Teil der vollkommenen Einheit verlagert, in dem wir (als Beobachter) so klar den Säugling erkennen.

In bezug auf diese sehr frühe Phase müssen wir davon ausgehen, daß seitens der Umwelt eine vollständige körperliche Anpassung erforderlich ist, damit die Grundlagen für ein gesundes Wachstum geschaffen werden und sich der Schwerpunkt des Seins nach und nach von der Umwelt auf jenes Zentrum verschieben kann, in dem sich der Fötus befindet. In körperlicher Hinsicht repräsentiert die Mutter den Umweltanteil des gesamten Systems.

Ich habe versucht, den Umweltfaktor in seinem Verhältnis zu den verschiedenen Stufen der emotionalen Entwicklung zu beschreiben. Um ihn umfassend verstehen zu können, müssen wir uns jedoch vor Augen führen, daß wir die *frühen Phasen nie wirklich hinter uns lassen*, so daß wir, wenn wir ein Individuum untersuchen, auf jeder Altersstufe seinem Bedürfnis nach all den primitiven wie auch späteren Formen der Umweltversorgung wiederbegegnen; in der Kinderbetreuung ist es deshalb ebenso wie in der Psychotherapie erforderlich, sich ständig über das *gegenwärtige* emotionale Alter zu vergewissern, um die angemessene emotionale Umwelt bereitstellen zu können.

Wenn wir die emotionale Entwicklung des Säuglings in diesen sehr frühen Phasen beobachten, wird uns klar, wie unsicher und gefährdet sein Wachstum ist. Glücklicherweise ist die Umweltfürsorge zum größten Teil körperlicher Art; zu Beginn wird sie von den Trieben des Säuglings bestimmt, und aufgrund der spezifischen inneren Orientierung der Mutter ist es wahrscheinlich, daß die wichtigen Dinge – sofern die Mutter nicht krank ist – stattfinden, ohne überhaupt verstanden und bewußt wahrgenommen zu werden. Wir müssen jedoch festhalten, daß eine *Rückkehr in eine frühere Phase der Abhängigkeit* schmerzvoll ist und mit einem Gefühl der Unsicherheit, die Teil der Abhängigkeit ist, einhergeht. Dies ist vermutlich kein Merkmal der ursprünglichen, normal verlaufenden Entwicklung. In Verbindung mit Erkrankungen oder im Laufe einer Psychotherapie kann eine Regression stattfinden, und die Regression auf infantile Zustände kann eine heilsame Wirkung haben, vorausgesetzt, daß das ungemein intensive Leiden, das die in der Regression erlebte Abhängigkeit mit sich bringt, ausgehalten werden kann. Da der Psychotherapeut im Vergleich zur Mutter unbeholfen und schwerfällig ist, erscheint es unvorstellbar, daß die Regression auf Abhängigkeit selbst in einer sorgfältig kontrollierten Behandlung als lustvoll empfunden werden könnte.

Die Vorstellung von einer wunderschönen Zeit im Mutterleib (das ozeanische Gefühl usw.) bringt eine komplexe Organisation der Verleugnung der Abhängigkeit zum Ausdruck. Jedes lustvolle Gefühl, das mit der Regression einhergeht, ist mit der Phantasie einer perfekten Umwelt verbunden; gleichermaßen real aber ist für das regredierte Kind wie für den regredierten Erwachsenen die Phantasie von einer Umwelt, die so schlecht ist, daß keine Hoffnung auf ein persönliches Sein besteht.

11 Neubetrachtung psycho-somatischer Erkrankungen

Wir können die Theorie der psycho-somatischen Erkrankung nun vor dem Hintergrund unserer bisherigen Ergebnisse überprüfen. Wenn wir eine psycho-somatische Störung zu verstehen suchen, müssen wir alles, was wir über die emotionale Entwicklung des Individuums wissen, in unseren Überlegungen mitberücksichtigen und die Beziehung zwischen den physischen und den psychischen Anteilen detailliert herausarbeiten. Diesen Vorgang kann ich am besten anhand einiger Beispiele beschreiben.

Asthma

a. Bei manchen Asthma-Kranken spielt ein biochemischer Faktor eine Rolle, dessen genaue Wirkungsweise unbekannt ist. Der Begriff Allergie hilft uns nicht weiter, denn er besagt nur, daß das betreffende Individuum auf bestimmte Proteine übersensibel reagiert. Mitunter scheint dieser körperliche Aspekt des Krankheitsbildes, zumindest in den Anfangsphasen, ausschlaggebend zu sein. Wenn man annimmt, daß die Ursache in einem bestimmten Fall körperlich ist, dann liegt es nahe, an eine sekundäre Überlagerung psychischer Natur zu denken, die von Individuum zu Individuum variiert. Man kann unmöglich Asthma haben, ohne dadurch verändert zu werden und ohne für diese Erkrankung besonders anfällig zu sein.

b. Verschiedene Untersuchungen haben einen Zusammenhang zwischen dem Asthma und einem Umweltfaktor nachgewiesen. Ein überbemutterndes Verhalten, so die allgemeine Ansicht, prädisponiere sowohl zu Asthma als auch zu einer Reihe anderer Symptome. Wenn diese Untersuchungen korrekt sind, dann ist ein wichtiger, die Theorie betreffender Aspekt anzumerken: Der äußere Faktor, durch den das Individuum ständig beeinträchtigt wird, stellt nicht zwangsläufig die eigentliche Ursache dar; überbemutterndes Verhalten in einer bestimmten, wichtigen frühen Phase kann die eigentliche Ursache sein, muß es aber nicht. Wenn man eine Asthma-Erkrankung, an der ein schädlicher äußerer Faktor maßgeblich beteiligt ist, wirklich verstehen will, muß man sich auch fragen, wie das Kind im Einzelfall durch die verdrängten Bereiche im Unbewußten seiner Mutter beeinflußt wird, die ihrem zwanghaften überbemutternden Verhalten zugrunde liegen. Dieser Einfluß muß unterschiedlich stark sein. Wenn man das Kind als ganze Person mit interpersonalen Beziehungen betrachtet, wird mitunter ein deutlicher Zusammenhang zwischen dem Asthma und bestimmten Phasen erkennbar, die das Kind, beispielsweise durch die Geburt eines Geschwisters oder andere Ereignisse, außerordentlichen emotionalen Belastungen ausgesetzt haben, denen es zum betreffenden Zeitpunkt noch nicht gewachsen war; ein anderes Kind hätte in diesem Fall möglicherweise begonnen, wieder einzunässen, oder seine Kummer auf andere Weise zum Ausdruck gebracht; die Ursachen des Asthmas hängen mit tieferliegenden Faktoren zusammen, die uns zum Teil bekannt sind, zum Teil aber auch nicht.

Die Analyse eines asthmatischen Kindes wird umfangreiches und wertvolles Material zutage fördern, wenn sich der Analytiker auf die Ebene der interpersonalen Beziehungen und auf den Konflikt zwischen Liebe und Haß konzentriert. Das Kind entwickelt Einsicht und lernt, sein Asthma zu tolerieren oder ihm sogar vorzubeugen, indem es sich bestimmte Verhaltensweisen zu eigen macht. Dennoch wird die Analyse eines asthmatischen Kindes, sofern sie sich auf diese Ebenen konzentriert, die Asthmasymptome nicht in jedem Fall erfolgreich lindern; sie kann dem Kind jedoch helfen, seinen Charakter und seine Persönlichkeit weiterzuentwickeln und sich innerhalb seiner Beziehungen größere Freiräume zu schaffen. Die Natur des Asthmas selbst ist durch eine Analyse auf dieser Ebene niemals zu ergründen. Eine Behandlung, die jener spezifischen Phase in der Entwicklung der Mutter-Kind-Beziehung, die als depressive Position in der emotionalen Entwicklung bezeichnet worden ist, gebührende Aufmerksamkeit widmet, kann die Bedeutung, die das Asthma für das Kind besitzt, sehr viel gründlicher aufdecken. Möglicherweise hat es reiche Phantasien und Vorstellungen über das Innere seines Brustkorbs entwickelt; dabei kann der Brustkorb auch den Bauch repräsentieren oder als Alternative für den Bauch bzw. für das gesamte Innenleben der Psyche stehen, die zu einer Einheit zusammengewachsen ist. Der Versuch des Kindes, den heftigen Kämpfen in seinem Innern standzuhalten, die guten und bösen Kräfte innerhalb des Selbst unter Kontrolle zu halten, sowie all die anderen Phänomene, die zur Intensivierung der hypochondrischen Angst beitragen, werden aufgedeckt und gewinnen für das Kind einen Wert, sobald sie nicht länger unzugänglich sind, sondern ihm bewußt werden; und sie erleichtern unseren Versuch, das Kind zu verstehen.

Der eigentliche Charakter des Asthmas aber hat sich uns auch auf diese Weise noch nicht erschlossen. Wenn ein Patient im Laufe einer Analyse auf größere Abhängigkeit regrediert, begibt er sich in einen infantilen Zustand, und dasselbe ist im Rahmen der analytischen Situation und in der Übertragungsbeziehung in bestimmten Augenblicken oder Phasen der Fall. Hier kommen wir dem eigentlichen Charakter des Asthmas selbst deutlich näher, obwohl einzuräumen ist, daß vieles weiterhin unverständlich bleibt. Der [regressive; d.Ü.] infantile Zustand bewirkt, daß der Patient Atmungsschwierigkeiten, die mit dem Beginn des Lebens außerhalb des Mutterleibs und mit dem Geburtsprozeß selbst verbunden sind, erneut durchlebt. In der Behandlungsstunde werden sehr wichtige Körpererinnerungen und physische Störungen des Atmungsapparats wiederbelebt, die vorher als Erinnerungsmaterial noch nicht einmal in Träumen zugänglich waren. Der »Schlüssel« zum Asthma fehlt jedoch immer noch, da diese körperlichen, Atmungsprobleme betreffenden Erinnerungen nicht zwangsläufig Asthma zur Folge haben müssen, sondern auch mit einer Anfälligkeit der Bronchien und allen möglichen anderen Atmungsstörungen, Erstickungsgefühlen usw. einhergehen können. Erst wenn die Behandlung die sehr frühen Phasen der emotionalen Entwicklung des Individuums erreicht, scheint sich das Asthma wirklich einordnen zu lassen, z. B. wenn der Patient mit der schwierigen Aufgabe ringt, das wahre Selbst als einen Bereich zu entwickeln, aus dem er lebendig werden kann, und dieses wahre Selbst im Körper zu verankern. Hier erhält die etymologische Verbindung zwischen dem Wort »Psyche« und dem Wort »Atem« einen Sinn. Bestimmte Ängste, die mit der Flucht des wahren und vielleicht verborgenen Selbst verbunden sind, lassen das Hin- und Herfließen des Atems unerträglich erscheinen; wenn das Kind schreit oder einen Asthmaanfall erleidet, tritt der Konflikt zwischen seinem Bedürfnis, ungehindert in sich aufnehmen und hinauslassen zu können, und seiner Angst vor dem Verlust der Kontrolle über das, was in die gerade neu konstituierte psychische Einheit aufgenommen wird und wieder hinausgelangt, zutage. Der allgemein bekannte Zusammenhang zwischen Säuglingsekzem und Asthma läßt sich bislang psychologisch noch nicht erklären, und solange wir diese Beziehung nicht verstehen, müssen wir von einer gemeinsamen körperlichen Grundlage beider Krankheitsbilder ausgehen.

Diese kurze Neubetrachtung des Asthmas ist nicht als umfassende Darstellung der Psychologie dieser Erkrankung zu verstehen; vielmehr habe ich zu illustrieren versucht, in welcher Weise wir mit Hilfe der psychologischen Ansätze ihre verschiedenen Formen und Erscheinungsweisen erforschen können.

Magengeschwür

Wenn wir die Psychologie des Magengeschwürs betrachten, können wir nach derselben Untersuchungsmethode verfahren. Die rein körperlichen Ursachen des Magengeschwürs bedürfen keiner näheren Erläuterung. Was die Umwelt betrifft, so finden sich bei einem signifikanten Anteil der Magengeschwür-Patienten äußere Bedingungen, die zu dauerndem emotionalen Streß führen. In einigen dieser Fälle stellt die Beseitigung dieses schädlichen äußeren Faktors einen wichtigen Bestandteil der körperlichen Behandlung dar, und die körperliche Behandlung ist notwendig, weil eine körperliche – und gefährliche –

Funktionsstörung vorliegt. Wenn der Patient etwa ins Krankenhaus aufgenommen und ihm eine strenge Milchdiät verordnet wird, eine Behandlung, die das Trinken in häufigen, kleinen Portionen vorschreibt, darf man nicht vergessen, daß er zugleich aus seinem familiären Umfeld herausgelöst wird und sich mit gutem Recht auch von Ängsten, die mit seiner Arbeit zusammenhängen, erholen kann. Wenn diese Ängste aber nicht auch angesprochen werden, bleibt die rein körperliche Behandlung vermutlich erfolglos; das Vertrauen des Patienten in den Arzt und die Krankenschwester ist als Teil der gesamten Behandlung von überragender Bedeutung und gibt ihm die Möglichkeit, Abstand zu den fortgesetzten, schädlichen emotionalen Faktoren, die Teil seines Lebens sind, zu gewinnen. Im übrigen wird die Behandlung es vermutlich auch verhindern, daß der Patient einer Neigung zu schädlichen Genüssen, die natürlich psychische Ursachen hat, nachgeben kann.

Gründliche Nachforschungen auf der Ebene der interpersonalen Beziehungen zwischen ganzen Personen erweisen sich als sehr aufschlußreich. Man kann mit dem gesamten Bereich der Phantasien und Träume arbeiten und im Laufe der Untersuchung die verschiedenen Gegenidentifizierungen aufdecken. Eine Analyse auf dieser Ebene vermag Ängste zu mildern und befähigt den Patienten, Umweltfaktoren besser zu bewältigen, indem sie ihn von seinem Bedürfnis befreit, unglückliche frühe Erfahrungen, die er vergessen hatte, immer wieder zu reinszenieren. Die Analyse auf der Ebene der depressiven Position erweist sich in diesen Fällen als besonders aufschlußreich; sie deckt vor allem eine chronische Abwehrhaltung auf, hinter der sich im Kern eine Depression verbirgt. In der Kindheit wird ein solches Verhalten als allgemeine nervöse Unruhe oder Hypomanie bezeichnet. Der psychoanalytischen Theorie zufolge ist diese Unruhe als manische Abwehr der Depression zu verstehen; ständige Überaktivität und stabilisierend wirkende Erregungszustände haben physiologische Veränderungen zur Folge, die sich z. B. leicht auf den Säuregrad des Mageninhalts auswirken können. Hier liegen auch die Ursachen für die zwanghafte Neigung zu schädlichen Genüssen und für bestimmte kleinere Störungen wie hastiges Essen und gedankenlose Nahrungsauswahl. Keiner dieser Faktoren ruft, für sich allein genommen, Magengeschwüre hervor, wohl aber das Zusammenwirken mehrerer Faktoren über längere Zeit. Die Analyse solcher Patienten verläuft unterschiedlich, je nachdem, ob ein Magengeschwür bereits vorhanden ist oder nur die Bedingungen gegeben sind, die leicht zur Entstehung chronischer Geschwürbildungen führen können. Im ersten Fall wird der Patient dem Geschwür eine spezifische Bedeutung beimessen, die auf den zugänglichen Phantasien über die Inhalte seiner inneren Welt beruht. In einer Reihe von Fällen erweist sich die der hypomanischen Stimmung zugrundeliegende Depression als eigentliche Ursache der Krankheit, wenngleich die Analyse des Konflikts zwischen Liebe und Haß sowie das Durcharbeiten der interpersonalen Beziehungen und der zum Ödipuskomplex gehörenden Ängste dem Patienten bereits große Erleichterung verschafft haben. Es gibt keinen besonderen Grund anzunehmen, daß eine Analyse der primitiveren Aspekte das Verständnis der Geschwürbildungen verbessern oder ihre Behandlung erleichtern könnte, auch wenn sich im individuellen Fall natürlich herausstellen kann, daß der gesamten Störung eine psychotische Erkrankung zugrunde liegt.

Eines jedoch ist im Zusammenhang mit psycho-somatischen Erkrankungen nicht zu vergessen, nämlich die Tatsache, daß die körperlichen Äußerungsformen der Krankheit die psychische Erkrankung auf den Körper zurücklenken. Dieser Vorgang ist für das Individuum von besonderer Bedeutung, weil er als Abwehr gegen eine Flucht in die reine Intellektualität, d. h. gegen den Verlust der Bedeutung der Psyche-Soma-Einheit, dient. Auf diese Weise kann den sehr frühen Phänomenen, die hier mit dem Begriff »primitiv« charakterisiert wurden, bei der Untersuchung aller psycho-somatischen Erkrankungen, einschließlich des Magengeschwürs, eine wichtige Rolle zukommen.

Eine Untersuchung der gegenwärtigen äußeren Faktoren kann, wie man sieht, Resultate mit statistischer Signifikanz erbringen, aber dennoch völlig irreführend sein.

Anhang

Synopse I

August 1954

Einführung

I.

Eine Untersuchung des Kindes.
Soma, Psyche, Geist

Gesundheit: Entgleisungen der Gesundheit.

Die Beziehung zwischen körperlicher Krankheit und psychischer Erkrankung.

Der psycho-somatische Bereich (einleitende Betrachtung).

II.

Die emotionale Entwicklung des Menschen.

A. Interpersonale Beziehungen.
B. Besorgnis, Schuldgefühl, Wiedergutmachung.
C. Primitive Stadien.

A. Interpersonale Beziehungen.
Es: Ich: Über-Ich:
Frühkindliche Sexualität.
Triebe, genitale und prägenitale.
Angst.
Abwehrorganisationen.
Verdrängte Bereiche im Unbewußten.
Das Gesundheitskonzept aus triebtheoretischer Sicht.

B. Das Stadium der Besorgnis.
Die depressive Position (Klein) in der emotionalen Entwicklung.
Das Thema der inneren Welt.

Der Zustand der Zurückgezogenheit: Beziehung zu
    Präokkupiertheit
    Konzentration
Der paranoide Zustand und die hypochondrische Angst.

Vier Beispiele für psychotherapeutisches Material unterschiedlicher Herkunft:

1. Äußere Beziehungen; imaginative Bearbeitung und Ausgestaltung.
2. Beziehungen in der inneren Welt.
3. Intellektuelle Bearbeitungen.
4. Übergangsphänomene.

Betrachtung des psychotherapeutischen Settings
    ruhiger und erregter Zustände
    primitiver und prä-primitiver Bedürfnisse.

C. Primitive emotionale Entwicklung
    (a) Entwicklung einer Beziehung zur äußeren (gemeinsamen) Realität.
        Das erste Stillen in theoretischer Betrachtung.
        Die Bedeutung der Illusion und der Übergangszustände.
        Das falsche Selbst: normale und anomale Aspekte
            Selbsthalten
            die Persona (vgl. Jung)
    (b) Integration. Das Erreichen der Einheit der Persönlichkeit.
    (c) Einzug der Psyche in den Körper.
    (d) Die ersten Zustände:
        Das erste Diagramm: Das System »Umwelt-Individuum«.
        Die Geburtserfahrung.
        Ein primärer Zustand des Seins.
        Entstehung von Chaos und Ordnung aus dem Nicht-Sein.

III.

Konstituierung der Umwelt.

Untersuchung der Abfolge der Entwicklungsstufen

(1) Imaginative Bearbeitung von Körperfunktionen.
Phantasie.
Innere Realität.

(2) Innere Realität; Traum; Phantasie; Phantasieren; } Erinnerung; Kreativität; Spielen; Arbeiten

Entwicklung des Themas der psycho-somatischen Pädiatrie.

Beziehung zu (1) normalen Funktionsweisen;
(2) Neurose;
(3) affektiven Störungen;
(4) Psychose.

Übergangsobjekte und -phänomene.

IV.

Antisoziales Verhalten.

Delinquenz aufgrund von Umweltversagen.

Das deprivierte Kind.

V.

Latenz.

Präpubertät.

Adoleszenz.

Reife.

Synopse II ca. 1967

Einführung. Untersuchung der menschlichen Natur.

Teil 1.

I.

Eine Untersuchung des Kindes.
- Soma, Psyche, Geist.
- Das Psyche-Soma und der Geist.
- Entgleisungen der Gesundheit.
- Beziehung zwischen körperlicher Erkrankung und psychischen Erkrankungen.
- Der psycho-somatische Bereich.

II.

Die emotionale Entwicklung des Menschen.
- *Plan:* (Von der Beziehungsfähigkeit zurück zu den Anfängen)
- Interpersonale Beziehungen.
- Entwicklung der Einheit der Persönlichkeit.
- Grundlegende Entwicklungsherausforderungen.
- Verflechtungen mit den Entwicklungssequenzen der Abhängigkeit.

Teil II.

Einführung. Entwicklung der Einheit der Persönlichkeit.

Konsequenzen: Besorgnis
Schuldgefühl
innere psychische Realität der Persönlichkeit

Depressive Position: Verdrängung, betrachtet unter dem Aspekt der Depression

Innerer Reichtum – ein neues Konzept.

Das Thema der inneren Welt	Paranoide Lebensweise Depression als Affektstörung Die manische Abwehr – Manie

Psychotherapeutisches Material unterschiedlicher Herkunft.

Hypochondrische Angst.

Teil III.

Die Ich-Theorie.	Die Beziehung zur äußeren Realität:	Spiel Kreativität
	Integration	
	Einzug der Psyche in den Körper	
	Umwelt	

Bibliographie

Abraham, K. (1924). Versuch einer Entwicklungsgeschichte der Libido auf Grund der Psychoanalyse seelischer Störungen. In: Gesammelte Schriften, hrsg. von J. Cremerius. Bd. 2. Frankfurt a.M. (Fischer) 1982, S. 32–102.

Aichhorn, A. (1925). Verwahrloste Jugend. Bern (Huber) ³1951.

Balint, A. (1932). Psychoanalyse der frühen Lebensjahre. München/Basel (E. Reinhard-Verlag) 1966.

Freud, A. (1926–27). Vier Vorträge über Kinderanalyse. In: Die Schriften der Anna Freud. Bd. 1. Frankfurt a.M. (Fischer) 1987, S. 11–75.

– (1936). Das Ich und die Abwehrmechanismen. Ebd., S. 193–355.

Freud, S. (1900 a). Die Traumdeutung. G.W., Bd. 2/3.

– (1905 d). Drei Abhandlungen zur Sexualtheorie. G.W., Bd. 5, S. 33–145.

– (1916–17 g). Trauer und Melancholie. G.W., Bd. 10, S. 428–446.

– (1923 b). Das Ich und das Es. G.W., Bd. 13, S. 237–289.

– (1926 d). Hemmung, Symptom und Angst. G.W., Bd. 14, S. 111–205.

– (1931 b). Über die weibliche Sexualität. G.W., Bd. 14, S. 517–537.

Glover, E. (1932). On the Early Development of the Mind. London (Imago) 1956.

Gorer, G., und J. Rickman (1949). The People of Great Russia: A Psychological Study. London (Cresset).

Guthrie, L.G. (1907). Functional Nervous Disorders in Childhood. London (Oxford University Medical Publications).

Henderson, K.D., und R.D. Gillespie (1940). A Textbook of Psychiatry for Students and Practitioners. 5. Aufl. London (Oxford University Medical Publications).

Jackson, L. (1954). Aggression and Its Interpretation. London (Methuen).

Jones, E. (1927). The early development of female sexuality. International Journal of Psycho-Analysis 8: 459–472. Dt. (1928): Die erste Entwicklung der weiblichen Sexualität. Internationale Zeitschrift für Psychoanalyse 21: 331–341.

Klein, M. (1932). Die Psychoanalyse des Kindes. Frankfurt a.M. (Fischer) 1987.

– (1934). A contribution to the psychogenesis of manic depressive states. International Journal of Psycho-Analysis 16. Dt. (1983): Zur Psychogenese der manisch-depressiven Zustände. Übers. von P. Heimann. In: Das Seelenleben des Kleinkindes, hrsg. von H.A. Thorner. Stuttgart (Klett-Cotta), S. 55–94.

Middlemore, M. (1941). The Nursing Couple. London (Hamish Hamilton).

Money-Kyrle, R.E. (1951). Psycho-Analysis and Politics: A Contribution to the Psychology of Politics and Morals. London (Duckworth).

Ophuijsen, J.H.W. van (1920). On the origin of the feeling of persecution. International Journal of Psycho-Analysis 1.

Riviere, J. (1952). Developments in Psycho-Analysis. London (Hogarth).

Rosen, J. (1953). Direct Analysis: Selected Papers. New York (Grune & Stratton).

Spence, J. (1946). The care of children in hospitals. In: The Purpose and Practice of Medicine. London (Oxford University Press) 1960.

Spitz, R.A. (1945). Hospitalismus I. In: Erziehung in früher Kindheit, hrsg. von G. Bittner und E. Schmid-Cords. München (Piper) 1968, S. 77–98.

Winnicott, D.W. (1945). Primitive emotional development. In: Through Paediatrics to Psycho-Analysis. London (Hogarth). Dt. (1983): Die primitive Gefühlsentwicklung. In: Von der Kinderheilkunde zur Psychoanalyse. Übers. von G. Theusner-Stampa. Frankfurt a.M. (Fischer), S. 58–76.

– (1949). Mind and its relation to the psyche-soma. In: Through Paediatrics to Psycho-Analysis. Dt. (1983): Die Beziehung zwischen dem Geist und dem Leibseelischen. In: Von der Kinderheilkunde zur Psychoanalyse, S. 165–182.

– (1949). Weaning. In: The Child, the Family and the Outside World. Harmondsworth (Penguin).
– (1950). Some thoughts on the meaning of the word ›democracy‹. In: Home Is Where We Start From. Harmondsworth (Penguin) 1986. Dt. (1990): Einige Gedanken zur Bedeutung des Wortes »Demokratie«. In: Der Anfang ist unsere Heimat. Übers. von I. Köstlin. Stuttgart (Klett-Cotta), S. 267–290.
– (1968). The use of an object and relating through identifications. In: Playing and Reality. Harmondsworth (Penguin) 1980. Dt. (1979): Objektverwendung und Identifizierung. In: Vom Spiel zur Kreativität. Übers. v. M. Ermann. Stuttgart (Klett-Cotta), S. 101–110.

Anmerkungen zum Vorwort für die deutsche Ausgabe

1 Gegen die Winnicott in den vierziger und fünfziger Jahren seine warnende Stimme erhob (vgl. Davis 1990, S. 186; Winnicott 1989, Part Four).
2 So verstehe ich den Titel »Human Nature«.
3 Zit. n. Davis 1990, S. 186.
4 In diesem Buch, S. 200.
5 »Isolated without having to be insulated« (Winnicott 1965 a, S. 187).
6 S. Freud 1915 b, GW X, S. 354 f.
7 S. Freud 1930 a, GW XIV, S. 434.
8 Zit. nach C. Winnicott 1989, S. 4
9 In diesem Buch, S. 96.
10 Clancier u. Kalmanovitch 1987.
11 Rudnytsky 1989; 1991.
12 Rudnytsky 1989, 1991.
13 Einer Hypothese, der Winnicott auch in diesem Buch nicht folgen kann.
14 Khan 1973, S. IX; 1977, S. 350.
15 Winnicott 1965 a, S. 173.
16 Brief vom 27. 9. 1968 (Rodman 1987, S. 179).
17 Rodman 1987, S. XIX.
18 Little 1990, S. 41.
19 Vgl. Clare Winnicott Interview 1983 (In: Rudnytsky 1991).
20 Winnicott 1973.
21 Khan 1973, S. VII.
22 Winnicott 1974, S. 231.
23 Dagegen allerdings: »I think we have been uninfluenced by each other« (Winnicott an Balint 5.2.1960 zit. n. Rodman 1987, S. 128).
24 Ferenczi [1913] 1970.
25 Ferenczi [1926] 1972.
26 Ferenczi [1913] 1970, S. 149.
27 Ferenczi [1928] 1972, S. 218.
28 Ferenczi 1923; 1931 [Diese Arbeit »Kinderanalysen mit Erwachsenen« taucht im Literaturverzeichnis von Winnicott 1965 a auf]; 1933.
29 Ferenczi 1930, 1931.
30 Vgl. Auchter 1994 c.
31 Vgl. Winnicott 1965 a, S. 125 ff.
32 Vgl. Jean-Marc Alby in Clancier u. Kalmanovitch 1987, S. 108.
33 Rudnytsky 1991, S. 113.
34 Winnicott verkennt und verleugnet keineswegs die Gefahr einer (sexuellen) Entgleisung von Berührungen, zum Beispiel im Sinne einer traumatischen Wiederholung einer Mißbrauchserfahrung (Winnicott 1990; S. 120), er stellt sich ihr.
35 Vgl. Little 1990, S. 43 f.; Winnicott 1989, S. 258.

36 Vgl. Phillips 1988, S. 9.
37 Vgl. Winnicott 1958, S. 292.
38 Ferenczi 1933, S. 305 f.; Winnicott 1976, S. 221 f.
39 Ansätze dazu bei Cremerius 1983 und Haynal 1987.
40 Milner 1978, S. 37.
41 Winnicott 1958, S. 99.
42 S. Freud 1905 d, GW V, S. 141.
43 Alle in Winnicott 1990.
44 Vgl. Dornes 1993.
45 Winnicott 1974, S. 126.
46 Winnicott 1976, S. 167, S. 177.
47 Wie Otto Rank (1924) meinte; Freud schloß sich dem an.
48 Dem kognitiven Entwicklungsstand adäquater formuliert: Das Kind wird nicht daran gehindert, den Geburtsvorgang als einen natürlichen Ausdruck seiner aktiven Lebensimpulse und seiner Bedürfnisse nach mehr Bewegungsfreiheit zu registrieren. Die Kontinuität seiner (ungestörten) Seinserfahrung wird nicht unterbrochen.
49 Hierbei geht es nicht um eine bildhaft konkrete Vorstellung, zu der das Kind erst später fähig wird (vgl. Dornes 1993, S. 173 ff.), sondern um sehr körpernahe, sensomotorische Empfindungen, die sich im Handlungsdialog mit der Mutter entfalten.
50 Winnicott, 1974, S. 112.
51 Winnicott 1989, S. 4.
52 Vgl. Winnicott 1990, S. 28.
53 Vgl. Auchter 1994 a.
54 Jacobson 1973.
55 Kernberg 1985, 1988.
56 Vgl. Winnicott (1988), dieses Buch S. 126 Fußnote.
57 Winnicott 1986; vgl. Auchter 1994 a.
58 Vgl. Rodman 1987, S. XXXII.
59 Winnicott 1988, S. 186.
60 Winnicott 1986, S. 247 Fußnote.
61 Khan 1977, S. 353.
62 Vgl. Hamacher 1993, S. 129.
63 Milner 1969; Clancier & Kalmanovitch 1984.
64 Näheres bei Auchter 1994 c.
65 Winnicott 1965 a, S. 187.
66 Sind all die Allerheiligsten in den verschiedenen religiösen Kultstätten, die nicht betreten werden dürfen, sind all die Tabus, die nicht berührt werden dürfen, ist der Gott, von dem man sich kein Bild machen darf, sind das vielleicht alles Externalisierungen für den ›heiligen Kern‹ des Selbst?
67 »Ich hatte meine frühen Loyalitäten zu Freud, zu Melanie Klein und anderen, aber *letztendlich kann die tiefste Loyalität nur einem selbst gelten*« (Winnicott an W. W. Sargant am 24. 6. 1969, zit. n. Rodman 1987, S. 194).

68 Phillips 1988, S. 13.
69 Vgl. Grolnick 1990, S. 174.
70 Vgl. Gillespie 1971, S. 228.
71 Winnicott 1976, S. 130.
72 Heilungsfanatismus, vgl. S. Freud 1915, GW X, S. 320 f.
73 Winnicott an J.D. Collison 10.3.1969 zit. n. Rodman 1987, S. 186.
74 Dasselbe Bild hatte Winnicott schon 1949 in einem Rundfunkvortrag verwendet (Davies 1990, S. 177).
75 Am 17.11.1952 (Rodman 1987, S. 35).
76 Vgl. Auchter 1989.
77 In der vorliegenden Übersetzung wird durch die Formulierung »*Entgleisen der Gesundheit*« eine Begriffsannäherung gesucht.
Auch Freud spricht vom »*entgleisten* und verwahrlosten Kind« (S. Freud 1925 f., GW XIV, S. 566), und von seinen Patienten als «*entgleisten* Menschenkindern« (Brief an: Lou Andreas-Salome vom 21.IV.1918). Und René Spitz prägt den Begriff: «Der Dialog *entgleist*« ([1964] 1981, S. 90 ff.) für ein Mißglücken der frühen Mutter-Kind-Beziehungen.
78 Wie schon Freud formulierte: »Die Krankheit selbst darf [dem Kranken] nichts Verächtliches mehr sein, vielmehr ein würdiger Gegner werden, ein Stück seines Wesens, das sich auf gute Motive stützt, aus dem es Wertvolles für sein späteres Leben zu holen gibt« (S. Freud 1914, GW X, S. 132).
79 So wie Mentzos 1982.
80 Winnicott 1976, S. 184; vgl. Auchter 1994 b.
81 Z.B. Winnicott 1989, S. 207; 1974, S. 221; 1976, S. 215.
82 Loch 1993.
83 Winnicott 1976, S. 198.
84 Freud 1910 b, GW VIII, S. 108.
85 Vgl. Auchter 1994 c.
86 Alexander Mitscherlich stellt das Bedürfnis und das Recht auf »*prinzipielle Selbstverborgenheit*« (Mitscherlich [1946] 1983, S. 10) des Menschen immer wieder heraus.
87 Fromm u. Smith (1989).
88 Giovacchini (1990).
89 S. Freud 1923 b, GW XIII, S. 253.
90 »What we call the beginning is often the end. And to make an end is to make a beginning. The end is where we start from« (zit. n. C. Winnicott 1989, S. 4).
91 Winnicott [1967] 1986.
92 Winnicott 1969, S. 123.

Literatur zum Vorwort der deutschen Ausgabe

Auchter, Th. (1989). Gesundsein und Kranksein. Ein fiktives Gespräch mit Donald W. Winnicott. Forum d. Psychoanal. 5: 153–167.

– (1991). Lebendig bleiben, gesund bleiben, wach bleiben. Ein fiktives Gespräch mit Donald W. Winnicott über psychoanalytische Behandlungstechnik jenseits der Standard-Technik. Zeitschr. f. psychoanal. Theorie u. Praxis VI: 243–259.

– (1992). Spiel gegen den Tod im Leben. Rezension von S. Grolnick 1990. Zeitschr. f. psychoanal. Theorie u. Praxis VII: 81–84.

– (1994 a). Aggression als Zeichen der Hoffnung. Zur Theorie der Jugendgewalt bei Donald W. Winnicott. Wege zum Menschen 46. Im Druck.

– (1994 b). Über das Auftauen eingefrorener Lebensprozesse. Winnicotts Konzepte der Behandlung schwerer psychischer Erkrankungen. Forum der Psychoanal. 10. Im Druck.

– (1994 c). Die Entwicklung des Wahren Selbst und des Falschen Selbst. Ein Beitrag zur Klärung der Terminologie von Donald W. Winnicott. Zur Veröffentlichung eingereicht.

Clancier, A. & Kalmanovitch, J. (1984). Winnicott and Paradox. London/New York (Tavistock Publ.) 1987.

Cremerius, J. (1983). Die Sprache der Zärtlichkeit und der Leidenschaft. Reflexionen zu Sandor Ferenczis Wiesbadener Vortrag von 1932. In: Psyche 37: 988–1015.

Davis, M. (1985). Appendix: The Writing of D.W. Winnicott. In: Davis, M. u. Wallbridge, D. (1987). Boundary and Space. New York/London (Brunner/Mazel/Karnac) 1990.

Davis, M. & Wallbridge, D. (1981). Eine Einführung in das Werk von D.W. Winnicott. Stuttgart (Klett-Cotta) 1983.

Dornes, M. (1993). Der kompetente Säugling. Frankfurt (S. Fischer).

Ferenczi, S. (1970). Schriften zur Psychoanalyse I. Frankfurt (S. Fischer).

– (1972). Schriften zur Psychoanalyse II. Frankfurt (S. Fischer).

Freud, S. Gesammelte Werke. London (Imago Publ.).

Fromm, M.G. u. Smith, B.L. (Hrsg.) (1989). The facilitating Environment. Clinical Applications of Winnicott's Theory. Madison (International Universities Press).
Gillespie, W.H. (1971). Obituary: Donald W. Winnicott. In: Int. J. Psa. 52: 227–228.
Giovacchini, P.L. (Hrsg.) 1990). Tactics and Technics in Psychoanalytic Therapy III: The Implications of Winnicott's Contributions. Northvale/London (Aronson).
Grolnick, S.A. (1990). The Work and Play of Winnicott. New York/London (Aronson).
Hamann, P. (1993). Kinderanalyse. Zur Theorie und Technik. Frankfurt (S. Fischer).
Haynal, A. (1987). Die Technik-Debatte in der Psychoanalyse. Freud, Ferenczi, Balint. Frankfurt (S. Fischer) 1989.
Jacobson, E. (1964). Das Selbst und die Welt der Objekte. Frankfurt (Suhrkamp) 1973.
Kernberg, O. (1976). Objektbeziehungen und Praxis der Psychoanalyse. Stuttgart (Klett-Cotta) 1985.
– (1984). Schwere Persönlichkeitsstörungen. Stuttgart (Klett-Cotta) 1988.
Khan, M.R. (1971). D.W. Winnicott – sein Leben und Werk. Einführung in: Winnicott 1973b.
– (1977). Das Werk von D.W. Winnicott. In: Die Psychologie des XX. Jahrhunderts Band III: Freud und die Folgen (II), hrsg. v. Eicke, D. 1977 München (Kindler).
Little, M. (1990). Psychotic anxieties and containment. Northvale/London (Aronson). Dt.: Die Analyse psychotischer Ängste. Zwei unorthodoxe Fallgeschichten. Stuttgart (Klett-Cotta), ersch. im Herbst 1994.
Loch, W. (1993). Deutungs-Kunst. Tübingen (edition diskord).
Mentzos, S. (1982). Neurotische Konfliktverarbeitung. München (Kindler).
Milner, M. (1978). D.W. Winnicott and the two-way journey. In: Between Reality and Phantasy, hrsg. v. S.A. Grolnick et al. (1978) New York/London (Aronson): 35–42.

Mitscherlich, A. (1946). Einführung in die Psychoanalyse I. In: Gesammelte Schriften IX. Frankfurt (Suhrkamp) 1983: 7–82.

Moser, T. (1987). Der Psychoanalytiker als sprechende Attrappe. Eine Streitschrift. Frankfurt (Suhrkamp).

Phillips, A. (1988). Winnicott. London (Fontana Press).

Rank, O. (1924). Das Trauma der Geburt. Frankfurt (S. Fischer) 1988.

Rodman, F. (1987). The Spontaneous Gesture. Selected letters of D.W. Winnicott. Cambridge/London (Harvard Univ. Press). Dt. Übersetzung in Vorb., Stuttgart (Klett-Cotta), voraussichtl. 1995.

Rudnytsky, P.L. (1989). Winnicott und Freud. In: Sigmund Freud House Bulletin 13: 35–49.

– (1991): The Psychoanalytic Vocation. Rank, Winnicott and the legacy of Freud. New Haven/London (Yale University Press).

Spitz, R. (1964). Vom Dialog. Frankfurt/Berlin/Wien (Klett-Cotta im Ullstein Verlag) 1981.

Winnicott, C. (1983). Interview with Clare Winnicott. In: Rudnytsky, P.L. (1991). The Psychoanalytic Vocation, New Haven/London (Ayle University Press).

– (1989). D.W.W.: A Reflection. In: Winnicott, D.W. (1989). Psychoanalytic Explorations, hrsg. v. Winnicott, C. et al. London (Karnac).

Winnicott, D.W. (1957). The Child, The Family and The Outside World. London (Tavistock Publ.). Reprinted: Harmondsworth (Penguin Books) 1991. Dt.: Kind, Familie und Umwelt. München/Basel (E. Reinhardt) 1969.

– (1958). Through Paediatrics to Psychoanalysis. Collected Papers. London (Tavistock Publ.). Reprinted: London (Karnac) 1992. Dt.: Von der Kinderheilkunde zur Psychoanalyse. München (Kindler) 1976.

– (1965 a). The Maturational Process and the Facilitating Environment. London (Hogarth Press). Reprinted: London (Karnac) 1990. Dt.: Reifungsprozesse und fördernde Umwelt. München (Kindler) 1974.

– (1965 b). The Family and Individual Development. London (Tavi-

stock Publ.). Reprinted: London (Routledge) 1989. Dt.: Familie und individuelle Entwicklung. Frankfurt (S. Fischer) 1984.
– (1971 a). Playing and Reality. London (Tavistock Publ.). Reprinted: London (Routledge) 1991. Dt.: Vom Spiel zur Kreativität. Stuttgart (Klett-Cotta) 1973 a.
– (1971 b). Therapeutic consultations in child psychiatry. London (Hogarth Press). Dt.: Die therapeutische Arbeit mit Kindern. München (Kindler) 1973 b.
– (1984): Deprivation and Delinquency. London (Tavistock Publ.). Dt.: Aggression. Versagen der Umwelt und antisoziale Tendenz. Stuttgart (Klett-Cotta) 1988.
– (1986): Home is where we start from. Harmondsworth (Penguin Books). Dt.: Der Anfang ist unsere Heimat. Stuttgart (Klett-Cotta) 1990.
– (1989): Psychoanalytic Explorations, hrsg. v. Winnicott, C. et al. London (Karnac).

Personen- und Sachregister